亚布力
企业思想家系列丛书
Business Thinkers Series

特别鸣谢 关爱之 对本书的鼎力支持

下一个风口在哪儿

WHERE IS THE EYE OF NEXT WHIRLWIND

亚布力中国企业家论坛◎编著

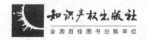

知识产权出版社
全国百佳图书出版单位

图书在版编目（CIP）数据

下一个风口在哪儿/亚布力中国企业家论坛编著. —北京：知识产权出版社，2016.8
ISBN 978 - 7 - 5130 - 4438 - 7

Ⅰ. ①下…　Ⅱ. ①亚…　Ⅲ. ①产业发展—研究　Ⅳ. ①F260

中国版本图书馆 CIP 数据核字（2016）第 206388 号

内容提要

"不，不是起风了，而是在这宫墙之内，风从来就没停过。"这是前段时间热播剧《琅琊榜》中的一句台词。当下，移动互联网的大风又何曾停止过？这股潮流改变了民众生活，更让创业者们迎风而动。

"站在风口，猪也能飞起来。"从互联网医疗到互联网金融，到工业 4.0，再到人工智能……那么，下一个风口在哪？通过这些来自各行各业的菁英们的发言和讨论，我们或许能从中发现一些蛛丝马迹，进而摸索前行，最终站在风口，顺风而为……

责任编辑：陈晶晶　　　　　　　　责任出版：刘译文

下一个风口在哪儿

亚布力中国企业家论坛　编著

出版发行：**知识产权出版社** 有限责任公司　　网　　址：http：//www. ipph. cn
社　　址：北京市海淀区西外太平庄 55 号　　　　邮　　编：100081
责编电话：010 - 82000860 转 8391　　　　　　　责编邮箱：shiny-chjj@ 163. com
发行电话：010 - 82000860 转 8101/8102　　　　　发行传真：010 - 82000893/82005070/82000270
印　　刷：北京中献拓方科技发展有限公司　　　　经　　销：各大网上书店、新华书店及相关专业书店
开　　本：720mm × 1000mm　1/16　　　　　　　印　　张：22.75
版　　次：2016 年 8 月第 1 版　　　　　　　　　印　　次：2016 年 8 月第 1 次印刷
字　　数：350 千字　　　　　　　　　　　　　　定　　价：49.00 元
ISBN 978 - 7 -5130 -4438 -7

重拾企业家信心

文 | *杨元庆* 联想集团董事长兼首席执行官
亚布力中国企业家论坛轮值主席

亚布力这个地方是令我难忘的，举办第1届亚布力论坛的时候，我就受邀参加了。当时，田溯宁拉着我和丁健、许戈辉等一众嘉宾一起去了农家院，农家院这个环节一直都是亚布力论坛理事群里津津乐道的活动，我们在那里品尝了东北的特色美食——乱炖。一晃16年过去了，如今，丁健、许戈辉等老朋友们的孩子都长大了，都成长为滑雪高手了，可见亚布力论坛的魅力，以及亚布力这个地方的魅力是很大的。

我第一次走上雪道就是在亚布力，当时惊心动魄、心惊胆战。后来，随着时间的推移，我真正爱上了滑雪这项运动。我带着全家到世界各地去滑雪，这也是我与亚布力的另一种缘分。

我很荣幸能够作为亚布力中国企业家论坛的轮值主席，与大家再次会聚于亚布力，与大家共同探讨中国经济的未来。

希望在本届年会上，大家的讨论能够产生共鸣和碰撞。亚布力年会是一个会上演老友重逢，也会上演相见恨晚的地方。如果本届年会能够成就几对CP（COUPLE），我这个轮值主席就做得更加有成就感了。

本届年会的主题是"企业家：信心与动力"，我想着重强调一下"信心"，因为企业家们现在的信心不够足。2016年新年伊始，中国股市受重挫，世界其他地方经济也不好，油价暴跌。中国经济增长率为6.9%，持续放缓，这是1990年以来最低的增长率，引来了世界各方的质疑。这些信号都表明，不仅中国，全球经济都在步入寒冬。亚布力中国企业家论坛最新发布的《中国企业家发展信心指数调查报告》显示，2015年下半年企业家的发展信心总指数是50.27分，这是这个指数发布以来最低的分数。显然，在经济"冬天"里，大家都缩起了脖子。

也许，我们秀肌肉、展现外家功夫的机会已经结束了。这是不是说明我们"内力耗尽""武功尽失"了呢？那倒未必。中国经济增长放缓，与过去这些年粗放型的经济结构密切相关。过去30年，中国一直依靠低成本的生产制造和出口实现了经济的高速发展，但是现在我们的"左邻右舍"纷纷亮出了劳动力成本的低价王牌，所以，靠生产制造和出口来推动经济增长的这条路已经走到了尽头。这就促使我们深刻反思，另谋出路。我的看法是，我们今天别无选择，道路只有一条，就是充分利用国内庞大的市场来释放内需。

今天中国的消费率水平只有30%，而美国已经达到70%；中国的城镇居民年人均消费水平不到4000美元，而美国达到了3.5万美元。巨大的落差蕴藏着巨大的内需潜力，内需的进一步拉动将是我们的铁饭碗，也是我们可以持续发展的金饭碗。今天马云也来到了亚布力论坛，前几周，在他发布2015年四季度业绩之前，等着看笑话的人有很多，阿里用他们亮丽的数据表明中国经济发展的潜力仍是巨大的。

如何把内需真正转化为经济增长的动力？如果说生产制造和出口是"外家功夫"，现在就到了增强内力、修炼"内功"的时候。我们需要塑造"叫得出口、拿得出手"的品牌，用产业升级转型来推动品牌的发展。释放内需首先要提升收入水平，让老百姓有钱花。涨工资要涨得更有章法、更加规范，民企、国企每年都要有调薪的指数指导。另外，个人所得税已经很多年都没有变动过了，可以根据实际情况适当调整。

老百姓有了钱，还得让老百姓敢花钱，更得让老百姓敢在中国花钱。2015年国内居民在国外消费了1.2万亿元人民币，春节期间，中国民众挤满全世界免税店的景象已经成了各国新闻的头条。大家倾向于购买奶粉、化妆品，这些年连马桶盖都往回搬。这些商品中国没有吗？有。那老百姓为什么还要往回搬呢？因为国外的东西品格好、价格好、价值好。我们也要让国内存在这样的"三好"产品。为了实现这一目标，政府和企业都应该有更多的担当。政府应该采取税收调整、降低流通环节的成本等措施，让产品的成本价格降下来，使产品价格与国外市场相当。政府还应该通过有效的监督、监管措施，创造公平、公正的市场环境。政府要制止销售假货、坑蒙拐骗的行为，创建良性的竞争环境，同时打破市场垄断。国内企业生产的产品要能够对标国际一流产品，这样才能让市场健康、活跃起来。

政府对股市管理的角色和手段也应该与西方成熟市场对标，有所为而有所不为。政府不能手太长，刻意制造改革牛、创新牛，甚至制造泡沫。但是对于财务欺诈、股价操作、信息不透明等行为，政府应该有所作为，而且要大有作为。对企业来说，在产品升级、服务升级方面，我们需要承担起更大的责任。扩大内需的重要一环就是提升产品品质，制造出更多高端、高价值的产品。企业应该迎合"供给侧改革"的趋势，在完成产品制造和销售的基本任务同时，还需要对产品质量进行严格把控、优化服务和价格，这样才能创造出让老百姓放心消费的名牌。

市场看似饱和，但是通过产品升级，完全可以刺激新的需求。除了升级产品，服务的升级也是必要的，我们要好好利用"互联网+""+互联网"实现服务产业的升级。今天，服务升级正改变着我们的生活方式。过去，我们吃饭要去食堂，洗衣要去干洗店。现在，我们在手机上进行简单操作，餐就送到家里或者办公室里了，甚至厨师都可以上门掌勺，洗衣也有人上门取衣、送衣了。我相信，服务的升级一定会带动经济的增长。

海外为什么会觊觎中国经济增长的数据呢？因为他们眼里只看到了我们的制造业，没有注意到我们服务业的发展。如今，我们的第三产业增加值在GDP^①中的比重已经超过了50%，比10年前提升了10个百分点。然而即便如此，跟发达国家比较起来，我们依然存在很大的差距。以美国为例，美国的第三产业在GDP中的比重已经达到80%。这意味着我们还有更大的潜力，即便是生产产品的企业也有机会向服务型企业转型。如今的传统企业都存在巨大压力，大家"操着卖白粉的心，却挣着卖白菜的钱"。传统企业如果能够实现由产品向"产品+服务"的格局转变，也许可以改变现有的状态。

即便像苹果这样的顶级公司，也会遇到增长的瓶颈。在苹果公司最新的一次财报发布里面，有史以来他们第一次发布了服务收入，达到60亿美元，而且增长速度非常快。这应该给我们国内企业，尤其是IT企业一些启发，未来"产品+服务"的模式会成为流行趋势。

当然，无论是产品的升级还是服务的升级，都对我们的文化提出了更高的要求。大家环顾四周，我们山寨之风依然盛行，创新能力依然不足，潜心做精品的少有喝彩，炒作水军却比比皆是。基本功不够、吹牛皮的很多，小富即安的多，创新思维的少，这样的现状不改变，我们就很难有发展的动力。

尽管中国经济正在经历"寒冬"，但是我们仍然有巨大的内需"金矿"可以挖掘。我们要让老百姓有钱花、敢花钱，并且愿意把钱花在国内。我相信，这是今天经济增长的动力所在，也是我们的信心所在。

---

① Gross Domestic Product，国内生产总值

为企业家强大的信心鼓掌

文 | *陈东升* 泰康人寿保险股份有限公司董事长兼CEO
　　　　　亚布力中国企业家论坛理事长

这次会议的主题是：信心与动力。咱们做的2015年下半年中国企业家发展信心指数调查显示，企业家的信心在下降，大多数人认为经济的发展会趋缓，但是从这两天大家的发言来看，我们似乎已经没有太多必要讨论企业家的信心与动力。

郭广昌在发言中提到，哪怕有一丝的光亮，信心都不会动摇。只要我们的精气神还在，只要我们爱这个国家，爱这个民族，爱自己的企业、员工，只要这些"爱"存在，我们就不会失去信心。马云在演讲中也提到了他这些年如履薄冰的心路历程。企业做得越大，压力就会越大；企业做得越大，受到的挑战和非议也会越大，这是一个正比关系。在这次的会议

上，我们的信心没有动摇，没有衰竭，相反更坚定了，更强大了，未来更值得我们期待了。我们坚信，中国的未来、中国经济的未来、中国企业的未来会越来越好，我们应该为企业家强大的信心和动力鼓掌，为我们自己鼓掌。

只有企业家才能满足人们新的需求

关于中国经济的未来，最近有两个时髦的词经常被提及，一是新常态，二是供给侧改革。我们应该怎么看新常态？所有的企业家应该都有了一个共识，那就是中国正处于从工业化走向后工业化的过程，也就是从第一、第二产业迈向第三产业的过程。无论从哪个角度，我们都应该看到中国经济已从35年来的高增长开始迈向中低速增长，已经进入工业化的中后期、城市化的巅峰期、服务业的起步期。所以，新常态就是从工业化向后工业化迈进，这是社会走到这一步非走不可，是决定中华民族伟大复兴、中国经济未来持续发展的一次伟大革命性转型。对此，我们每一位企业家是否都深刻认识到了？我们是不是准备好了？我们是不是想明白了？我们是否愿意用今天坚定的转型、壮士断腕的决心换得中国经济的持续、稳定发展？我觉得我们要有耐心，绝不能像过去一样，经济一下行就慌了，我们要抓住转型的时机。其实，转型的时间已经不多了，如果我们能形成高度共识，能有韩国人遇到困难时那样"把家里的黄金拿出来，让国家渡过困难"的决心，坚定地支持国家，支持经济转型，我相信我们的未来必定更辉煌。

关于供给侧改革，其实就是从投资、出口转向消费，转向服务业、高科技，它的出现是因为中产阶级的崛起以及老龄化时代的到来，因为人们对消费的需求在升级。过去，我国的经济增长依靠的是政府投资，这个投资的目的是追求GDP的增长，而不是按照供给适应需求的规则来进行产品的升级换代。这就导致出现了1亿人口出国旅游、1万亿元国外采购甚至连马桶盖都从日本买的现象，说到底是消费和供给发生了很大的错位。所以，供给侧改革就是一次深刻的市场化改革，只有市场化的改革，只有真正的企业家，才能去满足人们新的需求。

新常态下，首先，中国的城镇化还会继续，还会是拉动中国经济的主要力量之一，因为我们的城市化率只有54%。其次，服务业也还有很大的发展潜能。过去35年制造业都在推动中国经济的发展，2012年服务业开始成为第一大产业，2015年服务业超过了50%。大家都知道美国的经济结构，我们可以不完全学习美国，但是可以参照一下——美国的地产业在GDP中占3%，制造业是12%，剩下来的85%都是服务业。而现在我们的服务业还只有51%，如果达到80%的比例，我们还有很大的发展空间。另外，也由于我们的工业化已经完成了，我们的要素成本在持续攀升，我们应该转移、淘汰、升级传统的工业和制造业。所以，我们对新常态、供给侧改革的认识要更清楚。

我们需要走向成熟

亚布力中国企业家论坛已经举办16年了，中国企业家是一个巨大的群体，亚布力企业家则是这个群体里的一部分，是这个群体里更能代表市场经济的一部分，是比较有思想的一部分。这16年来，我们一直代表着中国企业家的正能量，代表着中国经济和中国企业家的信心。面对新的环境，我们需要走向成熟，而亚布力也正在走向成熟。此次会议上，我们讨论了很多问题，有O2O、股市、互联网+、互联网医疗等，元庆那一场还谈论了接班人问题、企业传承问题，谈到了精英选拔的问题，这都是企业治理中最核心的问题，是决定一个企业生死攸关的大问题。我相信，大家都从中获益良多。

最后，还要感谢黑龙江省委省政府多年来对亚布力中国企业家论坛的关心和支持；感谢我们年轻的志愿者，这也是亚布力一道亮丽的风景线。最后，我用一句话来结束此次会议：希望企业家的思想永远像亚布力的雪花一样，自由、浪漫地飘洒。

CONTENTS / 目　录

代序

I　重拾企业家信心　杨元庆

V　为企业家强大的信心鼓掌　陈东升

经济下行时企业如何应对

3　"量化宽松"时代已结束了吗

12　从"三驾马车"到供给侧改革

26　技术如何驱动变革

38　中国需要怎样的创新

55　洪崎：金融需顺应调整，创新供给

60　姚洋：中日对标——中国有三大优势

63　李小加：对香港要有信心

67　唐仕凯：中国汽车市场大有潜力

提振企业家信心

73　企业家的信心从哪里来

87　郭为：创新精神是企业家的信心与动力

91　孙尧：企业家是经济发展的主力军

94　陈启宗：做让人尊敬的企业家

企业的出路在哪儿

101　民营企业靠什么活着

112 | 中国民企的未来

124 | 李东生：企业的出路在哪儿

128 | 王石：不能再"后知后觉"

131 | 重温公司治理常识

144 | 家族精神与企业传承

下一个风口在哪儿

159 | 丁健：要抓住人工智能的风口

163 | 刘强东：传统企业请忘记电商

166 | 泡沫中的O2O

180 | 制造业必须"+互联网"吗

193 | 中国股市需要什么

206 | 中国的房地产没有问题

217 | 互联网医疗：未来在哪里

229 | 健康与什么有关

创业背后的故事

241 | 马云：阿里巴巴的坚持

255 | 我与联想27年——杨元庆的几道坎

268 | 当"84派"遇到"92派"

279 | 我为什么创业

298 | 创业麻辣烫

老友记

309 | 王石&陈东升：奋勇向前，不忘初心

325 | 任志强&刘晓光：为责任留下

333 | 田溯宁&丁健&吴鹰：中国互联网的昨天、今天和明天

后记

350 | 越艰难，越坚强

经济下行时企业如何应对

对量化宽松正反面的争论已经有上百年的历史了，但今天需要更准确评估中国自2008年以来量化宽松的实际效果，因为对量化宽松的依赖可能使我们丧失结构性改革的良机，特别是当这一依赖有些瘾性的时候，我们需要提防从"量化宽松"到"质化宽松"。

"量化宽松"时代已结束了吗

对量化宽松正反面的争论已经有上百年的历史了，但今天需要更准确评估中国自2008年以来量化宽松的实际效果，因为对量化宽松的依赖可能使我们丧失结构性改革的良机，特别是当这一依赖有些瘾性的时候，我们需要提防从"量化宽松"到"质化宽松"。就"美国QE的实际效果以及宽松的货币是否及如何流入实体经济"，在2016年亚布力中国企业家论坛年会上（以下简称亚布力年会），香港南丰集团行政总裁梁锦松，著名财经专家贾康，北京大学国家发展研究院教授、副院长黄益平，春华资本集团创始合伙人、董事长兼首席执行官胡祖六等进行了深入讨论，中诚信创始人、中国人民大学经济研究所所长毛振华主持了该场讨论。

毛振华：2008年金融危机之后，世界各国普遍采取"量化宽松"（Quantitative Easing，简称QE）的货币政策，推动需求侧改革，通过扩大需求、扩大货币供给的办法，解决流动性短缺的问题，或实体经济的危机问题。现在我们提出的供给侧改革，就是对眼下的中国经济提出的另一个要求。我们今天要讨论的所谓的"质化宽松"应该如何具体地落实到信贷、财政方面呢？请大家谈一下自己的观点。

胡祖六：这个题目听起来是个技术性问题，但是跟我们的宏观经济、企业、金融市场以及每个投资者都是紧密相关的。

首先讲QE。QE最早是美联储在应对全球金融危机时，为了避免美国在金融危机之后陷入日本式的通缩泥潭而采取的一种反传统的货币政策。它的基本思路是，美联储通过直接购买政府债券和一些非政府金融机构的债券，扩大其资产负债表，创造货币供应，避免通胀紧缩，促进劳动力市

场的恢复。2008年11月，美国开始实行QE1首轮量化宽松政策，当时，我们学术界和政府对这个政策的评价是比较中性的。2010年11月，美联储启动了QE2第二轮量化宽松政策，这时，我们的政府、学术界、媒体开始对美国的QE进行口诛笔伐。

当时有一个简单的说法，说通过QE政策，美联储大量印钞票，导致美元大幅贬值，全球通货膨胀，资产价格膨胀，这样热钱会汹涌地涌入新兴市场，尤其是中国，这会加剧中国的房市、股市泡沫，使中国经济过热。这是对QE的一种非常典型的看法。我记得后来也有人写文章说，何须惧怕QE，最怕的是QE不成功，如果QE对美国经济的复苏是利大于弊，那么中国将是受益者。这种可能性是有的，但是受很多因素的制约，我们基本上也不用太担心。关键的一点是若把我们国内的宏观经济政策做好了，无论国际环境怎么变化、怎么调整，我们都可以高枕无忧。

事实上，在我们对美国的QE进行口诛笔伐的时候，我们自己也在实行QE，只是对外不说。比如，这几年央行的资产负债表在快速膨胀，快过了美联储，快过了日本，不到3年时间已经扩张到30多万亿元（约合4.6万亿美元）。美联储实施4年QE政策，也才有4万亿美元，欧洲央行也才3万亿美元，日本央行是2万亿美元。今天我们面临的困境，所谓去产能、去库存、去杠杆，就是过去几年QE刺激政策导致的后果，这个教训应该吸取。

今天中国面临的不只是一个总需求的问题，当然，我也不觉得这些问题是增加供给就可以解决的，这两者确实密不可分。无论是财政政策还是货币政策都是有限的，我们说该降息的降息、该降准的降准，但跟环境、气候变化、教育、医疗卫生等有关的，就不能单纯依赖短期的刺激政策。

中国目前尚处于经济转轨期，存在结构问题，无论是为应对当前的燃眉之急，还是为长期的转轨打基础，我们都需要改革，也就是"质化宽松"，需要从质量上使中国经济更有效率、更有竞争力、更加透明，这样才能刺激更多的创业和创新，中国的劳动生产率才会大幅提高。以后中国的经济增速维持在6%~7%甚至更低一点都没关系，我们要更多地去关注质量、关注结构改革。

黄益平： 我是北大的老师，虽然也是央行货币政策委员会的委员，但我不代表央行发表任何观点，因为它既没有授权我，我也没这个资格，我只发表我个人的一些观点。

"量化宽松"是一种非常态的货币政策，一般来说，当短期利率降到零以后就很难再宽松了，降利率、扩张流动性、扩大资产负债表都是"量化宽松"的做法。央行扩大资产负债表是从2004年开始的，早期跟我们国家的外汇政策有关，为了保持稳定的汇率，央行在市场上买了很多外汇，资产方和负债方都跟外汇市场的干预有关，我们的资产方主要是外汇储备，负债方一开始是中央银行票据，后来变成存款准备金，留在很多银行。

"质化宽松"的定义可能就更加复杂一些，其实美国、日本都有"质化宽松"政策，中国也有。有人认为中国的"质化宽松"是保持"量化宽松"的步伐不变，定向宽松地给中小企业、小型金融机构、农业部门等增加贷款，这也是一种非常态的货币政策。

现在全世界碰到的问题非常类似，从2008年到现在，各国都是一个进程，金融危机一爆发大家都采取宽松政策，后来似乎欲罢不能，一直要宽松下去。美联储的"量化宽松"政策启动得

比较早，我们国家的"量化宽松"政策力度也很大。现在很多人说美国的"量化宽松"要结束了，那我们也不做了，要走改革的道路。2016年1月的统计数据出来以后，大家又开始讨论到底是做还是不做的问题了。

我的判断有三点。第一，"量化宽松"的政策还是会继续，我们喜欢也好，不喜欢也罢，它都会持续一段时间，但是力度不会像过去那么大。第二，不要再指望用"量化宽松"的政策扭转当前的经济局面，它不再像2008—2009年的时候那样有效了。我们现在发现，全世界经济形势比较好的地方不是因为采用了宽松的货币政策，而是因为改革的力度比较大，或者体制比较灵活。第三，以改革来说，不能长期依赖货币政策，而要用需求端的政策配合改革，这个大家应该是有共识的。如果从资本的框架来看中国，过去几年，特别是2008年和2009年，货币政策和财政政策是增长的，我们的GDP（Gross Domestic Product，国内生产总值）从6%左右增长到9%以上，所以刺激政策非常有效。然而几年过去了，信贷扩张和货币供应量的增加对GDP增长的刺激作用越来越小，这也是现在国务院领导非常担心的问题。这里面存在一个需求端政策和供给侧改革的问题，两者的功能不一样。简单来讲，需求端的政策解决的是短期问题，比如，在经济减速期采取极端的货币政策或财政政策，可以把下行的趋势止住。但如果真想让经济持续往上走，就需要进行供给侧方面的改革。

刺激政策的效果越来越糟，这是世界现象，不仅是中国的现象。从2008年到现在，我们国家M2（广义货币）的增长和CPI（Consumer Price Index，居民消费价格指数）、GDP增长的相关性在不断下降。这跟货币的流转、投资者的信心、过剩的产能等很多因素有关。目前，我们国家碰到的最大问题就是新产业和旧产业的博弈。中国经济过去增长了30年，主要靠两大引擎——出口和投资。出口主要是沿海地区的劳动密集型制造业，投资主要是东北、西北的资源型重工业。现在重工业产能过剩，很难再继续，沿海地区的劳动密集型制造业因劳动力成本的上升也做不下去了。过去支持中国经济增长的这些产业都在衰退，现在需要新产业来支持经济增长。我们有没有新产业？其实是有的，现在的消费势头还很强劲，服务业很好，我们有华为、中兴这样的公司，3D打印机、智能机器等产业也在形成，只不过还不能抵消旧产业给增长带来的压力，所以一段时间内，增长的下行压力还会持续。现在仅靠增加信贷供给无法解决问题，要靠供给侧改革，希望有越来越多的措施落地，这对中国经济的可持续增长是有帮助的。

贾康： 就像黄学者说的，严格抠起来，"量化宽松"是非常宽松的货币政策。美国的"量化宽松"实行了三轮以后，现在正式宣布进入了升息通道，我们总体上还是要肯定它的这套操作。现在美国告别了"量化宽松"，中国会不会也这样做呢？中国政府对这方面非常敏感，反复强调中国采取的一些措施，包括增加流动性，不能简单地将其理解为"量化宽松"。但是，比照中国在货币政策方面的宽松措施，大家都能理解。如果"量化宽松"搞不好，物价上升会让政府很被动，所以，对外表述的时候倾向于尽可能不要给大家造成增加流动性的感觉。我们算一下，到2015年我国至少有5次双降，但这里面又有中国特色之下值得总结的东西。

供给侧改革解决的是不可回避的结构性问题，结构又结合着质量，现在的目的是要提高经济增长的质量和效率。去杠杆、去产能、去库存，处理得好，质量能够提升。现在我们应该在宽松的轨道上走一段时间，以便在对接一个升级版的中高速增长平台的时候，有充裕的时间。对于推进改革，现在是步履维艰。好吃的肉吃完了，剩下的骨头怎么啃？改革推后一些可以理解，但不能不做。

梁锦松： 关于西方的"量化宽松"政策，现在的事实证明短期可能有效，但是长期效果已经没有以前好了。"量化宽松"比较通俗地讲就是印钞票，印钞票就是增加基础货币供应。从货币乘数效应来讲，美国的利率已经低于1，再推行下去的可能性不大。现在全球很多地方的利率已经接近零，有几个国家甚至已经是负利率，虽然负利率在整个经济中对资源配置的负面效果不明确，但是印这么多钞票肯定

会引起钞票贬值，也会引起全球其他资产的贬值，最后导致全球范围内的贫富差距进一步扩大，这一点最严重。2015年有一个报告说，全球最有钱的人手里1%的财富就相当于其他99%的人拥有的财富总和。

我个人比较支持自由市场，特别是有竞争的自由市场。美国为什么复苏得快？因为美国在产品市场、服务市场、劳动市场、资本市场都是最灵活的。相对来说，欧洲就不是很灵活，特别是在欧盟成立以前。对于我们国家来说，要释放市场的灵活性，发挥市场在资源配置中的决定性作用，就要深化改革。中国要坚持走改革的路线，改革要看企业家的精神、企业家的决心，看中国的信心就要看企业家的信心。所以，与其谈什么样的宽松、量化或者是质化，还不如把市场解放出来，这样才可以更长期、更有效。

毛振华： 我们的讨论还是挺理论化的，因为这个题目的确是一个老题目，"量化宽松"是有规范解释的，不像"供给侧改革"，到底是改革还是搞计划经济，谁也说不清楚。不过我们今天讨论的话题有一点是清楚的，"量化宽松"中国的确也做了，做得比较猛，中国所印的钞票大概是全世界所印钞票总和的40%，现在边际效应递减，负面效应开始显现。对我们来说，从"量化宽松"到"质化宽松"，"质"体现在哪些方面？刚才专家们都说到了，核心是改革。

贾康： 中央提"供给侧改革"，不是心血来潮，是谋定而后动。我在五中全会之前接到一个任务，当时中财办找了5个人，以个人学者身份开展内部课题，现在过了保密期。这些课题都是命题作文，比如关于日本、韩国跨越中等收入陷阱的经验总结。当时交给我的题目叫作"怎样优化供给侧的环境和机制，激发微观主体活力"，实际上我理解就是要找到新常态下的新动力体系，着眼的是系统化的认识。

大家关心结构优化，希望去产能、去落后，淘汰那些造成严重污染的落后生产力，这方面据我观察，按照有些领导和管理部门以及不少企业家呼吁的想法——要推出史上最严格的环保法，让环保部门具有铁嘴钢牙，这个想法我认为偏了。如果按他们这个想法去立法，找一帮铁嘴钢牙去执法就能解决问题吗？现实中一定会出现他们忽视的环节。中国是关系社会，强调法律的严格，强调执法的铁嘴钢牙，最后造成的结果可能令人哭笑不得。这不仅不能真正解决问题，反而会带来潜规则盛行、权力寻租。所以，同样是供给侧改革，理解不一样，执行的方式可能大相径庭。

毛振华：到了某个程度，是否需要退出"量化宽松"这个政策才能够为供给侧改革营造出氛围，还是说两个可以同时保留？

黄益平：需求端的政策，尤其是货币政策和供给政策之间其实是需要配合的。这个配合体现在两个层面。第一，解决短期问题、紧急问题要用需求端的政策，比如宽松的货币政策，但是不能依靠它解决长期增长的问题，长期增长要靠改革。第二，假定现在已经决定用改革去支撑经济的高速增长，那么在短期内仍然有一个配合的问题，因为结构性改革刚推出的时候对增长的短期效应是不一样的，有一些会有正面作用，有一些没有作用，但如果在推出的时候对政府产生了负面作用，那么政府必须接受这个短痛，在这个过程中再配合一些相对适度的货币政策，效果会更好。

2016年我国宏观经济政策有五大任务，即去产能、去杠杆、去库存、补短板和降成本，其实前三个问题多少都跟我们的政策有关。高杠杆就是信贷冲上去的，产能过剩从一定意义上来说是因为过度的刺激政策，库存尤其是房地产行业的库存也跟刺激政策有关。但是我不倾向于把政策宽松解读为政策倒退。金融改革、"僵尸"企业改革和土地制度改革不是2008年以后才形成的，这些问题几十年来一直存在，每个阶段都在不断演化，有些问题现在变得更加突出，尤其是"僵尸"企业，所以我们需要花更大的精力来应对。

另外要说明一下，不要把适度的货币政策简单理解成放水。2008—2009年，全世界都是宽松经济，是因为我们不知道下一步会发生什么，当时各国GDP增速下行都非常快，金融市场的风险发散也非常快，采取极端的货币政策和财政政策是可以理解的。当时理解为放水，我没太大异议。现在这个阶段，要用适度的货币政策与结构改革进行配合。

毛振华： 胡祖六，问你一个问题：能否比较一下中美两个国家在这方面政策的不同？

胡祖六： 其实前面已经谈到，美国的QE是一种非常态的政策，是在金融危机爆发之后才采取的一种政策，为了避免美国金融系统的瘫痪，防止市场出现全面的信用恐慌和通货紧缩，避免金融危机演变成类似于1929年的大萧条。当时对这个政策存在很多争议，我们国家也有很多批评，但即使这样，我也觉得美国的QE还是成功的，QE之后，美国的经济开始复苏。关于中国的问题，我同意刚才黄益平做的分析，2008—2009年是需要宽松的，是需要刺激的。刚才贾康所长也讲到需求管理和供给管理需要相辅相成，短期需求不足，出口下滑，需要宽松的政策去刺激。

毛振华： 中国香港地区政府也采取了很多临时性的应对性政策，你如何理解政府、市场的作用，以及政府采取的这些措施对经济的影响？

梁锦松： 中国香港地区是全球最自由的市场，香港地区政府的定位很简单，就是要保证市场公平、自由地竞争。我记得有人说过，如果一个市场没有公平的竞争，可能比计划经济更糟糕。所以，从这个角度来讲，我非常支持国内的反贪，因为贪腐把自由竞争的市场变成了不自由竞争的市场。另外，从某种角度来讲，为保证市场自由，就要保证有一个法治的市场，有一个廉洁的政府。政府要发挥其保障基础建设的作用，因为这些都不是市场自己可以做的，包括提供适当的人力、教育等。如果市场失灵，政府可以出手，但在其他方面，政府就不应该做太多。

毛振华： 最后，每个人给一个具体的建议。

贾康： 供给侧改革的建议里面有一条，就是政府要配合进一步转变政府职能，简政放权，这也是企业家非常关心的。接下来如何才能更好地简政放权？这就需要找到一个机会推出大部制和扁平化，进行脱胎换骨式的改造，只有这样才能实质性地推进政府职能的转变。

梁锦松：我希望国家能够重视金融市场。国内的领导都非常重视实体经济，重视创新，认为金融是一个虚拟、衍生的东西，但是金融反过来会反向影响实体经济。我以前也跟其他的朋友介绍过，当时香港地区讨论分业监管还是混业监管，我当时说"混合"听起来很好，最重要的是能不能找到合适的人才来管理。单一的行业已经很不容易找到好的人才了，找一个通才就更难了。

黄益平：中国改革最关键的就是"僵尸"国企退出的问题，如果让我提一个建议，那就是："僵尸"企业不改，其他所有改革都很困难。

从"三驾马车"到供给侧改革

从"三驾马车"到"供给侧改革",这种话语变化勾勒出中国经济的演变。"供给侧改革"可分解为:化解产能过剩、消化房地产库存、降低企业成本、发展股票市场。中央首提"供给侧改革",短期来说是为了应对下行挑战,长期来说是追求供需匹配的新经济结构。供给侧改革的核心在于提高全要素生产率。我们将从简政放权、金融改革、国企改革等方面讨论供给侧改革。

在2016年亚布力年会上,著名财经专家、财政部财政科学研究所所长贾康,香港交易及结算所有限公司集团行政总裁李小加,北京大学国家发展研究院教授、院长姚洋,华泰保险集团股份有限公司董事长兼CEO王梓木等就供给侧改革的核心问题进行了讨论,亚布力中国企业家论坛创始人、主席田源主持了该场讨论。

田源:对于供给侧改革,大家听到了各种各样的说法,虽然至今还没

有权威的说法，但大家都知道如何从"三驾马车"——投资、消费、出口转向供给侧改革，这是中国宏观经济政策方面的最大变化。上个礼拜，我在哥伦比亚大学参加一个论坛，大家也都在讲供给侧改革，老外也很关心，因为没听说过。他们很容易把供给侧改革和里根经济学混淆，里根经济学是供给学派，有一个拉夫曲线，以减税为主，解决了美国多年解决不了的滞胀问题。那么我们的供给侧改革是如何提出来的？

贾康：供给侧改革不是中央兴之所至提出来的新名词，而是谋定而后动。五中全会之前，中央找了几个学者各做一个课题，我接的课题就是供给侧环境和机制，如何激发经济主体的活力。中央提出这些课题，我的理解是政府正在考虑如何实现动力体系的升级转型。这几年，我们一直致力于新供给经济学研究框架上的一套东西，做研究也是问题导向；实体经济危机发生后，我们开始进行有深度、有系统性的反思，也写了著作和论文。或许是这些著作和论文引起了中财办的注意，他们才找到我们，让我们做供给侧改革方面的研究。

田源：开会之前，你已经完成了书和文章？

贾康：中财办跟我要过书。我的理解是高层有了充分的讨论，但是他们认为这个思路需要有学理性的支撑，因此才提出让我们做一个课题。当然，这个事情见仁见智，网上对供给侧改革说什么的都有，最直观的说法是搞新的计划经济。因为供给侧改革体现的就是供给关系，如果供给关系走到极端，势必走向计划经济，比如修建一个厕所都要审批。而现在所说的供给侧改革和供给体系效率的提升在十八大以后有所突破，强调其必须在充分肯定市场在资源配置中起决定性作用的前提下展开。因此，我们必须肯定现在的供给侧改革是市场取向。在计划与市场上，我们必须强调邓小平南方谈话时确立的认识框架，不要贴标签，不要一讲规划和计划就觉得是传统体制。资本主义有计划，社会主义也必须有市场，概念在经济学里早就有。现在在说供给侧改革和供给管理时，我们特别强调理性，强调在尊重和认识市场规律之后，弄清楚市场规律如何发挥作用。我们想把这样一种极端的、认为供给侧改革就是新计划经济的思想排除掉，但是现实中不否认会有传统企业借此在实体经济中发挥不良影响，造成行为的扭曲。这里的关键是要看大家怎么形成合力往正确的方向走，不要倒行逆施。对于供给侧改革，我觉得应该往积极的方向引导，发挥中国承前启后、深化改革、攻艰克难的作用。我们能做的是尽可能发挥积极的作用。

刚才田总说到美国里根经济学下的供给学派，如果大家简单以为此次的供给侧改革是套用供给学派的一套政策主张，那就想得太窄了。减税的政策我们肯定要用，但它只是我们供给侧改革系统工程里的一个选项，而美国是以减税为主要主张。关于供给侧改革，中国要解决的问题是完成经济社会的转轨。从概念上讲，总书记提出的是"供给侧结构性改革"，一个是"结构"，一个是"改革"，结构既包括生产力布局结构，也包括生产关系，也就是说改革要落到整个供给体系。供给体系的效率提升是系统工程，减税无法解决所有问题。

田源：姚院长，您怎么看供给侧改革？

姚洋：我讲三个问题。

第一，供给侧改革的目标是什么？

刚才贾康已经把来龙去脉讲了，我理解供给侧改革是为长期的经济增长服务。关于增长，我们看两个方面：潜在增长率和实际增长率。潜在增长率由供给侧决定，实际增长率由需求面决定。供给侧改革就是提高我国的长期潜在增长率，或者使潜在增长率保持在比较高的水平上。到2020年，我们人均可支配收入要在2010年的基础上翻番，这是一个硬任务。我们的宏观数据和企业切实感受还是有一定的差距，那么在未来5~10年间，

能不能通过供给侧改革把我们的增长率稳定在6.5%以上？这是供给侧改革应该做的事情。贾康写了很多文章，我就不去说供给侧改革具体要做什么了。总体来说，应该是降低准入门槛，使更多供给能冒出来。一方面，减税。我们的税负的确是太高，增值税是17%，很少有国家超过这个数。另一方面，对科技增加投入。

第二，应该避免把供给侧改革和"三驾马车"对立起来。

网上有一些说法，比如进行供给侧改革说明"三驾马车"不管用了，说明投资、出口、消费不管用了。如果把两者对立起来看，恐怕要犯一些错误。我们的投资潜力还非常大，全国人均收入只有美国的1/7，人均资本拥有量是美国的1/8。960万平方公里土地上有很多投资机会，比如钢铁，也许我们不需要6亿吨，但是5亿吨总是需要的，这样的规模总还是有的。如果把供给侧改革和投资对立起来，就会使得增长失速。现在的经济增长，也许官方数据很好，在6.5%以上，但是真实情况比这个糟糕，如果又不去投资，那就会出现很大的问题。

或许大家会问：如果投资，会不会走回老路？因为存在投资效率的问题。其实，经济学家测度投资效率时使用的方法并不对。投资效率完全是顺周期，经济形势好的时候高，经济形势差的时候就低，如果把资本投入、劳动投入从经济增长率中扣除，那么剩下的就是全要素生产率。我觉得不能用全要素生产率来度量投资的效率。有人讲民间投资回报率也降低了，但是这些都是整体经济收缩造成的，它不是因，而是结果。在这方面，我们还是应该警惕。

虽然出口不再是中国经济增长的主力，2008年之前30%以上的经济增长来自出口，现在比例降低了很多，但是这并不意味着我们不搞出口，这样想也是错误的。一些低端的制造型企业迁移到了国外，但是国内有那么大的腹地，比如河南、湖南、湖北等地的条件比发展中国家好得多，企业应该先移到这些腹地省份，然后再移到国外。现在，长江水道也要打开，以后万吨货轮直达武汉。中国是世界上最大的出口国，也是世界最大的进口国，我觉得这些是我们不能丢的。

第三，要处理好长期和短期的关系。

长期非常光明，但是短期比较困难。2015年我国的形势很差，2016

年形势会更差，把增长速度保持住是关键。现在流传一种说法——供给侧改革等于压产能，我觉得这个太片面。产能要不要压？有可能要压，但是绝对不应该由政府来压。政府即使要压产能，也只能压国有企业，千万不要压私企。在压产能上，我们有过教训。朱镕基任总理时钢产量达到了2亿吨，于是开始压产能，结果2003年年底时钢不够用了，于是又拼命地上。现在我们的钢产量是7亿吨，这个产量谁都不知道是多了还是少了，说不定哪天印度冒出来，说需要钢材，咱们的钢就出口了，这些应该让市场决定。民营钢铁厂如果活不下去，自然就会合并，就会倒闭。国有企业不会倒，所以如果要压产能就压国企，或者大家一律采用环保标准，达不到环保标准的就关门。把产能过剩当作经济困难的原因，这一说法本末倒置，产能过剩是因为经济下行，是一个结果，不是原因。把产能压下去，经济就增长了吗？现在的情况下，我们的真实增长率没有达到潜在增长率。我们觉得潜在增长率在7%左右，过去两年的实际增长率大概在4%，差距还很大。这种情况下，压产能没用，我们要把需求调动起来。

贾康他们提出新供给侧经济学，我觉得是非常有远见的想法。但是如果我们把短期和长期混为一谈，结果就会出现很大的差池。现在谈改革的问题，上面谈得很响，下面要么没有方向，要么被体制说服。我经常开会听部长讲话，鼓舞人心非常好，但副部长总结的时候又回到老路，这说明机制出了问题。供给侧改革的目标提得很好，但最后执行时怎么落地，我觉得问题还很大。

田源：林毅夫老师一向主张中国8%的经济增长可以保持20年。

姚洋：现在他不说了。

田源：中国的债务比率也很低，跟日本比还有巨大的发展空间。这也是扩张需求的，再发1万亿元债或者2万亿元债，需求就大了。

贾康：林教授有一个很关键的词是"新结构经济学"，与新供给侧经济学有区别，但是我认为逻辑上有相同之处。林教授论证中国8%的经济增长可以保持20年，但是有一个前提，那就是必须深化改革和优化结构。他的论证很有价值，他把类似经济体、可比较的阶段数据一一摆出来，不要关注他说的到底是8还是7，而要关注这一数字如何实现。林教授说现在中国经济下行是由外部原因造成的，不是内部原因，对此我是不赞同的。

王梓木：供给和需求是经济学永恒的命题，不同的经济学家在不同时期强调其中的一个方面，为不同的政府制定相应的政策。

"三驾马车"包括消费、投资、出口，就是从需求侧来解决经济增长的问题。它源于凯恩斯主义的政府干预，凯恩斯主义强调需求决定供给，出现经济衰退或者下行的原因是需求不足。解决需求不足，主要靠刺激消费、投资和出口，具体来讲就是运用扩张性的财政政策和货币政策来刺激需求和保持增长。

我国在2008年全球经济危机之后，用政府4万亿元投资和10万亿元贷款刺激经济回升到GDP增幅10%；2011年之后，GDP连续下滑。从目前中国的经济状况来看，"三驾马车"已经无法拉动中国经济的发展。这种刺激一方面带来投资报酬递减，另一方面导致债务积累（透支未来，引发通胀）。

供给学派则相反。供给侧经济学家（新古典经济学）认为，经济衰退的原因不是需求减弱，而是供给发生了问题，主要体现为动力不足。过去通常认为造成动力不足主要是两方面的因素，一是资本供给，二是劳动力供给。后来又加上了技术进步新要素，也就是我们最近常说的全要素。现在越来越多的经济学家认为经济增长的主要驱动力在于技术进步和效率提升，也就是长期强调的经济增长方式的转型，由粗放型转到集约型。这么多年来，我国经济转型难的原因就在于它比较复杂，需要经过阵痛，比如

银行坏账、工人下岗再就业等，因此很容易回到需求拉动上去。

前些年中国政府提供4万亿元拉动投资，是创造需求（"三驾马车"中的一驾）用于拉动经济，结果近些年又出现了供给过剩。这说明不是需求出了问题，而是供给出了问题。所以，现在是讲供给侧改革的时候了，如果继续用货币政策，用政府发债的方式拉动新的投资需求，那么显然是有问题的。

一般来说，需求有刚性的部分，如吃住行；也有弹性的部分，也就是吃住行以外的部分。满足刚性需求的部分供给是刚性的，结果导致部分产能也成为刚性供给。如今需求没有了，产能出现过剩，如果是刚性供给过剩，只能是去产能，如钢铁、水泥、煤炭等大幅减产。

除此之外，经济还要发展。拉动经济发展的不仅是需求，还要提供有效供给。在我看来，有效供给有一部分是非过剩的满足人们刚性需求的供给，另一部分就是通过不断创新来实现或者满足人们新的需求，如苹果手机、互联网+等。人们的需求也是随着供给能力不断提高而发生改变的。归根结底，社会需要的是能够带来改变的有效供给，而不是无效供给或产能过剩。

供给侧改革就是转换发展动力，由需求拉动转为供给推动，同时转换经济发展方式，其难度和复杂性都比过去增大了。对政府来说，供给侧改革不仅是"三去"，即去产能、去库存、去"僵尸"企业，还要侧重于"改"，创造更有利于企业发展的市场环境；对企业来说，供给侧改革的重点应该放在"创"上，通过提供新的有效供给，创造有效需求，由此推动社会的发展与进步。

对于那些优秀的企业来说，在困难来临的时候，往往是危中有机，"危"字当头，"机"在其中。在我看来，供给侧改革给优秀企业创造了弯道超车的机会，同时也会淘汰那些落后的企业。

田源：下面听一听小加的想法。

李小加：我完全不懂，但也说两句。刚才姚院长说，我们2020年人均可支配收入要在2010年的基础上翻番，而每年的经济增长如果不达到6.5%以上就达不到这个目标。那么作为非计划经济体，我们为什么非要达到这个目标？达到的根据是什么？不达到又会怎么样？近20年来，日本的经济一直没有增长。对政策制定者来说，这是一种健康的做法吗？

贾康：我说得比较直率一点，这是政治家的决策，总要给大家一个愿景。邓小平最开始提三步走时也没有做模型和相应的预测，先是工农业总产值，然后是国民生产总值，最后才是GDP，事实上还是起到了很好的作用，前两步都提前实现了。中国要抓住机遇，政治家必须给出大的框架式谋划，倒着算，如果年均经济增长达不到6.5%，2020年人均可支配收入在2010年的基础上翻番实现不了，这就变成了政策压力。前面愿景说得八九不离十有点好处，那就是统一了方方面面的框架性认识。当然，精确的量值确实说不上来，如果要深究，全世界可能没有谁有能力通过模型测算论证出精确数据。

李小加：当中国一穷二白的时候，主要目标就是把经济发展起来，这个时候大家都需要愿景，需要动力，需要把大家聚在一起。但今天情况有所不同，今天中国还需要CPI吗？

贾康：原来说的奋斗目标现在叫预测性和引导性目标；以前的计划现在叫规划，年度目标变成了年度目标值，变成了一个区间，还是有点认识上的进步。以后随着经验更成熟，大家会越来越不在乎引导性指标的精确度，既然是区间，就是左右，不要太计较。

短期内，我个人觉得更值得关心的是，现在有了区间的概念，有了弹性容忍度的概念。在经济下行过程中，越来越多的问题会出现，这种情况下托底还是有意义的。打个比方，中国就像2个轮子的自行车，2个轮子的特点是高低、快慢都处在临界点，翻车与不翻车在瞬间发生。而日本以及其他经济体则是有6个轮子、8个轮子甚至10多个轮子的车，因此日本经济可以停滞20年而不翻车，在这点上中国没法比。美国经济危机发生后，社会上也发生了占领白宫的事件，但美国政府不着急，因为他们知道人们的气撒了就完事；但中国不一样，很难收场。比如甘肃省金昌的一名女生因为在超市偷窃巧克力被抓，又没有钱赔偿，结果跳楼的事件，就引起了县城几个小时的骚乱。

李小加：以前，一个目标之间有好几个硬性的因果关系，最终会落到政治稳定上、社会稳定上、就业上。最后大家有一个认识：如果经济增长没有达到8%，一系列问题传导就变成了X，由于我们不希望X，因此必须保证经济增长在8%以上，这样自行车就不会倒。然而现在中间的联动关系越来越松，即使经济增长没有达到7%，社会照常运转，也没有出现如前面人们所料想的一系列问题。当然，尽管联动关系不像以前那么紧密，但是我们仍然需要这样的语言体系，仍然需要这样的决策程序和方式。

贾康：有一点值得肯定。2015年我国经济增长为7%左右，但新增就业岗位为1400万个左右，这与前些年相比，在数量上翻了一番。这怎么解释呢？这说明我们的调整有了好的结果。这些年我们不遗余力做的商事制度改革，还有减税，特别是对小微企业的政策，确实发挥了作用。现在中国的物价时不时往上冲，这是中国的滞胀。如果在过去，经济增长速度下降到7%或者7%以下结果将很难想象。如果滞胀出现，经济增长若再不好，中国就会陷入中等收入陷阱，所有事都在一起搅和，所有人都在一起泄愤。

2011年我国GDP下滑，物价往上冲，增长幅度达到了5.4%，社会方方面面的不满都可以拿物价说事。当时温家宝任总理，召开了国务院常务会议并给出了20条稳定物价的措施，直到8月才扛过去。后面跟着的是中国经济一路下行，给我们留的弹性空间有可能越收越窄。

我们认为，从"三驾马车"到供给侧改革就是把需求管理总量结构化。既然是总量，为什么要区分三方面呢？结构化的逻辑是必须往下走，一直把整个生产过程走完才能形成完整的认知，必须从需求侧转到供给侧。到供给侧时，我们面临的问题就是如何使劳动力、土地、资源、资本、制度等形成合理的结构。因此，我们现在要找到一个好的机制，就是既肯定需求管理的合理性，同时又认识到"三驾马车"的局限性，把供给体系作为系统工程，并且完成整个供给体系的升级、优化。我们已经写了论文，试图将需求管理和供给管理放在一起，形成复杂的供给管理框架。

田源：你相信市场经济，然后在市场经济情况下搞供给侧改革。企业家比较关心的是宏观经济调整对企业带来的风险和机遇，请你就政府的政策走向做一个小结与展望。

贾康：过去中国一直不得不处理供给侧的问题，不仅因为经济增长的速度，还因为必须让人民群众得实惠，必须讲效率，必须讲结构优化，这不仅是供给侧本身的问题，供给侧是处理复杂结构的问题。这么多年走过来，中国经济一直没有摆脱粗放式增长的特征，没能如愿达到以效益为中心的状态。这里有阶段转变的客观因素，也有改革困难的因素，但小平南方谈话后，市场经济的发展激动人心，企业家的发展空间也变大了不少。

理论上，中国的市场经济希望走到美国的状态，但即使是美国也不一定能避免金融危机。中国市场经济的理论框架对中国经济的发展有很大的贡献，但现在这些理论变成了实际必须面对的问题，既要完成经济转轨，又要处理一系列慢变量的问题，要冲破利益固化，还要结合中国的特定条件。中央说我国现在矛盾积累，隐患叠加。再往前走，很可能走到某一步

后卡住，走不过去，那时候如果所有矛盾被激发出来，中国将陷入中等收入陷阱的烂泥缸。未来要发展，我们也要避免出现这么不利的局面。如何针对供给侧改革做积极引导，通过供给侧改革在运行上解决阶段性探底的问题，争取中国经济起稳对接中高速增长平台，这是我们当下亟须解决的问题。如果中高速增长平台有质量保障，林教授所说的20年增长或许就可能实现，即使没有20年，能争取十几年也是非常不错的，即使此后经济增速降到4%~5%的区间，但如果在这个过程中跨越中等收入陷阱，不出现经济停滞、国民幸福感大受冲击，情况就会好得多。中国如果能冲破这个坎，往后发展会比较顺；如果冲不过这个坎，情况就会非常悲观。

姚洋：我先跟李小加先生讨论一下关于目标的问题，这的确是非常重要的问题，最后都会上升到政治稳定等上面去。我个人觉得，我们可能把这个事情看得太严重了，哪怕像贾康所说的群体事件，烧了几辆警车，烧了几条街，又怎么着了？美国占领华尔街比较和平，只不过我们的水平可能低了一点，这个事情结束了也就过了，人心是相通的，就让他们去弄。我觉得政府毫无必要把自己逼入很窄的空间里，把减压阀放松就好办，哪怕老百姓上街游行都没问题，游行完就结束了。

从长期来说，供给侧改革中改的是什么？我觉得，政府过去30年走过的改革路就是让经济更加自由。我们看到，管得少的地方活力很好，比如深圳。深圳是我们最有活力的地方，过去是，今天还是，也成为我们转型升级最成功的城市。我们天天喊转型升级，喊得最凶的地方没有转型成功，深圳没人管却成功了，最后还是市场在起作用。其中最根本的是企业家自己管自己，有了问题找政府，政府及时解决，这样经济就活了。

对于中国的长期净增长，我比贾康更有信心。我觉得中国陷入中等收入陷阱的概率低于15%，楼继伟说这个概率在50%以上，我觉得太夸张了。对比成功的经济体和失败的经济体，我们发现，成功的经济体大多高储蓄、高投资、工业化深入、人口结构较好。从劳动人口比来看，中国现在的情况最好，我们什么时候会比印度差呢？2030年时可能会差，但中国具有政治稳定和宏观经济稳定。历史经验告诉我们，中国一定是幸福家庭。

现在我们把长期的结构改革和短期的增长混在一起，想用调结构的方式解决短期的问题，这往往会出大问题。比如，2016年确定的五大任务中，前三个是压产能、压库存、降杠杆，没有一个国家在经济实际增长率低于潜在增长率的时候出台这样的政策，这是不可能的。美国金融危机爆发后，美国政府怎么办的？都是反着来，赶紧扩张，把经济拉回到增长率上来。当然，我们前面也采取过一次这样的措施，但那一轮已经过去，现在全球经济又不好了，中国经济也往下滑，而且人民币还希望国际化。这种情况下，如何保证资本不外流呢？我们现在看到了优势，收紧资本控制，但这样反反复复，改革就没法往下走了。

如果我们定的目标是经济自由化，那就应该围绕这个目标想解决问题的方法。稳定短期经济增长才是稳定整个经济形势的必要条件。如果大家都认为中国经济增长在下滑，做空中国是肯定的，这对我们的打击非常大，风险比老百姓想象的风险大得多。

田源：中国经济发展30年，基本上经历了几个阶段：1978年以前，经济一片凋零。20世纪80~90年代，中央出了一系列文件，不断释放市场的积极性。首先，在农村把人民公社取消，实行包产到户。用了七八年的时间，粮食产量大幅度上升。其次，价格改革，通过价格改革激活经济体。最后，价格改革后工业发展起来，解决了企业自主权问题。20世纪90年代进行国企改革，采用承包和收购的方式，释放了民间资本的积极性。2001年，中国加入WTO（World Trade Organization，世界贸易组织），出口有了很大的发展。中国在整个世界经济增量中占比达到了近1/3。

我很同意姚院长的说法，这么多年我国的市场经济把不同行业、不同城市和农村的积极性释放了出来，从而促进了我国经济的增长。过去我们采取的宏观调控基本是存储银根，2008年全球波动对中国产生影响时，为了刺激需求，我们投入了4万亿元，再加上10万亿元银行贷款，保障了我国经济5年的发展。现在整个环境有所变化，昨天和马云聊天时，他说，其实全世界的经济是风水轮流转，先是美国出了问题，现在他的问题解决了，接着欧洲又开始出问题，带来了世界经济的大变动。今天，中国也遇到了一些问题，但在马云看来，这不是颠覆性的问题，还只是类似于产能循环的问题。

过去讲资本主义不好，为什么不好呢？因为有生产过剩的危机。马克思讲8~10年是一个周期，有复苏、高涨、萧条。我们是第一次遇到这个问题，4万亿元刺激过后，药效没了，经济增速往下走。这时候贾老师提出供给侧改革，从中国历史的经验来看，国家是可以调控的，这也是中国的一个优势，因为政府的手能发挥作用。政府还有制定政策影响经济发展的能力，强调供给侧改革的时候，我们更多地强调通过经济政策的导向调动整个社会的积极性。现在，民营企业的规模、实力、能力已经远不是30年前可以比的，这是改进经济增长质量的因素。这次的经济下行，我特别希望压力下能出现更加市场化的政策，这样才能实现供给侧改革。减税很重要，但是信心更重要。现在人们的信心不是很足，这种情况下提出供给侧改革，是改哪一方面的供给呢？是改政策供给。我觉得应该把政策供给改善作为重点，这比压产能好。

贾康：姚院长和田总的思路很一致，我也认同，让市场充分起作用，坚持供给侧改革，供给侧体系的打造必须建立在市场发挥决定作用的基础上。往后许多问题还有待深入，我举几个例子，大家看看有没有一定的道理。

美国应对危机时是用公共资源注资，但中国现在还做不到。中国现在有一个问题——雾霾等环境问题造成民怨沸腾，后面跟着的是食品安全问题，以及水流、土壤、种植养殖环境非常糟糕等，所有这些都影响了我们

的供给体系。在这种情况下，如果仅仅发挥市场的作用够吗？不够。如何解决资源问题，实现经济的可持续发展？非常之局要采用非常之策。怎么破局？在新产品比价机制方面，我们有一套方法，但若要被社会认同很困难。比如燃油，中国燃油不能和美国比——因为美国的更便宜，只能跟欧洲比，欧洲通过税把油价抬到很高的水平，造成怨声载道。我们发改委下调油价时留了一个空间用于加税，结果被骂得狗血淋头。这就是供给侧改革需要解决的难题。在整个产业链上，大家都感受到利益驱动，利益驱动之下最值得做的事情是千方百计节能降耗，这一套改革是系统工程，这是单靠市场不能解决的问题。

此外还有地皮，未来会有更多人进城，现在拆迁成本高得难以想象，再往下更惨。我觉得需要考虑城乡接合部的土地一亩不是简单的一亩，而要根据土地的产出分等级。这些事情政府都已经考虑到了，但是为什么这么多年只有重庆这一个试点可实行？这是考验政府的事情。再有就是在中国城镇化发展的过程中，在城区规划方面政府应该发挥什么作用？政府不是所有的事情都要管，但是在国土开发规划方面，无论是新区还是老区改造，一定得是政府牵头，组织最高水平的专家形成开发方案，但不一定由政府拍板，政府要留一定的空间给社会。比如京津冀一体化，京津冀一体化要打破行政区划，这仅靠试错、靠企业、靠市场来做不太可能，这一点也已经被国际经验充分证明了。中国发展非常之局，我们总结了三大项，前面只说了环境资源，后边还有收入分配。

收入分配方面，中国人愤愤不平，都认为不公正，有一大堆的不满。往前走，出路何在？而直接税中的房地产税和个人所得税都没有动静，其他的则更不要想。有人说有遗产税，但在官员财产报告完成之前，这个税种也难以完成。税制改革是政府牵头做出来的，靠底下闹事能闹出税制吗？不可能。中国还有一个可能性——中国有一个新权威主义的尾巴，这是非常重要的决策环境。如果这个环境丧失掉了，再往后新权威主义尾巴也没了，在中国解决非常之局的可能性就降低了。

技术如何驱动变革

　　可持续增长依靠创新，创新需要要素重组，要素重组必须打破既得利益，因而每一次创新都是一次利益的重新分配，而既得利益又是创新的主要阻力。我们以这两三年来市场中出现的新商业模式为例，看看它们如何艰难地推动变革。在2016年亚布力年会上，远大科技集团董事长兼总裁张跃，道同资本创始合伙人张醒生，康得投资集团有限公司董事长钟玉，阿里巴巴集团钉钉事业部创始人陈航，喜马拉雅FM创始人、联席CEO陈小雨，蚁视创始人兼CEO覃政，天脉聚源（北京）传媒科技有限公司首席运营官林毅，Horizon Robotics创始人余凯就上述问题展开了讨论，中泽嘉盟投资基金董事长吴鹰主持了该场讨论。

吴鹰： 我们每个人用不超过1分钟的时间先做一个自我介绍吧。

陈航： 我是来自阿里巴巴的钉钉创始人陈航。

张跃： 我是远大集团的张跃，是做工厂化建筑和研究空气品质处理技术的。

陈小雨： 我是喜马拉雅FM的联合创始人，做声音分享的。

余凯： 我在德国生活了6年，在硅谷生活了6年，后来加入百度，负责百度的深度学习研究院，2015年6月自百度离职，7月开始做人工智能方面的创业。

覃政： 我是蚁视创始人覃政。

林毅： 我是林毅，现在做的企业应该算是国内最大的电视云计算新媒体技术公司。

钟玉： 我是康得投资集团有限公司董事长钟玉，我们在市场上知名度

高一点的是控股公司——康得新控股
材料股份有限公司，市值500亿元。

张醒生： 我是道同资本创始合伙
人张醒生。

吴鹰： 陈航刚才介绍他是阿里巴
巴的钉钉创始人，通常不会有人在一
个公司里做事还称自己是创始人，但
是他们这个团队是非常好的创始团
队，在这样大的一个企业里创业，能
不能做成一个很牛的软件公司？

陈航： 我最早是1998年进的阿
里巴巴，后来出国11年，回国后又回
了阿里巴巴，开始做搜索，负责"来
往"。做产品的人，最可怜的是产品
质量不行。2014年2月我们发现这样做下去可能不行，钱砸了很多，用户
却没留住，后来我们在社交领域开始做一些垂直化的事情。我们团队坚持
几个原则：第一，产品一定是解决真实的痛点；第二，一定不要抄袭，一
定要基于真实的场景原创；第三，要求速度，每周迭代。

2014年8月左右，我们出了钉钉，当时是高度保密的，只有公司的高

管知道。8月底，我们出了第一个测试版；12月底，英特尔中国找到我们说想加入钉钉内测，这件事给了我们很大的鼓舞。2015年1月16日，钉钉正式发版，后来经过一周年发布了2.0，现在钉钉已经推广得很好了。今天的主题是新技术与既得利益，我就简单讲讲我们做钉钉过程中的新技术和既得利益问题。

第一，独立。我们是阿里巴巴的内部创业，阿里巴巴是非常伟大的公司，我们的DNA决定了我们是做电子商务的商业公司。所以，当时做"来往"的时候，运营的痕迹非常强，一天到晚搞活动，像双11一样。然而搞活动是把双刃剑，产品好，搞活动可以卖得很快；但产品不好，活动搞得越多死得越快。钉钉是我们在阿里巴巴的第三次创业，为什么要独立出来？因为我们的文化基因要改变。我们希望做一个面向移动互联网的产品，用产品思维、产品导向来研发，这本身就需要有非常独立的环境，所以，我们要求在财务、人事方面独立化，尽量不被公司影响。

第二，原创。我们与外国人交流时，他们经常讲一句话，说你们中国人copy很厉害，尤其在移动互联网时代，所有新技术都可以高枕无忧地从美国那边抄。我拜访了中国的很多企业，发现阿里巴巴之所以成功是因为中国的零售业弱，阿里巴巴让大家感受到了商品的丰富度。钉钉今天面临非常大的机遇。中国有4300万中小企业，它们的平均生存年限是2.2年，美国中小企业的平均年限是7年。美国人在7年时间里非常追求公司的效率，这样才能提升整个公司的创造力；而中国企业在2.2年里都只顾拼命增长。中国的软件业中之所以没有出现IBM这样的公司，是因为中国的整个企业IT化比较弱，都是面向金字塔顶端企业服务的。一般的企业都是纸质办公，阿里巴巴已经进入了云和移动时代，全部在手机上就可以完成。那为什么不能把阿里巴巴的工作方式复制到全国呢？这是钉钉原创的源泉。所以，我们可以非常自豪地说，钉钉是BAT三家公司里最具原创精神的一款产品，所有的功能体验都是原创的。

第三，零成本，零门槛。移动互联网有很多的免费电话，这个技术怎么应用于中国的中小企业？钉钉就做成了全中国最简单、最方便、最实用的电话会议系统。我们认为，今天的新技术与以往现成的技术之间并不是替代关系，而是让还没有感受到这些技术的人感受到了。最后，中国大部分的OA（办公自动化）厂商、ERP（企业资源计划）厂商都是软件思维，让人按照系统、流程、规则方式走，而我们希望企业软件能够以人为本。

吴鹰： 下面请张醒生讲一讲。他在外企做过，也做过亚信的CEO，现在是大自然保护协会北亚区总干事，自己又投资，专注于做高科技。

张醒生： 微信推出之后，有一个好朋友找到我，他在全国有1000多家店，想在微信上连接起来，当时微信最多只能接100家，为这个事我专门找了马化腾。阿里巴巴首次推广钉钉的时候，我也使用了，我觉得钉钉解决了很多小企业的问题，尤其是现在智能手机普及了，这会把既得利益者掀翻。世界上最牛的IT行业史祖IBM碰到钉钉这样的企业会心惊肉跳，因为IBM要靠卖硬件之后才能卖服务。我自己用钉钉用得很开心，像出差、请假、报到全集合在一起了，即时，不用再通过传统的OA模式了，这是一个典型的案例。

人类科技发展到今天这个阶段，新科技推动传统利益格局的事情不断出现。有本书叫《奇点》，说社会资本积累到一定程度的时候，会进入指数高速发展的拐点，这时候它在竖轴上的变化非常大。由于之前移动互联网的铺垫，钉钉出来之后就产生了巨大的影响。我坚信技术是推动人类进步的最关键因素，虽然各个国家有不同的体制、不同的限制，但是一旦革命性的技术为这个社会所应用，很多人为的障碍就会被突破。

吴鹰： 下面请钟玉先生谈一谈他的想法，因为咱们在座的每个人都是他的客户，我们用的手机光学膜就是他们做的，填补了国家的空白。

钟玉： 谢谢吴总，我就会议主题谈四个观点。

第一，实际上，人类的经济活动，甚至政治活动，都是通过创新打破既得利益，然后再重新分配利益格局，这是人类永不停息的命题。

钟玉

第二，当今世界进入了一种颠覆性创新、颠覆性变革的时代。我们做高科技的一般认为，3个月不进步就会被淘汰。我们生产的手机光学膜有10层，原来中国做不了，现在我们做到了全球最大，我们每年的产品更新率高达70%。

第三，企业家作为企业创新最根本的驱动力，要有危机意识。你觉得可以安安稳稳过5年、10年，但可能瞬间就会被颠覆掉，摩托罗拉和诺基亚就是最好的例子。所以，企业家要有危机意识，要能自我否定，一切归零。我下海做企业28年，到今天还是如履薄冰，如临深渊，生怕别人追上来了。

第四，创新需要人才。康得新在全球拥有80个研发中心，整合了全球的优秀人才。康得新现在有3000多名干部员工，人人奋发，努力工作。

吴鹰：张跃是远大空调的，请张跃讲讲你的观点。

张跃：刚才我拿了一个检测二氧化碳的仪器，常规来说，二氧化碳浓度超过1000PPM就会让人感觉不舒服，超过2000就会对人体有损害，超过4000就会让人马上打瞌睡，所以，如果大家现在困，不是主持人主持得不好，而是二氧化碳浓度太高了。这里面有一个很重要的新技术，可以检测二氧化碳、粉尘、甲醛，立竿见影。空气质量对人类来说至关重要，亚布力的

空气质量比海南岛还要好。我们如果不注意空气质量，就会带来三个问题。第一，能源。我们如果开窗通风，可能要浪费很多热源、能源，其实这个问题可以解决，因为我们现在有新技术。如果再适当增加一个过滤网，还能隔离PM2.5。在这个领域，我们的创新非常成功。然而我们在另外的两个领域非常迟缓：一是空气；二是食物，包括有机食物、食物添加剂等问题。在这两个领域，我们现在还没有成功的公司，也没有能引起大家注意的产品。

说到空气质量，我们肯定会想

到PM2.5。PM2.5的主要来源是建筑能耗，建筑能耗在整个北方地区，包括黄河以北的地区，在冬天占到70％。为什么一到冬天雾霾就这么严重呢？因为建筑能耗太厉害。这个其实很好解决，就是做好保温。以前我们用泡沫板来做房屋的保温，央视大楼起火以后不让用了，但其他的保温材料又发展不起来。最近，这方面有一个创新，就是用不锈钢做蜂窝芯，隔热性比刚才说的泡沫板要强两三倍，成本差不多。如果我们能将建筑能耗通过创新手段降低，空气质量的问题自然而然就会慢慢解决。

张醒生：现在河北患肺癌的人数增长了360％以上。

张跃：煤可以用清洁能源替代，这里重要的是清洁能源的开发。我是做空调的，我特别知道房屋做保温和不做保温的区别，两者的能耗差别最多有10倍，最少也有5倍。那么降低建筑能耗的事情，我们为什么不去做呢？所以，我认为无论是政策制订者还是投资者，还是普通老百姓，都需要明白，除了互联网以外，社会上还有很多需要创新的东西，有太多的空白需要我们去填补。

我再说一个问题，我的工厂化建筑做的是什么？就是在工厂把房子生产出来，然后到现场搭建。材料上我们采用不锈钢蜂窝，敲起来跟混凝土一样，但是消耗仅占传统建筑的1/10。整个过程完全采用航天技术，但工艺成本只有航天成本的1/30。这是一个新兴的技术，但我相信这个技术用不了10年可能就会对我们整个建筑产业，比如水泥、钢筋带来很大的冲击。

陈小雨：在人类还没有文字的时候，信息传递的最重要方式就是听和说。随着技术的发展跟演变，每个家庭基本上都有了收音机，后来随着电视和互联网的兴起，收音机便从人们的生活中消失了。

近几年在传统媒体中出现了一个现象，就是报纸、杂志、电视广告的收入都在大幅度下降，只有广播电台的收入没有下降。为什么呢？因为汽车。也就是说，听在汽车等移动场景中重生了。喜马拉雅是在移动互联网技术下产生的一个物种。我们在整个发展启动的过程中，最早是关注传统广播的局限性，它最开始是由中央发布声音，每个人没有选择，只能听。而互联网的爆发，尤其是社交网络的爆发，让每个人获取信息的方式发生了巨大改变，用户可以以个人为中心获取信息。

另外，喜马拉雅与传统广播有两点最重要的区别。一是生产方式发生了巨大变革，传统电台是由广播电台专业制作生产出来的，而今天在喜马拉雅上，每个人都可以去创建自己的个人电台。它意味着我们拥有无数细分领域的高质量音频内容，用户可以在上面畅听百万有声书，以此获取信息。二是分发方式不同，通过大数据的挖掘，可以根据用户个人的偏好和收听习惯精准地推送；同时，可以通过开放平台，让整个声音的分发不被限制在手机上，还可以到达所有的智能家居中。这些都是新技术所带来的巨大变革。

然而说到既得利益这个部分，其实从喜马拉雅自己的发展来讲，我们真还没有强烈地感受到既得利益对我们的损害，原因是我们涉足了传统电台不曾涉足的地方。我相信，所有新的东西，只要它出来，在它自有的体系内肯定会受到非常大的抵触。为什么传统强势媒体内部没有办法产生新的媒体？因为其要想在自己的体系内进行变革，难度基本上等同于自杀。有一句俗话是"置之死地而后生"，但是没有人会在活得还不错的时候选择自杀，然后再重生。所以，想打破既得利益者的体系，打破他们的壁垒，让他们重新组织、重新创新，是非常困难的。从我们这个行业来看，传统广播包括传统媒体一直面对的一个问题是破题，所有传统媒体都希望能创建自己的新媒体平台。在喜马拉雅这几年的发展中，我们接待了很多大的广播电台，每个广播电台访问我们之后都回去做了APP，但是没有一个活下来的，做得比较好的就是上海的阿基米德，但是至今日活（每日活跃用户量）还没有超过20万，而我们现在是700多万。

吴鹰： 你们有计算过小时活（每小时活跃用户量）吗？

陈小雨： 小时活还没有计算过。

吴鹰： 现在日活这个概念没什么用，如果要找第一名，那么百分之百是微信。

余凯： 能讲日活的一般就很有信心了，普遍都是讲周活、月活。

吴鹰： 下面请林毅谈一谈他的想法。

林毅： 我想挑战一个话题，我觉得陈航刚才说得不对。钉钉的定位我很欣赏，但如果说协同软件，国外有很多专利，包括谷歌也有很多专利。所以我的观点是，不见得你就是创新，如果你说你是创新，并且能说明出处，我也会给予很大的尊敬。

很多项目都胎死腹中了，那么新技术怎么能影响既得利益？这个话题我觉得很有意思。《谁动了我的奶酪》这本书跟这个话题有点关系，围绕着钉钉的定位，我觉得一个新技术要想产生巨大的影响力，在商业上必须落实到具体的企业和行业。对于这些行业，我们来做一个分类，大概有四类：第一，制造业，比如汽车；第二，服务业，比如银行、保险、私人健身教练；第三，技术创新业，比如基因工程；第四，我自己想了一个词——network，即平台，涵盖多节点的

关系。在技术影响变革的时候，这四类大概会受到这几个方面的影响：在前两类里面，一是技术变革使成本降低了；二是出现跨界，以前我只做硬件，现在我既做硬件又做服务，既做服务又做客户。

最近有一个概念非常流行——共享经济，而共享经济背后的逻辑是Cooperation Consumption（协作消费）。我觉得，协作消费概念的普及使得大家觉得在今天的互联网环境下技术在如此强大地驱动着变革。硅谷有一个说法——"这个东西被Uber化"，什么意思？Uber是之于车，Airb&b是之于房子，这些东西都是协作消费里的一个观念。我也想引述德鲁克说的一句话：动荡的时代，大家关注的也许未必是动荡本身，而是要关注千万不要以旧的想法再去做事。

吴鹰： 请将话筒交给你旁边的"85后"——覃政讲一讲。

覃政： 继电脑、电视、电影、手机之后，人类的第五个平台就是虚拟现实（VR①）。我在2015年参加亚布力年会的时候，还听到很多电影大佬说要增加中国的电影银幕数，现在美国已经饱和，电影银幕数要逐渐减少，慢慢碎片化，变成虚拟现实的影院，这是对现有院线行业的变革。另外，电视机在中国家庭内部是一个非常核心的东西，一般放在客厅中央。但现在"90后"已经不看电视了，以后虚拟电视将会成为传统意义上放在客厅的电视，发挥着沟通家庭成员感情的重要作用。

吴鹰： 你头上戴的是个360度虚拟现实的摄像机吗？

覃政： 对。

---

① Virtual Reality，虚拟现实

吴鹰：多少钱一部？

覃政：这是我们研发的虚拟现实摄像机，几百块钱。

吴鹰：我昨天刚接触到的是部一两万块钱的。

覃政：戴着这个虚拟现实的头盔，就像坐在这儿参加会议一样。在这方面我们会和国内的大厂商合作，我们在全球的出货量已经超过20万套了，出一个手机就出一个虚拟现实的头盔。

吴鹰：余凯原来在百度的深度学习，2015年年初很多人知道了这个词，百度的CEO李彦宏在人大大肆鼓吹要有国家战略的大脑计划，不知道余凯是否是受了这句话的鼓舞才出来创业？

余凯：在中国这样的一个产业环境下，如何确定技术变革是一个很复杂的话题。2012年我回国的时候，想做的就是通过人工智能改变中国，我想在中国做一家世界上最好的人工智能研发中心。那时候，谷歌的无人驾驶汽车已经在路上跑了7年。在美国，无论是高校还是企业，天马行空的事情做了很多，但是中国其实还是比较偏重商业化、短平快的模式。

我们讲变革，一般是不破不立，但是存在先破后立还是先立后破的问题。有一批谷歌的人加入了很大的互联网公司做搜索，他们花了一年半的时间把架构搭得非常好；但是在中国，整个生态环境是不容许你花这么长时间做技术的，一定要快速上线。如果2012年我跟李彦宏说做自动驾驶，李彦宏肯定不会让我加入百度了。在中国，如果想用技术驱动变革，一定要非常现实，先立再破。所谓先立再破，就是要先证明自己能在这样的环境里做出事情来。那个时候我们做广告变现，做搜索包括最早的语音搜索、百度图片搜索等，在很多核心业务里取得了一些成绩，包括在数据中心、

云端。2013年年底的时候，我跟李彦宏说要做自动驾驶，那时候已经有相当的信心了，现在百度已经有400个人做自动驾驶项目了，并且专门成立了自动驾驶事业部。

人工智能在整个人类历史过程中扮演着非常重要的角色。前两次产业革命，主要是以"我"为主，延伸个体的体力、脑力。而未来发生的变革，跟前面所说的是完全不一样的生态。首先，从PC互联网到移动互联网，摩尔定律的发展使机器的运算能力越来越强。其次，网络使更多数据线上化，它带来的改变是构造了一个完全不同的世界生态，过去的生态是地球，但未来是把很多线下数据线上化，把物理世界、现实世界镜像到数据世界里去。

吴鹰：我再问陈航一个问题，你认为出来更有利于你的发展，还是在阿里巴巴里面比较好？

陈航：在阿里巴巴里面比较好，2015年1月16日发版之后，4月我跟马总就钉钉独立的事情谈了一次话，谈了2个小时。当时也有很多人找马总，希望投资钉钉。那时候我觉得我们没有独立的决定是对的，首先我从来没有单独创业，我是做产品的人，过早独立化会让我背负很大的压力，

而现在这些事情都不用自己操心，公司可以指派人来做。别人问我怕不怕微信也做钉钉，以我的了解，他们今天不会做这个事情。因为我们追求的人性诉求和微信追求的人性诉求不一样，微信追求接收者的诉求，我们面对的是发送者的诉求。

吴鹰：下面请在场的观众提一个问题。

提问1：我想问余凯一个问题：AR（增强现实）对我们未来的生活会产生什么样的影响？

余凯：AR实际上是现实世界跟虚拟世界的融合，造就的是一个生态。在这个生态环境里，很多重复性的、不太需要创造性的劳动会被机器人替代。比如，富士康里面的那些工人肯定会被替代，一些诊治常见病的医生也肯定会被替代。

吴鹰：我去看医生，把几个数据输入电脑，就可以知道得病的概率是多少，未来似乎真不需要医生了。

余凯：医生应该去研究疑难杂症。

吴鹰：很大程度上，疑难杂症也可以被替代，有足够的数据就可以。

余凯：自动驾驶也是AR改变生活的一种表现。

吴鹰：两个礼拜前，亚布力论坛组织了一次拜访，去拜访贾跃亭。贾跃亭说汽车是互联网非常重要的入口，两三年后我们就会看到在中国的马路上跑着无人驾驶汽车了。

张醒生：美国政府已经批准了自动驾驶的责任认定，这就解决了最大的法律问题。

吴鹰：它一定比人驾驶安全。

张醒生：法律上已经确认了自动驾驶就等同于司机驾驶。

余凯：自动驾驶系统是相当于司机。

吴鹰：技术将使我们的生活更美好，不应该因为既得利益而放弃对新技术的开发和应用。

中国需要怎样的创新

任何时代，资本寻找企业家都是最重要的商业事件。PE[①]（包括VC[②]）是创新和创业的引擎，大量鲜活的PE/VC故事将说明，它们推动了"双创"时代的车轮。2016年亚布力年会上，在议题为"创新、创业与PE"的论坛中，投资人们讨论了资本如何发现优秀的企业家，同时如何避免"一窝蜂"里的泡沫等问题。

赛富亚洲投资基金首席合伙人阎焱为此场论坛的主持人，宽带资本董事长田溯宁，中泽嘉盟投资基金董事长吴鹰，IDG技术创业投资基金合伙人李建光，信中利资本集团董事长汪潮涌，联和运通控股有限公司董事长张树新，北京鑫根投资管理有限公司创始合伙人曾强，怡和控股有限公司副行政总裁艾特·凯瑟克，东林家族财富（中国）董事长江欣荣，深圳达仁投资管理股份有限公司董事长王伟东，资本集团私募基金亚洲区总裁、管理合伙人金锡勇，知卓资本与网络创始人、PPTV创始合伙人陶闯等10余位嘉宾参与了讨论。"双创"话题之热，可见一斑。

阎焱：我们讨论的题目是"创新、创业与PE"，这也是时下中国人中间最时髦的几个词。

首先，我们谈谈目前中国的创业情况。2016年是我做投资的第23个年头，据我的观察，创业在中国历史上从来没有这么火热过，也从来没有获得过从中央到地方政府如此大规模的支持；地方支持创业，确实是用真金白银，钱也很多。比如，我在武汉看到有2000亿元的创业基金，都是真

---

① Private Equity，私募股权投资
② Venture Capital，风险投资

钱，跟以前不同，过去是财政出20%，由中央发7年6%的债，由省政府来担保。由此看来，这次的创业潮人多、钱多，但创业公司能否做好？这是第一个问题。

其次，无论是在中国还是世界历史上，创业都是一件成功率很低的事情，仅有1%~2%成功概率。如果全社会都像搞运动一样来搞创业，会发生什么情况？比如，武汉有2000亿元的创业基金，如果投出去了，最终谁对此笔投资负责？好像没人能够回答。钱是花出去了，但没人考虑是否收得回来，大家都在热衷于搞基金。这是第二个问题。

再次，更加重要的问题是，中国真正需要什么样的创业？需要怎样的新公司？什么是促进年轻人创业成功最有效的方式？这是讨论的第三个话题。

关于创业，我写过一些感想，网上也有传播。一天我见到总理，他首先就说"你要支持年轻人创业"。我当时不知道怎么回事，后来问了他的办公室主任，他说总理之前看到上报的简报上说，"阎焱说90后创业都是扯淡"。他其实误解了我的意思。但这背后也是一个很重要的问题，值得所有人去思考。对一个国家来讲，什么是促进年轻人创业的最有效手段？另外，是否所有人都适合创业？创业是否适合成为全民运动？这是见仁见智的问题，在座的嘉宾很多都在投资界，也许大家比我有更深刻的心得体会。

各位嘉宾都有些背景。有意思的是，中国VC最早的一代是和中国最早的互联网企业同时诞生的。

马云在2016年亚布力年会上也说了，从某种意义上来看，我们是蛮幸运的，我们经历了中国互联网和中国VC行业的从无到有。在这个过程中，每个人都有成功和失败，每个人也都有欢乐和眼泪。我一直想拍一部以互联网的人和事为主题的电视剧，每集一个人一个故事，这也许对创业者特别是年轻的创业者来说别具意义；而且我希望我们这些人都能在里面客串一个角色，马云说要演一个清洁工。

说实话，当初我们在中国做投资、创业时，没有想过今天，中国的创业、创新成了国策，成了年轻人最为时髦的词。今天在座的听众也有80%是投资人，这是我们没有预料到的。"双创"到底是好事还是坏事？其中有很多令人欣喜的成分，也有很多令人担忧的东西，先从溯宁开始。

田溯宁：这20多年，我在国内创立企业，也在国企工作过，现在做VC。在这个过程中，我也在检讨自己。首先，我们对很多政策有很多误判，或是对中国政府和社会的理解有些欠妥之处。其次，现在政府突然出这么多钱支持创新、创业，我感到担忧，因为创新、创业确实是小概率成功的事件。另外，从完善的西方资本市场来看，VC是很小的一部分。曾几何时，创业是我们那么孤独的一件事，现在成了主流，这也是我们曾经的梦想。政府这么多钱涌向创新、创业，到底是好事还是坏事？反过来想，这些钱如果不到这里去，又会去哪里呢？我们要认真思考这件事情，思考如何在其中做一个积极的建议者、建设者和参与者。

吴鹰：创新这个话题我们谈了很久，小公司如果不创新根本没机会出头。1992年我回家创业的时候，做电信领域，每个电信公司都是巨无霸，华为中心当时也比我们大，但后来我们也跟他们规模差不多了，但没有华为这么成功。

首先，我同意阎焱的说法，不能让每个人都来创新、创业。其次，创新、创业成功的概率是非常低的。马云分享了孙正义如何面试投资他的事，当时去见孙正义的曾强、王志东都比马云有名，马云在楼下等了2个小时，但给他的时间只有6分钟。曾强和马云都是做电子商务的，但两个都投肯定有问题。曾强一直说，如果当时把钱给他，就没马云什么事了。曾强做了两件特靠谱的事：一是把他的老婆骗到手，二是现在给乐视做融资。他在天天创业、天天创新，他的很多主意特别好，但过去好多事都没做起来。可想而知，创业失败的概率比成功大很多，曾强的例子太完美了。

今天总理都在讲"互联网+"，习总书记也亲自参加了互联网大会。我非常担心下一轮的产能过剩是由政府来驱动的，因为政府太有钱了。我的一个朋友在一个不太发达的三线城市，他发现当地城投有300亿元资金，根本不知道怎么花。我认为，他们不如把这些钱给PE、VC，让专业公司去投资更靠谱。虽然再做出一个马云不容易，但起码可以做出几百、几千个小马云。

曾强：我从来不说吴鹰，但吴鹰每次都说我，这就是咱俩的区别。回到主题"创新、创业与PE"，首先，99%以上的创新、创业者，由于各种各样的原因，基本只有1%的能成功，而这1%的成功中有99%跟PE有关。

其次，中国的创新、创业与PE已经走到了3.0阶段。第一代是只要有创新，有好的想法，就会有人投资，因为那时候中国的钱确实太多，而且做投资的人比创业的人多。在2.0阶段，BAT这几家公司成功了，他们的想法都经过了千锤百炼，而且他们当初的融资报告99%跟今天的模型不同。在2.0阶段，好的创业团队、想法经过阎焱这样的优秀投资人，从而获得成功。而在3.0阶段，好的想法、好的创业公司也有，但不见得能成功。为什么很多优秀的投资人没有赶上投资BAT，或者放弃投资机会？因为PE本身有问题。

现在很多做PE的人基本上没创过业，但都在挑别人的刺儿。而我们一生都在创业，我们这种人被类似阎焱、吴鹰的投资人批评了无数次。但2015年我们看了很多"不靠谱"的人和公司，比如大家认为乐视就是"不靠谱"的。但想要投资的话，就要让PE本身进入3.0时代。

什么叫投资的3.0时代？就是投资10个亿肯定要打水漂，但投100个亿就有可能成功，最重要的是要建立一个生态圈。所以，我们在投资乐视的时候，给母公司投资了30多个亿，在生态圈建设上也投资了大概70个亿。

我们认为，乐视2016年有可能会打败小米，2017年会打败百度。为什么？因为我们制定了立体的生态平台，因为我们是创业出身，而且我被所有PE大佬认为是不靠谱的。因此，我们就跟创业者分享自己经历的所有苦处和经验。创投的3.0阶段就是，生态型的投资要战胜传统型的投资。创投2.0阶段是，以上市公司为退出通道的投资要战胜传统的VC、PE；以创业者的创新和创业为一个点的单向维度投资，一定会被立体的、有内容的、有硬件和软件的整体生态型投资所代替。

汪潮涌：我跟曾强认识了30年，对他也是又爱又恨。在清华经管学院时，我们都是学报编辑，他是从数学系考到经管学院，那时就觉得他特别有想法。之后十几年不见，我再次回到北京时，成为他的天使投资人，虽然写了支票，但是没兑现。他当时说，风险没有把控之前，我不用给他钱。这是我爱他的一部分。恨的原因是，他当时没做起来。

曾强：主要是钱不够。

汪潮涌：钱不够也是一个说法。关于VC3.0的想法，我对此深有感触，也非常赞同。其实，我们今天的主题应该改成"创新、创业与创

投"。2016年1月，我在新华社接受采访时说，"双创"应该改成"三创"——万众创新、大众创业和专业创投。第三个"创"是创投，但若要加上前提，就是"专业创投"。没有创投，创新、创业不可能做大、做强，好的主意和科研成果也无法产业化。但是全民创投、政府创投这种做法不灵，我们需要的是专业创投、市场化的创投，甚至国际化的创投。

创投的第一个阶段，是以海外上市为目的的创投1.0时代。大家在2001年到2005年都经历过，因此，当时我们投的搜狐、百度等公司都在海外上市了。创投的2.0阶段是国内的创业板。我们投了华谊兄弟，后来华谊兄弟成为国内创业板第一只传媒股票。我记得当时整个中国的电影票房不到10个亿，现在呢？2015年已超过440亿元，2016年将超过600亿元。

创投的3.0阶段就是现在，两年前开始配合"双创"形成3.0阶段。如果从资本市场的退出角度来讲，创投3.0应该是以新三板退出为导向，培养一批小而美、小而精的公司，不像BAT那么大的公司。

阎焱：过去这么多年，怡和集团也一直在中国香港做生意，他们现在也在做风投，艾特·凯瑟克对中国现在的"双创"和VC行业有什么想法？

艾特·凯瑟克：怡和到中国来做生意是非常好的事情，即使现在困难重重，但还是有更多的能量，也有更多成功的机会。

对于怡和控股来说，我们关注更多的是PE。因为中国企业家现在面临与以往不同的时代，特别是在融资方面。我们应该看到：支持"双创"可

能带来一些债务或投资失误问题，这是一个风险。对投资人来说，在投资时，既要防范风险，也要充分利用现在低利率的机会。

我们这次也参加了亚布力青年论坛，我发现了两三个非常好的公司，他们有非常好的想法。另外，这次会议中有汽车公司，也有类似于永辉超市一样的传统公司出席。我认为，我们不应该沉迷于一定要成为"马云"（一定要像马云一样做电商、互联网的公司）。怡和公司经历了很多事情，我们认为，在一些已有的行业中，我们也可以进行创业，这也值得去鼓励。对中小企业来说，也可以朝这个方向发展。

阎焱： 创业的成功率可能与外部环境有关，这是值得大家探讨的问题。如果做VC，我们能通过什么东西提高创新的质量和能力？但在这之前，我们需要先定义一下创新。

创新有两种。一种是创造出人类历史上从来没有过的产品、服务或商业模式。比如互联网、脸谱（Facebook）、阿里巴巴的商业模式等，毫无疑问，这是最好的创新。还有一种创新是可以把同样的东西、产品、功能做得更加便宜。比如华为，华为在原创技术上并没有什么创新，但可以比别人做得更好，同样的功能消费者的花费更少，所以，华为这几年几乎打败了所有的竞争对手。

在中国，过去看到的更多的创新是第二种。中国的互联网企业最早都是抄别人，国外有雅虎、谷歌、eBay，国内就有新浪、百度、阿里。阿里最初做B2B（Business-to-Business，企业对企业的电子商务模式），有了支付宝才开始腾飞。但进入移动互联网时代后，中国出现了让VC行业惊喜的情况——有特色的、完全创新的商业模式出现了。

下一个阶段，中国创新的焦点应该是什么？比如，引力波的出现对人类未来科技有什么作用，我们目前都不知道。马云也说，不知道5年或10年以后阿里是否还存在。过去，我们认为没人能够打败英特尔，也没想到在谷歌之后还会出现脸谱。我们相信今后一定还会出现新的东西，但这个新的东西会出现在中国吗？回顾历史，大概百分之七八十会来自美国。从这个角度来讲，中国未来会有什么样的创新？是抄别人，还是有原创意义上的创新？首先听听建光的建议。

李建光： IDG①资本过去经历了所有的所谓创新、创业、创投的阶段。我的第一个感觉是，创新、创业、创投不应该是我们这些"老头子"做的事，应该是也一定是年轻人的事业，不是我们可以指点或主导的事情。第二个感觉是，过去近20年，作为投资行业的从业者，我的心态有了巨大的变化。一开始我觉得投资行业很不错，这个工作受人尊敬，到哪里都是买方的心态。但现在情况不是这样了，比如IDG办公室天天就像自由市场，不断有创业者进来。我站在门口，以为自己颜值还可以，但基本没人跟我打招呼。这就证明了，现在年青一代的创业和创新者压根儿就不信我，因为他们觉得

---

① International Data Group，美国国际数据集团

跟我说我也听不懂，也只能站在哲学的角度上去评论一下。因此，我个人彻底放弃了去投资所谓的前沿东西，因为我不懂，所以不看、不听，如果一定要表态，就永远说一个字——"YES"。

我2005年投张艺谋的"印象"系列，2007年投英超，前几年我又投了乌镇，还有北京的古北水镇。咱们虽然不懂新的未来趋势，但懂得现阶段我们的社会、经济、生活需要什么，所以我们就做一些力所能及的事情。

从IDG的角度来讲，我们就是要做一些资源整合，充分利用资本市场的机会，去包装一些历史遗产。总体上，我们的底线是，作为基金管理人，我们要对投资者负责，要保证投资者有回报。如果要给现在的创业者一个忠告，那就是不管未来谁做你的投资人，都要对投资人负责。

金锡勇：我有一个非常有意思的故事与大家分享。我读大一时，宿舍有同学给我解释一种新技术，他说你在纸上画一个图片，把它放在一个特殊设备中，图片就可以被传送到其他国家的类似设备中被打印出来，我说这不可能发生。但后来传真机得到了普及，之后又出现了互联网。互联网现在发展得非常迅速，还有移动互联网，将来还会有一些新的东西出现，而且是我们过去从未想到的。因此，第一，在技术方面，我们必须要有前瞻性。

第二，关于伟大的创业精神，我并不认为它一定与技术相关。具有创新精神的人可以是技术达人，也可能是其他类型、其他领域的人，他们对

于帮助人们解决问题充满了热情。

第三，不管是否是基于技术的公司，大家都经常会谈创新，而且创新非常重要。但在我看来，执行可能更加重要。有时，我们可能低估了执行的重要性。很多执行是基于公司所创造的文化，比如现在非常伟大的公司可能已经存在了几十年，甚至100年，他们的成功很多都与其文化相关。他们既致力于满足客户的要求，又提供卓越的服务（技术服务或非技术服务）和产品。比如星巴克，他们并不只是创造了一种咖啡店，而是创造了一种文化，创造了人们享受咖啡的愿望。

现在互联网可能是中国最热门的话题，但其实还可以有其他话题，比如VR（Virtual Reality，虚拟现实）、机器人、大数据、医疗、保险等，这些都是可以讨论的。我认为，中国经济至少有两个引擎：一个当然是我们大谈特谈的互联网和互联网+（或+互联网）；另一个引擎对中国更具相关性，就是工业4.0。中国需要非常多的技术来升级制造业，需要去学习德国、日本、韩国。关于这一点，我对中国在智能手机方面比较乐观，因为中国拥有非常棒的消费品市场。

王伟东：第一，关于"双创"，这样运动化的搞法对社会生产力有一定促进作用，因为类似于政府这样的大机构对生产力可以进行有序的组织，进行资金投入并承担风险，从而可以产生新的生产力（技术），这点对社会是有帮助的。其实这种潮流式的非理性投资行为对中国基层老百姓

家庭财产的影响比较薄弱，老百姓一般不会进行类似投资。而"双创"对于就业和解决中国经济下行的问题，也有帮助。这也让一大批在政府企事业单位工作的人下海。但"双创"还是应该有序、理性地进行，不能"运动化"，毕竟过去中国经济曾经吃了很多年"运动化"的亏。

第二，中国人都非常聪明、勤快，能力也很强，但产业周期非常短。比如，最近对充电桩的投资已经开始过剩了，特别是在当前制造业下行、中国经济水平和社会需求萎缩的情况下，现在应该已经进入投资高风险时期。这个时期是否是非常好的投资时期？这确实需要好好斟酌，而且要等到整个经济形势水落石出的时候再说。

第三，从对下一轮经济形势的判断来说，中国政府放水是必然的。现在各个国家都在搞量化宽松，因此一些传统的资产价格还会涨。政府为了刺激经济，已经推出了很多手段，现在可能已经放水了。在这种情况下，下一步的投资可能主要还是围绕中国现阶段的形势和传统产业，再加上一些创新理念和思路。特别是在运动化的搞法下，需要有一些理性。

江欣荣：我看到两个不同层次的PE行为，1.0时代，很多投资人有海外背景，非常职业化。我们公司前四年的主要目标是帮助犹太人家族寻找中国的创业机会，更多的是投入在高科技、互联网领域。但很有意思的是，我们在做联合管理时，他们问我："在中国到底做什么能够真正赚到

钱？"那是2009年前后，已经过了1.0的时代。令我印象特别深的是，他们当时说"现在在中国人人找PE"，所有人都疯狂找钱、投钱。然而中国本土化的PE模式与海外传统PE的做法大相径庭。

国内PE往往相对短视。未来，如何缩小我们与海外专业投资者之间的差距？未来，我们如何引导创新？我们认为，要真正帮助那些创业者，跟他们一起成长。比如，当前创业的主力军都是年轻人，年轻人在心态和抗压性上需要再磨炼，年轻人有思想、有冲劲，但人生阅历和视野有限，因此，第一代创业大咖们需要给年轻人一些指引。

我们既是投资人，也是实业公司，因此有时我们比较分裂。我们一方面要逐个去了解每个高净值人的想法，另一方面在做投资时又更加专注于这些被投资公司的想法。很多国际化投行对中国市场和创业者不了解，投入后如果有盈利机会，他们可能会马上套现。而我们觉得，如果能够真正帮助创业者，跟他们风雨同舟，也许会有更好的结果。

阎焱：我听到很多LP（limited parter，有限合作人）都说要帮助投资人，但这是与现实相悖的。我们做过统计，我们所有赚钱的企业基本上都不希望投资人花很多时间在他们身上，他们不希望找一个"爹"来管他们。最后发现，花了大部分时间去管的企业，都是出问题的、不赚钱的公司。

江欣荣：以前帮他可能就是进入他的运营管理，现在更多的是帮助年轻人在思想上进行把控，增强他们的抗压性。

阎焱：那这里就有一个假设——自己得比创业者知道得多或聪明。其实，现在一个好的创业者并不需要你，他需要的是在他需要的时候提供帮助的投资人，而不是一个天天管着自己的"爹"。很多人认为在创业者身上花的时间越多越好，这并不正确，好公司、赚钱的公司都不需要投资人花很多时间。

江欣荣：但在关键时刻，很多公司可能会犹豫。

阎焱：如果一个女性创业者每天凌晨2点多给我打电话，是接还是不接？如果我接了，我老婆会有想法；如果我不接，创业者可能会想，自己天天晚上奋斗，你作为投资人怎么能不接电话。我跟所有投资人讲，创业不是只选择钱，而是选择一种生活方式。创业者天天不睡觉跟我没关系，不要找我抱怨或说自己很忙，这在我这里得不到任何同情，因为这是你的选择，这世界上每个人都有选择的自由。所以，一定要把握度。投资人干预过多是大部分创业者非常不喜欢的，如果他有需求来找你，投资人需要提供帮助，但不能天天晚上打电话，一定要尊重别人独创的精神。

陶闯：我的第一家互联网公司在国外创立，做最早的网络3D地图。以前我认为我是老板，我什么都懂，后来进入微软，我才知道自己只是一个"小学生"，属于早期的创业者，而不是企业家。2009年，我回国做PPTV，用户数从0发展到3个亿。当时可能也是运气好，我用7分钟时间打动了孙正义，获得了孙正义2.5亿美金的投资。

做企业CEO时，我认为搭档不好找。CEO不需要什么都懂，技术VP（Vice President，副总裁）要比我懂得多才行，这样我才能与他合作，让他向我汇报。到微软后，我才知道世界上聪明人太多了，而且聪明人比你还勤奋。孙正义给我的帮助很多，因为他有很多资源。每个创业者都有梦想，没有资本绝对成就不了梦想。现在可能即使有资本也不一定能够创业成功，还要有资源，世界上有限的东西是资源。因此，创业成功的条件是"创新+资本+资源"。

做PPTV时，我们基本上过几个月就要融资，因此接触了很多投资人。有些投资人是在跟我们斗，有些投资人则是真的搭档，我们觉得投资人应该成为创业者真正的好搭档。大部分投资人是企业家出身，我目前也在做投资，也有向LP汇报的压力。但我们忘了最核心的本质，那就是做企业的目的是什么，就是产生社会价值，如果相信这个价值，投资就是从1到N的事情。美国的投资人经常会强调一点，我们要相信最后带来的社会价值，而不是简单地炒股票。

回到"双创"话题，资本驱动的创新在中国非常有必要。硅谷之所以能成为硅谷，不是因为它有很多创业者，而是因为有优秀的投资人。全球的创业者都想去硅谷，因为在那里他们可以轻松获得投资。现在，在中国的创投圈子里虽然也有炒短期的投资者，但大部分中国投资人还是在判断哪些企业能够真正创造价值，从而使资本发挥从1到N的放大作用。因此不要忘了，投资人也是一个创业者。

最后一点是人的问题，任何企业都是由很优秀的人在做。大家说，早期靠创业者，中期靠团队，后期就是靠资本，现在马云在做资本布局，是站在更高的层次。经验累积应该交给团队，但如果没有交给团队，我还是赞成欣荣的观点，投资人要帮企业去做。

阎焱： 问题是创业者要不要你帮。

陶闯： 这就是搭档的关系，你能否和他成为搭档。

张树新： 你们一直在讲投资，其实我们应该讲创业。如果没有创业者，你们投谁呢？今天在座的嘉宾大多是创业者出身，你们当初为什么要创业？你喜欢或热爱自己做的这件事吗？这件事情是你的梦想吗？你有好

奇心吗？你真的对这件事有想象力吗？如果只是因为钱，因为有人要投资你，因为大家都在创业，你才去创业，那我不认为你能够走很远。

在我还在管投资项目的时候，每次有人来找我，我都会问他，你喜欢自己做的这件事吗？你有多大的想象力？你现在做的这件事10年后会是什么样子？你认为除了赚钱，这件事情给你的最大动力是什么？所有创业者一定要回答这些问题，然后你才能九死不悔。

我们这帮人当年的创业目的包括：第一，改变命运，挣钱；第二，有可能挣不到钱，但是我热爱这件事情，我觉得这件事情对我有价值。比如，当年田溯宁创业，也许就是因为热爱和价值。无论是"92派"还是海归，比如李彦宏他们这些人，回国就是觉得他的技术可以做得更好。在这种情况下，对于创业者来说，回到初心非常重要。

另外，所有创业案例的真实性是怎样的？假设马云不在杭州，会有今天的马云吗？如果他在中关村会怎样？杭州周边的环境是怎样的？为什么阿里巴巴最初是全世界展销会的黄页，后来是如何过渡的？我在很认真地思考，包括今天所有的事情，我们从想象力、激情、勾画，再到真实可操作，然后才是去找钱。如果整个创业行动中资本成为主流，那肯定是有问

题的。如果大家都被钱推着去创业，那99%是失败的。

2015年，我回中国科技大学给学生讲课，讲互联网发展史。讲到1997年苹果电视片里的24个人是谁，那里面没有企业家，有的是摇滚歌星、爱因斯坦、第一个宇航员……他们有共同的特质——特立独行，他们想的跟别人不一样，这样才是创新。否则，他今天做的这个东西，我明天也做，唯一的区别是他们更慢而我更快，那叫什么创新？"一切跟随"不叫创新。

创业者出于初心，要有真正的好奇、兴趣，要有无论失败多少次都还可以再次起来的精神，还要热爱这件事，哪怕自己不懂不会，如果能靠你的感召力找到跟你一起做事的人也可以成功，所有的创业者都应该这么想。至于融资、管理，都只是技术问题而已。

阎焱：总结一下：第一，创业要不断出新，要想不一样的。第二，VC从1.0到2.0，现在已进入3.0时代。第三，尽管我与陶闯有不同的意见，但投资人与创业者成为伙伴是对的。然而这里有个客观条件，等你投了100个项目后，你就不可能成为所有被投企业的搭档了。从一个职业投资人的角度来讲，如果创业者天天赖在你家不走，你也会烦。第四，除了互联网之外，我们的眼光还要看得更远，毕竟互联网创新只是社会中的少部分情况，并不是全部。

【互动环节】

提问1：我是做培训学校的，我的问题是，第一，资金是否应该进入培训行业？比如，很多教育机构都在炒自己，不为赚钱，就是为了市场份额，等有很多人报名了，再做一轮融资。第二，资金投入任何产业都有退出机制，那是否存在这样的基金，它是以长期盈利而非退出为目标？

吴鹰：没有这样的基金。慈善是永远没有回报的，但慈善与投资完全不一样。教育是最赚钱的行业，做创业投资时，我要看人，比如我有一个在线教育的投资，首先我认为这个人是"小马云"，另外，我判断移动互联网兴起后在线教育能够做起来。教育平台就是一个渠道，把用户数做大，将来就能成功。

提问2：我认为互联网的制度创新时代才刚刚来临。在制度创新方

面，对隐私保护的问题似乎是大部分互联网公司没有涉及的。

吴鹰：互联网本身是以"赢者为王"的逻辑发展起来的，保护隐私这些东西都应该做，但不能把它作为一个先决条件。如果做一件事，总是先去想这件事将来有可能出现什么问题，那就永远发展不起来。人类就是这么不断发展的，而且你的思路就像国家政府的思路。中国讲的是政府来管这个制度，美国说我不管。

提问3：投资给你们的最大收获是什么？

田溯宁：最大收获是保持好奇心，能够向年轻人学习。

阎焱：我也被问过类似的问题，我当时说，做VC最大的好处就是，每天对我来讲都是新的一天。我每天可以看不同的项目，基本上我能去聊的人——哪怕是坏人——都是聪明的坏人。我生活中有两件事最不能容忍：一是塞车，二是跟愚蠢的人对话。很多原来做企业的人现在都在做投资，因为做VC有一个好处，那就是每天都保有一颗充满好奇的心。

金融需顺应调整，创新供给

文 | 洪崎 民生银行董事长

下面我从商业银行的角度谈三点感受，这虽然代表的是我个人的看法，但是其中也蕴含了行业内的一些普遍想法。

第一，新的发展理念将带来新的发展机遇。

2016年是"十三五"的开局之年。党的十八届五中全会提出"创新、协调、绿色、开放、共享"五大发展理念，进一步强调"着力加强供给侧结构性改革"。这些新的发展理念将为新常态下中国经济的发展带来新的历史机遇。在产业方面，"互联网+""中国制造2025""美丽中国"等战略深入实施，将带来战略性新兴产业和绿色金融的发展机遇。在区域方面，国家制定实施的"四大板块"（东、中、西部及东北）、"三个支

撑带"（一带一路、京津冀协同发展、长江经济带）＋城市群的区域发展战略，将带动一大批重大项目落地。在民生方面，新型城镇化、"健康中国"建设等将激活一系列现代服务业、多层次消费和多元化金融需求的发展。在开放经济方面，自贸区加快发展、资本市场深化、企业走出去、国际产能合作、人民币国际化等将推动中国经济和金融业更广泛地融入全球化进程。可以预见，"十三五"规划的实施将为化解当前经济领域的主要问题、推动中国经济全面升级提供巨大动能，尽管机遇与挑战并存，但机遇要远大于挑战。

第二，供给侧结构性改革要求大力创新金融供给。

2015年年底召开的中央经济工作会议明确，2016年和今后一个时期，要在适度扩大总需求的同时，着力加强供给侧结构性改革；同时提出落实改革五大政策支柱的总体思路，以及"三去一降一补"五大重点任务。这是2016年经济工作的全链条部署，昭示了2016年经济政策的方向性调整。金融的本质要求是服务实体经济，随着经济政策方向的调整，必然要求金融顺应调整，创新供给。

其一，拓宽融资通道，增加金融供给数量。间接金融方面，围绕实体经济，发展普惠金融。一是合理把握信贷投放总量和结构，创新担保方式，建立健全以投贷联动为核心的金融服务模式。二是健全贷款审批体制，提高风险定价水平，实施精细化、差异化定价。三是加快担保、租赁、保险、信托等模式创新，完善合作，拓宽企业多元化融资渠道。直接融资方面，加快多层次资本市场建设，积极发展直接金融，创新直接金融服务产品，支持企业上市、发债、兼并重组，提高直融占比。

其二，创新业务模式，改善金融供给质量。一是针对实体企业在生命周期不同阶段的发展特征和服务需求，打造差异化产品体系，匹配相应的金融服务模式。二是推动企业融资机制创新，发展应收账款融资和产融对接融合。三是针对实体企业经营状况和服务需求，建立客户分层体系，提高精细化管理水平，为企业提供全面的金融服务。四是综合考虑实体企业环境风险和成本，发展绿色金融，更多支持节能环保、清洁能源、清洁交通等重点领域。

其三，整合业务渠道，提高金融供给效率。一是借助互联网、云计算、大数据等新兴技术手段，创新整合业务渠道，实现传统物理渠道与新兴电子渠道的有效融合。二是提高金融服务技术的应用能力，提升金融供给的配置效率和服务水平。三是运用大数据对企业进行分类识别，优化业务流程，缩短融资链条，提高信贷投放效率，确保企业金融需求得到快速、有效地满足。

其四，发挥稳定器作用，加大金融供给强度。根据八部委的最新政策部署，将充分发挥金融的稳增长、调结构、增效益和防风险作用。一是加强重点工业领域的信贷支持，实行差别化信贷政策，加大对符合国家产业发展方向领域的投入力度。二是强化资本市场和保险市场支持经济的发展力度，提升各类投资基金支持力度，稳步推进资产证券化发展。三是优化过剩行业兼并重组政策环境，拓宽兼并重组融资渠道，支持中国企业走出去。四是加强政府、金融机构及企业间合作，切实防范金融风险。

第三，聚焦民营企业和普惠金融，助力实体经济实现新发展。

面对经济金融新常态和创新金融供给的内在要求，民生银行一方面深入学习贯彻中央和监管部门的一系列决策部署；另一方面以"凤凰计划"为核心主动加快自身整体的变革再造，以尽快适应、建立和完善新时期更好地服务实体经济的知识体系、业务体系和能力体系；最终目的是在改革提升中为服务国家战略大局、服务实体经济做出积极贡献。我们相信，在经济新常态和"十三五"系列重大布局中，实体经济各类企业不仅面临挑战，更面临新一轮全面改革发展的诸多机遇。

作为一家具有鲜明社会担当和历史使命的金融企业，民生银行一直坚持以支持民营经济和普惠金融发展为己任。多年来，我们在相关领域做了大量的创新和努力，得到了监管部门、企业界和社会各方的普遍认可，我们也有信心、有能力在顺应新常态的复杂变化中，聚焦中国民营企业发展和普惠金融事业。在此，我愿就民生银行针对这方面的工作和下一步思路与各位分享。

一是坚持民企战略不动摇，结合国家战略部署支持民营经济更好地发展。2015年以来，民生银行紧紧围绕"一带一路"等国家战略部署，积极布局、出台一揽子政策指引，通过统一协调、总分联动、资源匹配等措施，累计审批一带一路、长江经济带、京津冀一体化等战略领域信贷业务

1000多亿元，并积极储备优质项目。我们在支持国家战略部署、新型城镇化建设和基础设施建设中，始终注重与大型民企、行业中的民企龙头、产业链中的核心民企，以及优质民企上市公司开展全面战略合作，为他们对接国家战略参与项目建设、开展产业整合和上下游资源整合、加快技术升级等方面提供金融支持。同时，加快自身国际化布局，打造本外币、表内外、离在岸一体的跨境业务体系，支持优秀民企"走出去"。

民生银行既期望支持更多民营企业进入中国500强乃至世界500强，也同样对广大中小民企保持高度的战略重视。一方面，坚持特色分行战略，围绕各区域特色，打造以特色产业链为核心的中小企业商业模式和产品服务模式，聚焦区域优势产业行业，鼓励分行依托区域特色支持中小企业发展；另一方面，围绕"大众创业、万众创新"和战略性新兴产业发展，支持创新型中小企业为代表的科技金融服务，探索支持新产业、新动能、新业态发展，设计符合战略性新兴产业发展的多元化金融产品服务模式。

为完善和提升民企战略，民生银行从组织架构和体制机制上主动做出重大调整：将大型优质民企纳入整合后的总行大公司事业部，"以客户为中心"建立总对总的营销服务体系；同时，成立企业客户部，统筹各区域围绕特色业务支持包括中小企业在内的客户发展，建立多层次的民企金融战略推进体系。

二是坚持普惠金融不动摇，支持小微企业和更广领域的经济社会协调发展。小微金融是民生银行的重点战略，截至目前，我行小微贷款余额超过4000亿元，服务各类客户300多万户。下一步，我们将重点支持与民生发展息息相关的产业行业，创新小微服务模式。在强化风险管控的同时，积极适应互联网时代小微客户需求升级，加快建立基于大数据、互联网+的线上线下产业链金融模式；深入产业链上下游客户经济活动，提供供应链网贷等信用类产品，主动化解小微客户"融资难"的问题；尤其是积极响应银监会"盘活存量"的号召，创新续授信业务，大力推进"免还续贷"，为符合标准的客户提供"转期续贷"等服务，加快受益客户覆盖，在经济转型关键时期切实帮助小微企业可持续发展。

当然，我们还将持续抓好社区金融，通过与小微结合，围绕社区金融与非金融需求提供服务，积极推进云商户平台试点，推动与优势物业、物流等重点平台的合作，打造线上线下多渠道、跨业合作的泛金融商业模式，践行"便民、利民、惠民"的理念。另外，积极稳妥地推进普惠金融向"三农"领域延伸，立足现代农业产业链，寻找金融服务切入点，加强对涉农企业、三农经济的金融支持力度，逐步建立"三农"金融服务的商业可持续模式。

三是坚持综合化服务不动摇，满足民营企业和各类客户多元化需求，支持他们发展壮大。当前，民生银行正在加快多元化布局、多条线联动，逐步从传统信贷模式向资源整合方向转变，通过组织调整、流程优化和战略性布局，全新的大投行、大交易、大零售、大资管模式初见雏形。我们将在继续提升信贷、结算、支付等传统业务服务效率的同时，围绕资本市场业务发展，强化与各类金融及非金融机构开展跨业合作，加强债券、理财、同业、资管、托管、资产证券化等战略性业务创新和合作平台建设，满足客户全方位金融服务需求。同时，运用现代信息技术推动前台营销和中后台管理信息化、精细化和一体化，以更科学、更精准地实现对客户不同阶段、不同时空多样化金融需求的管家式服务。

越是在复杂困难的时期越要有坚定的信念，越要看到未来发展的巨大潜力。民生银行愿与大家共渡时艰，共担责任，在"十三五"规划的指引下开创银企合作新模式，以实际行动支持民营经济和普惠金融事业，在经济转型变革的关键阶段破浪前行，再续新篇！

中日对标——中国有三大优势

文 | **姚洋** 北京大学国家发展研究院教授、院长

今天，我想跟大家分享一下我对当前中国经济的看法。

这次年会的主题是"信心"，2015年年底的时候，我说2015年可能是最困难的一年，但说到信心，我想把这个时间跨度拉长一点，我认为我们对中国经济还是要抱有强烈的信心。为什么这么说？我们可以回顾历史，从历史中寻找答案。因为如果做预测，其实谁都预测不准，但是历史是不断重复的，虽然形式会稍有不同，但实质是一样的。

历史上跟中国最好的对标国家是日本。日本在第二次世界大战（以下简称"二战"）以前已经接近发达国家水平，但是"二战"基本上把它又打回了原形。"二战"以后，日本采用的是出口导向的发展模式，和今天中国的模式一样，或者说中国在亦步亦趋地学习日本。

20世纪50年代至70年代石油危机之前，日本的年均增长速度是9.2%，是绝对的发展契机；1964年东京奥运会之后的几年增长就更快了，超过了19%。石油危机之后，日本的增长速度开始下滑，整个经济进入了一个调整期；但是日本并没有在调整中倒下来，反倒是成了世界上独树一帜的国家。按照可比价格计算，日本1970年左右的人均收入和中国2010年的人均收入基本上是一样的。而到了20世纪80年代末90年代初，日本的人均收入已经达到美国的80%。

然而实际上，要超过美国人均收入的一半是件非常不容易的事情，当今世界只有36个国家人均收入超过了美国的一半。而日本在短短20年的时间里就做到了。我们现在常说中国面临中等收入陷阱，日本那时候也进入了中等收入，但它在20年间跨越了中等收入陷阱并且成了一个非常了不起

的国家。

日本不只是在人均收入方面成功了，在技术方面更加成功。20世纪70年代以前，在技术领域美国占主导地位，但是到了70年代，特别是进入80年代之后，日本在技术上几乎可以跟美国平齐，在电子产品、小型汽车等领域甚至已经超越了美国。

日本给了中国一个非常好的启示，而且中国具有日本没有的几个优势。

第一，海量的资金。中国也是靠出口加工业攒下了很多钱，我们的储蓄非常多，有人说储蓄多是洪水猛兽，但节俭永远是美德。

现在我们的居民储蓄有50多万亿，再加上企业储蓄就更多了，我们常说中国的M2（广义货币）是GDP的2倍，如果能把这些转化成技术，它就真变成了我们的财富，所以在这方面中国比日本有优势。

第二，中国是一个幅员辽阔的国家。中国的人口总数大约是欧洲的两倍，中国地区间的差异超过了欧洲。上海的人均收入是美国人均收入的1/4，但是中国最穷的省的人均收入仅是上海的1/7左右。经济学的增长理论里面有一个重要的结论是，如果所谓的稳态增长——比如美国——速度是一样的，人均收入比较低的地方增长速度会比较快，这也就意味着我们内地的增长速度会超过沿海地区，这已经开始在发生了，比如重庆。另外，这种情况也会使中国增长赶超的过程持续更长的时间，不会像日本在20年的时间里就完成了赶超目标。

　　第三，中国的金融市场，特别是资本市场要比日本灵活。日本的金融市场是一个银行主导的体系，基本没有多少资本市场。而这几年中国的资本市场发展异常迅猛，几乎见到每个人都在说"我要组一个基金""我们要去投资"，这说明我们的体制已经有了很大的改变。资本市场在促进中国创新方面会起到很大作用。

　　总结一下，2016年的确是最困难的一年，但如果我们的企业家能用长远的眼光看以后的3年、5年、10年，我们就会有信心了。

对香港要有信心

文｜李小加 香港交易及结算所有限公司集团行政总裁

最近一两年，大家可能听到了很多香港的声音，对香港发生的很多事情可能也有些不爽。大家在问：香港怎么了？我觉得香港问题永远是个敏感问题，所以我尽量跟大家说一些心里话，又不惹出新问题。

香港这块宝地，是中国发展的核心价值所在。我们今天能否穿越噪声、穿越情绪、穿越标签，真正去理解在中国的发展过程中，香港到底过去起了什么作用、现在起什么作用、今后可能起什么作用，以及今天发生的一切是否会影响到它的这些作用，这才是我们真正应该关心的，而不是去过于关注香港今天或昨天发生了什么事。

世界上的任何城市，每天都在发生事情，有天灾，亦有人祸，比如深圳有泥石流、天津有爆炸等，但从没有说因为天津有了爆炸，天津就此江河日下了。香港也如此，这些局部的问题一定不能影响大家对香港、对祖国发展的核心价值的认识。

在改革开放中，香港实际上就做了三件事，中国改革开放也就是这三件大事：第一，转口贸易；第二，直接投资；第三，资本市场的大发展。

转口贸易给中国经济带来了第一桶金。FDI（Foreign Direct Investment，外商直接投资）把中国变成了世界的工厂，而资本市场的发展从 1993 年H 股、红筹股上市开始，接着香港的资本市场又把中国的银行、电信公司、保险公司，以及一系列的能源公司，变成了世界上最大的公司。

转口贸易、直接投资、资本市场这三个大潮全是从香港做起来的。所以，对改革开放30年最核心的三大趋势和潮流，香港都起到了重要作用。当然，香港本身也得到了巨大好处和利益。在这么大的国家面前，香港是个很小的地方，既不生产什么产品，也不长什么农作物，但它靠着自己最主要的核心价值——制度优势，在中国改革发展过程中起到了不可替代的作用。

转口贸易、直接投资、资本市场这三件事，以及很多经济活动都有一个核心的主题，就是引导资本流向中国，最终使得我们发展起来。但是，这条路已走到头了。今天的中国，已从资本的贫乏国变成了资本的富裕国，甚至出现了巨大的金融资产过剩和工业产能过剩。因为太多的钱涌入中国，做了太多的产能，我们想做世界的工厂，可是世界已经吃不起、用不起了。我们又把世界上的大宗商品和能源，以及对环境的破坏等一切都引到了中国。

因此，在当前资本的进口已走到最终的几公里时，香港今后是否就没有作用了？恰恰相反，今后中国最重要的发展趋势也有几个。第一，出去"买货"。第二，不是简单地"买"，而是要决定全世界买货的标准、买货的价格、买货的规则。中国今天是世界大宗商品市场最大的消费者，面对众多大宗商品生产者，我们一直是量的接受者，现在还是价格的接受者。因此，今后30年不再是简单地买商品然后卖给人赚钱，而是要重新塑造世界的定价体系。第三，潮流是要把产能输出去，把权益拿回来。未来30年，一定要在这方面发展，中国人的资本不能自己持有自己，也不能仅

仅持有别人的债务，而是必须要持有别人的权益，让老百姓选择自己资产的安置、分配时能够往外走，最终让中国成为资本输出国。简而言之，就是买资源、买权益、买价格。

未来30年，香港的作用将会有巨大改变——现在，中国正是大规模发展的时候，但这个市场还没有完全开放——既不可能也暂时不愿意全部开放，但它又必须和全球接轨而成为一个新的金融中心。这个金融中心不仅是给公司定价，最终还要给商品定价，给货币定价，实际上是把中国的规则推向海外。因此，香港制度的优势或制度的不同又将成为改革开放中中国发展的新核心武器之一。当然，上海会彻底变成开放的城市，深圳也有可能彻底变成资本开放的城市，但还有很长的路要走。这时，我们必须快速出击，香港应该从过去往里拿资本的机制变成"走出去"的重要机制。

香港并没有要一个特殊的优惠政策，但总有人说，我们又给了香港很多优惠，香港要好好做，不好好做就没有优惠了……其实香港所有的优惠都是靠自己的力量、优势和自身的价值得到的，因此，香港一定要对自己有信心。

祖国也一定要对香港有信心。因为祖国未来的发展需要香港，香港的繁荣需要祖国。我们不要被今天发生的一切表面现象迷惑，这些都是局部的、少数的噪声。然而恰恰是这种噪声，有时影响了大家对香港这块宝地的判断。

香港的核心价值就是"一国两制"，对于中国其他省市来说，香港是不同的，它是一个国际性城市；但对于所有国际性城市来说，香港也是不同的，它是一个中国的城市。这样特殊的环境和特殊的制度，使得香港成为不败之地。但是在"一国两制"的情况下，我们常会被一些负面思维左右，有时内地人会说香港"不听话"，香港是不是不要"一国"了？没有。"不听话"和"不要一国"性质并不同。而香港又有人会说内地"干预多"，那么国家真的想干预香港吗？大家要把真正的问题想好。

对于香港的土地政策、民生政策、劳工政策、水源政策，我相信国家是没有诉求的，香港人可以把香港的事情搞好，没有人真正想去干预。如果内地永远是从"不听话"的角度来看香港，香港又总是从"干预"的角度来看内地，那么我们会永远陷入一种负面思维，永远无法走出恶性循环。

　　我们应该走入良性的思维、正常的思维。这种正常的思维是什么？那就是香港很少人反对"一国"，而内地也没有人鼓励对香港内部的事务进行全面干预。内地不想干预，希望香港好，希望香港能够真正做到"一国两制""港人治港"；同时，香港人也让中央放心，香港没有人反对"一国"。只有有了这样的正面思维，大家才可以穿越噪声、穿越情绪、穿越标签，真正聚焦香港的核心价值——"一国两制"。香港和内地所有城市都不一样，因为香港是"两制"；香港和世界所有城市又不一样，因为我们属于"一国"——中国。

　　人们大多不喜欢香港，是因为它有噪声，让大家不爽。然而我们不可以不尊重香港，没有噪声的香港、没有喧闹的香港、没有活力的香港，对中国还有什么意义吗？

中国汽车市场大有潜力

文 | *唐仕凯* 戴姆勒股份公司管理委员会成员
戴姆勒大中华区董事长兼首席执行官

汽车行业作为一个传统行业，已存在多年。中国的汽车行业在过去的二三十年中，一直保持着持续的发展。然而综观整个汽车行业，在历史上也经历了起起伏伏。比如，美国曾是世界上最大的汽车市场，最终被中国超越。2009年，世界金融危机导致美国的汽车市场下降了35％；西班牙的汽车市场在欧元危机中单年下降了57％；阿根廷债务危机时，其汽车市场下挫了72％。过去，在汽车行业经历困难时，很多时候我们也会感到绝望，但我们发现在这之后市场又有逐渐回升的趋势。可见，对整个汽车市场而言，起起落落也是很正常的。

中国作为全球最大的汽车市场，各家汽车公司都会在很大程度上有赖

于在中国的表现。我在北京已经生活4年了，在与西方分析师和记者聊天的时候，他们常会问我对目前的中国汽车市场是否悲观，对中国未来的发展持什么样的观点，或者是否应该对中国的发展很谨慎。其中，不少是对中国经济的担忧、质疑和负面的评价。确实，中国的汽车行业在2015年下半年的增速放缓，甚至出现了一些负增长，但随后得益于政府的支持，又出现了上涨的发展趋势。总体来说，2015年中国汽车市场是相对不稳定的。即使如此，根据中国汽车协会的预测，其2016年将保持7%~8%的增长。

总体而言，中国基本面还是相当好的。首先，中国的区域发展潜力巨大。另外，中国的汽车人均密度还很低。中国的城镇化进程之快也会进一步推动汽车行业的发展。对于汽车行业，我是乐观的，特别是对中国的汽车市场，所以，我们还会继续投资中国的汽车市场。

本届会议的主题，是信心和动力。基于我们对行业、对客户以及对全球市场的了解，我们的业务模式在130多年的时间里并没有发生太多的变化。而我们非常明确且清楚地了解，世界正发生快速变化。有趣的是，阿里巴巴是全球价值最高的零售商，但是并没有任何自己的库存；优步是全球最大的汽车出租公司，但是并没有自己的车队。Airbnb是住宿服务提供商，但自己并没有任何房产；Facebook作为全球性的媒体，自己也没有任何内容。我们可以看到传统业务正遭到颠覆，但是我们相信我们的业务模式是可以持续发展的。举个例子，优步公司只有5年历史，非常年轻。一年之前，优步只有1名自动驾驶的工程师。一年之后，他们拥有数百名自动驾驶工程师。这是因为他们已经认识到，若传统的汽车行业能够实现自动驾驶，人们可能就不再需要优步。这也是为什么他们开始关注自动驾驶，因为他们认为自动驾驶可能会很快替换掉优步当前的业务模式。这些改变都是由技术和工业化驱动的，我们现在必须要认识到这些改变比以前来得更加迅速，它也确实改变了整个汽车行业。我们深刻认识到了这一点。

在研发方面，我们相信数字化能够使我们更快速、更高效地研发汽车。数字化将给我们带来的大多是机会，而非挑战和威胁，我们必须要处于数字化发展的前沿。

在生产方面，我们相信数字化可以使我们的生产更加灵活，降低成本，而且更以消费者为导向。数字化会改变我们如何和客户进行互动，也促使我们认识到互联网现在对汽车客户来说已日趋重要。坦率来说，我们的商业模式还是比较传统的。我们的经销商投入大量的固定成本，建立零售商的门店，进行新的车型展示，可以让人们进行试驾，我想不少参会者一定在这样的门店中试驾过。但可能有一些人更愿意进行网上购物，这也许就为传统的汽车商业模式带来挑战。传统的商业模式依然是可行的，也是可持续的。然而同时我们必须意识到，互联网一定会改变我们和客户互动的方式。梅赛德斯—奔驰发现这个趋势在中国的发展尤其快速，而我们也在中国利用互联网积极地进行销售，也取得了很热烈的反响。我们曾经在微信上销售了338台smart，而且仅用了33分钟！当然，绝大部分的销售并非通过互联网实现的，但将来网络将带给我们更多的销售机会。这是明确的趋势，而我们必须为这样的趋势做好准备。

如果说未来客户并不一定要拥有自己的座驾，他们只是想去使用车，那么这也许会从根本上改变我们的商业模式。为此，戴姆勒做好了准备。5年前，戴姆勒相继在不同的国家展开了smart的Car2go版车辆共享计划，现在我们有1.35万辆smart投入运营，覆盖了全球30个城市，而该项目也已经来到了中国。这种模式改变了我们车辆买卖的方式。目前，客户乐意驾驶自己的车辆，或者拥有自己的司机，而当未来自动驾驶的车辆出现的时候，那将会从根本上改变我们的产品和客户的要求。戴姆勒是非常希望能够处在这样的发展前沿且引领这样的发展趋势。

2015年，我们在上海和拉斯维加斯展示了最新的自动驾驶的概念车；而2016年，具备自动驾驶功能的车型已经实现了量产。我们相信，全自动驾驶车离我们越来越近，而且一定会到来。

在我们行业中，另外一个巨大的改变就是电动车。电动车对中国来说尤为重要，它的增长也许并没很多人最初预测的那么迅猛，但是中国现在已经成为世界上最大的电动汽车市场。中国的新能源汽车的销售主要有油电混合车和纯电动车，目前在中国，人们买电动车可以不用等待牌照，而且将来会有越来越多的电动续航里程更高的车型陆续到来，中国新能源汽车市场将会迅速发展。对于戴姆勒而言，我们很高兴在新能源汽车领域能与极具实力的中国车企合作，如比亚迪以及北汽，他们都是在这方面的佼佼者。同时，奔驰品牌本身也将逐步推出更多的新能源汽车产品。

我们必须认识到这样的事实：在当今时代，我们的竞争对手已不仅仅是传统的汽车厂商，不断有其他公司希望进入汽车行业。在过去，竞争相对简单，我们清楚地知道我们的朋友、敌人是谁；但是在将来，我相信数字化会推动新型的合作，我们称其为"Frienemy"（亦敌亦友）。

比如，宝马、奥迪是我们传统的竞争对手，但是随着互联网的快速发展，关键的驱动因素正发生变化。我们需要认识到它，并必须要有更进一步的应对。因此，近期我们与宝马、奥迪共同合作，收购了移动地图供应商Here，共同为下一步的发展铺路。因为我们认识到传统行业正在受到挑战。面对挑战，我们必须以更快的速度、更广阔的思维去应对。

展望未来，我还是非常有信心的。世界在改变，但作为传统行业，我们要观察我们的客户，要预测行业发展趋势。我们对未来保持乐观的态度。2015年奔驰在中国的市场表现非常棒，在较为波动的市场环境中仍实现了35%的增长。2016年开年，我们也在中国市场上实现了开门红，我希望大家能看到奔驰的信心和动力来源。

对于汽车行业，我们信心十足、动力十足。汽车最好的时代将要来临，未来将属于零排放、自动驾驶、随时在线的车辆。同时，我相信中国将永远是世界上最大的汽车市场。

提振企业家信心

　　企业家是人群中最乐观的，否则他们不会投资看不见、摸不着的未来。测度企业家的信心与动力，是测度一个社会经济前景的最可靠方式之一。那么在经济下行时，企业家的信心从哪里来？该如何提振企业家的信心？

企业家的信心从哪里来

　　企业家是人群中最乐观的，否则他们不会投资看不见、摸不着的未来。测度企业家的信心与动力，是测度一个社会经济前景的最可靠方式之一。亚布力论坛持之以恒地做这件事，积累了大量数据。这些数据及更丰富的现实帮助我们追问：企业家的信心从哪里来？

　　2016年亚布力年会上，联想集团董事长兼首席执行官杨元庆，TCL集团董事长兼CEO李东生，复星集团董事长郭广昌，香港南丰集团行政总裁梁锦松，东软集团董事长刘积仁，春华资本集团创始合伙人、董事长兼首席执行官胡祖六就企业家的信心从何而来的问题进行了深入讨论，万盟投资管理有限公司董事长王巍主持了该场讨论。

　　王巍：一般而言，企业家谈信心时，谈得更多的是企业的信心，或者行业、商业的信心。而不同的企业家在面临不同的市场变化时所表现出的信心肯定不一样，有的人有信心，有的人缺乏信心。今天在座的6位都是时代的弄潮儿，过去几十年他们总处在风口浪尖上，他们最先感知市场的变化。作为行业领袖，什么因素会影响他们对未来的信心？首先有请郭广昌，你觉得2016年什么因素会影响到复星集团？

　　郭广昌：对整个中国经济来说，如果哪一天企业家都不来亚布力了，我就没信心了。对复星来说也很简单，如果我们所有的员工都不努力工作了，我就没信心了。对中国来说，如果我们的年轻人都不想超过马云，我就没信心了。我觉得信心最根本还是来自精气神，只要在创造，只要在努力工作，就有信心。我最怕大家都在抱怨，都不想干活，都说是别人的错，那这时候我们就没信心。我从来都是一个乐观主义者，坐飞机的时候，有时会碰到比较严重的颠簸，开始我可能会担心，但仔细一想，担心也没用，那还不如安心睡觉，睡醒了，到了目的地就可以好好干活。

王巍：这几年，复星集团在海外并购方面是行业领袖，你觉得未来一两年，无论是国内还是国外，哪些因素可能会给复星的发展带来挫折？

郭广昌：中国企业出去并购，人家对你有想法，这非常正常。如果现在有一家印度企业来中国要求并购联想，我们也会有一点不习惯。所以，很多东西我们都应该积极地去看。复星集团突然收购了国际上那么多保险企业、金融企业，人家有看法，这也很正常。在这里，我要感谢联想，如果联想当年没有提出"收购好企业是应该的"这一说法，我想我们现在做的事情会更困难。生意就是生意，别人对你有看法是正常的，企业工作者永远是在给定的环境里寻求解决方案，所以就那么回事。

具体业务上，2015年复星集团提出"两轮驱动"，即保险+投资，现在来看做得还不错。2016年，我们将会有一个大的转型，在两轮驱动的基础上抓住"风口"。这里所谓的"风口"，就是传统企业充分利用移动互联网在全球整合资源，迅速形成某些行业的"独角兽"企业，而且这种"独角兽"企业将可能出现在复星重点看中的三个领域——富足、健康、快乐领域。从传统领域反转成为"独角兽"，我觉得2016年是真正的元年，这是复星真正的机会所在。我现在看到的不是忧虑，而是机遇，2016年复星会减少投资金融企业，而重点投资健康、快乐行业，并在已有的行业内打穿，形成生命体，快速成长，这是我的兴奋点。

王巍：下一位，有请东软集团的刘积仁。东软集团过去在技术、

IT产业发力，现在在健康领域也是领军人物了。你认为根据东软集团这两年的发展，哪些因素可能会导致出现问题？

刘积仁：我们这个行业和大部分行业有所不同，很多行业过去的日子过得特别好，现在开始面临问题；而我们这个行业从一开始就过得不好，现在却是过得越来越好。因为现在是数字化社会，所有的商业转型都需要软件，今天大家讲的大数据、云计算也都与我们这个行业有关。

刚开始创业的时候，人们习惯购买盗版软件，我们在消费者还没有付钱买软件习惯的时候开始做软件，那时候真没有信心。但做到今天，很重要的是坚持。比如，中国社保还没有开始的时候，我们开始跟社保部门沟通，坚持到现在，我们占有了50％的市场份额。比如，医院还没有信息化的时候，我们就开始做医院的软件，坚持到现在，我们已经处于市场领先地位。1995年，我们发现医院缺少医疗设备，于是我们开始做CT（Computed Tomography，电子计算机断层扫描）、核磁、彩超，今天我们的设备已经被世界上100多个国家的9000多家医院使用。我们超越了市场的需求，一直在等市场的成熟，今天管这叫烧钱，而我们当时是省钱，一直省到市场给我们机会。今天看来，东软更大的未来在于大健康产业，包括与保险结合、慢病管理、医疗、养老等，在于汽车领域，我们现在大概有4000名软件工程师在做汽车自动驾驶、辅助驾驶、娱乐系统，在做服务于全球的品牌。

但从现实来看，今天最大的挑战不是技术，而是我们对技术应用领域的判断和理解。比如，当年做CT的时候，我们都是软件工程师，但我们需要理解医院、判断医院未来的发展趋势；现在做医疗，除了具备技术上的

能力之外，我们还需要理解医疗改革、宏观经济。这些东西都不是我们原来的技能所能控制的，也就是说，今天的现状对我们的知识是一种挑战，对我们的人才也是一种挑战。我们还在问自己：东软是软件企业吗？还是混合企业？我们不知道，这对我们的管理也是一个很大的挑战。

王巍：刘总是比较少见的在东北地区出现的企业家。社会上，大家认为东北正在迅速衰落，请谈谈你的看法。

刘积仁：1996年，东软上市，我们是中国第一家上市的软件企业。当时大家都不认为一家软件企业会在沈阳出来，因为这个地方生产大机械，人也比较粗，干不了细活。相反，我觉得我们还得益于东北给人的这个印象，因为这样一来，其他的软件企业就忽略了这里可能出现的竞争对手。而实际的环境限制，比如东北人都不买软件，没有资本，没有人才，都倒逼我们更早地采取一些措施，比如走出去，招揽全国的人才，所有的这些对我们而言反而是一种帮助。同样，我可能会认为今天的经济情况对我们企业的成长是一种很大的帮助，因为当年要钱没钱、要人没人、要市场没市场的时候，我们都活过来了，而且现在一天比一天好，今天比昨天高兴，明天比今天高兴。我们充满了信心，看到了未来。

王巍：刚才李小加在演讲中谈到了中国香港的过去和未来，你怎么评价香港？

梁锦松：现在香港有很多人都非常悲观，很多香港本地人在考虑是否移民，他们说政策环境好像"吹冷风"，当然，他们也看见了中国经济减慢，所以总体的情绪都不是很高。然而我赞同小加所讲的，不要永远往坏的方面看，小加很精辟地说到香港最有力的竞争力就是"一国两制"，特别是"两制"给了香港制度上的优势。香港还是一个非常尊重法制的地方，香港沿用了英国人的法律，这是第一个。

另外，香港是全世界最自由的经济体。美国的传统基金19年来都把香港评为全球最自由的经济体。香港是中国境内最国际化的城市，不仅标准国际化，还有人才、文化的国际化。香港的税也非常低，地税非常简单，这对企业家来讲具有很大的吸引力。香港也非常安全，包括治安安全，还包括食物安全，等等。

所以我觉得，香港没有道理太悲观，虽然现在有很多问题。刚才小加也提到，金融中心在以前是为中国引入资金，以后则要在引导中国企业、中国资金往外走上发力，特别是在人民币要国际化、"一带一路"上，香港都可以发挥很大的作用。但除了成为金融中心之外，香港还应该成为全球的人才中心，这一点需要着重思考和发展。我经常说，中国人很聪明，但是不是所有的聪明人都是中国人。美国为什么强大？因为他们可以吸收全球的精英。现在，把人才都吸收到中国内地去可能不是很现实，因为毕竟体制跟薪酬差距都还比较大，但香港基本上是一个西方规矩和文化等沉淀比较重的城市，所以应该通过香港去积极吸收全球的人才。

香港也可以成为创新、创意、创业的"三创"中心。人们在谈创新的时候可能不会想到香港，因为大家觉得香港缺少创新的基因。而如果想一下知识产权保护在创新上的重要性，我们或许就会想到香港。如果能与深圳、东莞有突破性的合作，香港应该是可以与美国竞争的。深圳是全国最有创新能力的城市之一，它已经有很多全球的优秀创新企业，如腾讯、华为、TCL等。东莞是全球最好的制造业平台，香港、深圳、东莞如果有机会突破性地合起来，再加上香港可以发展高端服务业，然后大量输入人才，把香港的人口总量从现在的700万增加到1000万或者以上，这将给香港很大的动力。

香港的人口在增加，可能有人就会担心住房问题。其实香港不是没有地，香港60％的土地没有被使用。如果香港政府与立法会能够达成共识，把5％的土地拿出来作为住房用地，房价完全可以被控制住，只不过一般民众的居住还是应该通过公共房屋来解决。所以，我觉得如果政策环境能够改善，政府支持香港，香港没有道理悲观。

王巍：如果你有机会当特首，这是不是你的措施？

梁锦松：无论谁当特首，我都希望能朝着这个方向去想、去做。

王巍：你怎么看未来的中国经济？

胡祖六：中国经济增长的确在大幅下滑，股市、汇市、楼市以及大宗商品市场也在同步下滑，这对企业家、投资者、老百姓来说都是一个非常艰难的时期。对此，我们要非常小心、非常谨慎，但是我们没有理由消极、悲观。为什么这么说？

第一，回顾历史，我们应该有信心。当前经济的不景气，GDP增长下行，我们所经历的困难和不确定性，其实不是第一次。回顾我国改革开放以来的历程，我们的发展并不都是一帆风顺，期间经历了很多波折、困境和考验。现在6.9％的经济增长率我们觉得太低，但我国经济发展历程中还有更低的经济增长率——4.1％，这是计划经济的时代。1991年、1992年也非常困难，1997年、1998年在亚洲金融风暴的冲击下，外贸大幅下跌，国企2/3亏损，面临严重的去产能、去供给、去库存的压力。

2008年也经受了很大的冲击，但是现在回顾历史，我们会发现，现在经历的经济下行或者是经济不景气并不是第一次，所以我们用不着惊慌失措，我们必须冷静、清醒、审慎，因为过去每一次危机我们都熬过来了，都化险为夷了，这一次我们也一定能扛过去。

第二，展望未来，我们更应该有信心。中国经济已经在发生非常巨大的转型，中国的经济增长过去依靠的是固定投资，现在则越来越多地依靠中产阶级，这个势头已经起来了。过去制造业是支柱产业，现在服务业已经超过制造业，制造业也已经从低端制造业向高端制造业转型；之前企业创新严重不足，现在则是出现了全民创新、万众创业的新浪潮；另外，互联网、3D打印、新材料、智能机器人也开始在中国萌芽。

这里提一下阿里巴巴。阿里巴巴是全球历史上最大的IPO（Initial Public Offerings，首次公开募股）。投资人为什么看好阿里巴巴？因为阿里巴巴代表中国新经济，代表消费的未来。但是最近一年，因为大家不看好中国经济，所以阿里巴巴的股价下跌了很多，我认为这是国际投资者的短视行为。阿里巴巴作为一个伟大的股票故事，这个故事才刚刚开始，好戏还在后头，因为中国的城市化正方兴未艾，中国的中产阶级消费正在兴起。

另外，转型归根结底要靠市场的力量，靠企业家。企业家是转型的主角，是推手。当然，如果在面对市场短期波动的时候，政府在宏观经济政策、金融政策方面不出什么差错，这将更有利于我们转型的平稳和顺利进行。如果政府能大刀阔斧地进行改革，我想我们的转型将会进行得更加平稳，更加顺利，更加成功。而这个转型已经开始，所以未来3年、5年、10年，我们应该有充分的信心。

王巍：联想和TCL今天都已经是全球企业，不再是中国公司了。作为全球企业，全球经济中哪些因素对你们来说会带来忧虑？在支持中国第一批国际化公司制造国际标准方面，政府能够做什么？

杨元庆：如果只是中国公司，你就会比较担心中国经济对企业的影响，比较担心你所在行业的兴衰。而作为全球公司，毫无疑问，全球经济

对你会有很大的影响，其他很多因素也会对你有所影响，比如汇率。我们最近在南美就比较困难，为什么？因为南美的汇率正在大幅度贬值，这不仅使我们的销售成本受到影响，而且使整个汇率市场萎靡不振。当然，对一个企业来说，我们应该有方式、有手段来应对恶劣的环境，这样才能成为一个成熟的、成功的企业。对于一个具体的企业来说，可能更多地还是要看自己的战略，对行业要有前瞻性的判断。

联想不但是全球性企业，而且在个人电脑领域更是全球第1位的企业。如果个人电脑市场继续增长，我们会一直跟着增长，由于我们的竞争力比较强，我们还会抢夺别人的市场份额。而现在由于智能手机的兴起、平板电脑的出现，个人电脑市场不像过去增长得那么快了。在这种情况下，企业要极早有所警惕，进而确定自己的下一步战略。因此，联想积极拓展智能手机业务，拓展后台服务器业务，以及服务器、存储、网络等设备的业务，这些未来可能会给企业带来增长，尤其是在中国。因为互联网在中国正蓬勃发展，不仅互联网公司需要建数据中心，很多企业将来都需要把自己的业务搬到云上，建立大量的数据中心，这对企业后台的需求来说都是巨大的。

王巍：刚才李东生在演讲的时候提到，企业在全球扩张时会遇到独特的风险，就是国家风险，联想遇到过这类非商业的风险吗，比如政治、商业、文化等方面的困扰？

杨元庆：在每个国家遇到的挑战都不一样，比如在南美、巴西，如果要到当地做生意，你就必须在本地进行生产。如果不在当地生产，你的税收就非常高；但是如果销量不够大，一开始就在本地做生产，成本、代价会非常高。再如在阿根廷，即使将生产到这里也不行，因为这里所有进口的东西都要有配额，这个配额怎么拿？出口多少才能拿到多少进口的配额。我们专门去跟他们的经济部长沟通，我们进来就是为了在本地销售，出口肯定就不好操作。他说，你不出口电脑，可以出口我们的葡萄酒、大豆，有很多有意思的东西。

李东生：首先，我还是强调一下我刚才发言的观点，我们没有办法改变环境，只有改变群体。中国企业家一定要有信心，即使面临很多的困难，现在没有解决的办法，我们也一定要坚信办法一定有，只不过是现在没有找到而已。我们一定要给自己这样一个心理暗示，这样我们才能努力地往前走。企业家作为特殊群体，要有坚强的心态，在艰难情况下自己要挺住。

另外，我想从国内、国外两个方面谈一下影响中国经济发展、中国企业发展，也影响企业家信心的一些因素。

对于中国来说，这几年我们推进的改革大方向是对的。两三年前三中全会提出"让市场在资源配置中发挥决定性作用"的时候，企业家群体都非常振奋，但是在具体实施方面，把它做到位不是一帆风顺的。现在我们进入困难时期，刺激经济或许可以考虑。我不是经济学家，作为企业家来看，我觉得政府有两个大方面的选择：第一，政府通过刺激增加负债，政府用钱做投资，把钱花出去；第二，减税，把钱给企业，让企业拿钱去发展。税制改革讲了很多年，为什么不能像以前那样很有效率地实现呢？为什么当时能引进外资企业？为什么当时让自己的企业变成中外合资，企业愿意做呢？这就是因为当时有一个对外资企业的优惠政策。外资进来以后，其盈利再做投资的话，前三年可以免税。这类政策现在为什么不能对中国自己的企业实施呢？现在国家鼓励"大众创业、万众创新"，领导人可以给大学生初创企业站台，但是企业做大后，领导会与我们保持距离，我们也主动和领导保持距离。这里有一个道理很清楚，没有大企业哪有小企业，大企业是整个经济的骨干和脊梁。民营企业做到一定份上就感觉怪怪的，这能不能在我国经济体制改革中理顺，解决好？

海外方面，这几年我也感觉比较严峻。随着中国经济的强大以及中国国力的增强，我总体感觉西方国家对中国的防范和压制越来越露骨。就像美国搞的PPP（Public-Private Partnership，公私合作模式），非常明确地说中国不能成为参与规则的制定者。整个国际环境对中国下一步的发展造成的压力确实非常大。现在中国政府推进的"一带一路"政策，思路非常好。如何通过现有的经济力量打破限制和封锁，让中国经济的全球化、中国企业的国际化真正有更大的空间，这是政府和企业要共同努力的事情。

王巍：中国企业家的信心不仅取决于国内环境，还来自国际环境。你觉得我们应该怎么改善全球环境？

郭广昌：我觉得国际环境明显会越来越好。复星收购葡萄牙保险公司，后者相当于葡萄牙的中国人寿，大家想想，如果中国人寿被国外企业控股了，我们会怎么想？我们收购的地中海俱乐部是法国一个象征性的企业，现在被复星百分之百控股。我觉得基本上人家还是公平的，没有那么坏，至少我接触的欧美企业家是这样，所以，我们还是要以平常心对待。

关于企业家的信心来自哪里，我觉得来自三个方面。

第一，理性。我们一定要保持理性和克制，不要过多指责人家，不要做祥林嫂。理性是什么？我们对所有现象、问题的分析不亢奋，做到客观；我们看到不好的方面，也看到好的方面，包括数字。第二，智慧。我们要看到别人没看到的地方，我经常和马云、陈东升等企业家朋友聊天，也经常参加企业家的论坛，因为每个人都会有自己的想法、观点，我们要多听、多感

受。有了这种智慧就相当于在黑暗当中看到了光明，哪怕只有一点点光明，我们也会知道应该走几步，而走几步后，前面会有更多的光明，我们也就会走得更远。第三，爱。企业家要有爱，爱你的事业，爱你的企业，爱你的国家，爱你的员工。因为爱，我们勇敢，我们担当，我们创造。

杨元庆：我完全赞同广昌的意见，我觉得中国企业不能做祥林嫂，而且中国经济的信心应该来自中国的企业家。因为企业家最了解市场，最知道市场需要什么、不需要什么，最知道市场的未来在哪里。企业家最怕企业没有增长、公司没有愿景，员工做一天和尚撞一天钟，没有激情和热情。

未来，中国的企业会有广阔的发展天地——那就是海外市场。在开拓海外市场的时候，我们不要因为一个小项目受到挫折就大惊小怪，就不去做了。其实，我觉得发达国家的市场环境还是相当好的，比较健康，比较开放。我们在美国做了很多项目，尽管也要通过反垄断审查、国家安全审查等小挫折，但是经过我们的努力最后都顺利过去了。美国市场的好处就在于比较开放，比较自由，有核心竞争力的公司会留下，没有核心竞争力的公司会被淘汰或者被转移。比如，联想的供应链生产制造没必要放在美国，可以搬到中国；但研发团队我们要保留在当地，收购摩托罗拉后，我们在芝加哥有一两千人的研发队伍。通过这样的队伍让自己的企业更加强大，这也是保持信心的很重要的原因。

前面强东说中国大部分传统公司要考虑卖掉，我觉得不对，现在的中国公司首先要想着占领海外市场。联想70%的员工在中国，30%的员工在海外；但是我们70%的业务在海外，30%的业务在中国。这就是用中国人的智慧、中国人的创造和制造赚外国人的钱，这样的空间还很大，所以，我们不应该没有信心。

梁锦松：对于中国企业的国际化，我有三个体会。第一，我们走出去一定要谨慎，要谦卑。2015年中外邦会议谈"一带一路"时，有一个国家的前总统说到这样一句话："这是非常好的主意，但是我们会担心，因为中国现在不是一个小国家，而是一个很大的经济体。"这就好像河里已经有很多动物，有大的，也有小的，但现在有一头大象要加入进来，你说其他动物会不会紧张？我们也要照顾河里其他动物的感受和反应。第二，按规矩办事。西方国家有多年的法治经验，有他们的规矩，当然，有一些规矩我们可能觉得不大合理，但毕竟有一套规矩需要我们跟着走。我们的体制和他们不一样，我们以国企为主，西方社会对国企或者国家资本有一定的戒心，所以，我们的企业家或者中国政府应该多让民营企业往外走，因为西方社会对民营企业家的方法和资本来源的戒心会低一点。第三，让市场来做决定。

王巍：请刘总谈谈东软国际化的雄心。

刘积仁：2016年是东软成立的第25年，我们的国际化开始得比较早，当时，我们认为中国人最不尊重知识产权。所以，那时候只要一涉及国际合作，对方跟我们谈的就是知识产权的保护，对我们没有任何的信赖。但随着这么多年的发展，在国际上合作的时候，中国至少在几个方面得到了积极反馈。其一，对中国人的看法与之前不一样，我们受到的尊重和原来也不一样。其二，主动找我们合作的国外企业越来越多。1991年，我们在日本开拓市场；现在，我们在德国汉堡、芬兰、罗马尼亚都有员工。一步步走过来，无论是资本还是人才、合作精神，都发生了很大的变化，在国际社会上我们能够享受平等待遇，受到尊重，有机会获得商业机会，而且我们的产品走出去的时候，还有企业愿意一起推广、销售，这在25年前都是不可想象的。所以，我们对未来要更加有信心，国际环境也会越来越好。

胡祖六：作为一个群体，企业家自身的团结和凝聚力也非常重要。亚布力论坛是很特殊的一个平台，确实是中国最有思想力企业家的俱乐部，是中国有抱负、有担当、有社会责任感的企业家的群英会。年复一年，全国各地的领军者们不辞辛苦地来到这里，不是因为这里是滑雪圣地，而是因为在这里可以与很多朋友聚在一起，一起交流，分享智慧，还有情感上的相互理解、包容和支持。来自亚布力企业家朋友的支持理解、持续的信任也是我们信心的重要来源。

王巍： 祖六的话很感性。现在请亚布力创始人田源上台，在2004年非典之后的亚布力年会上，田源做了一次发言，他说中国已经在影响全球。我们买什么什么涨，卖什么什么跌，中国已经在各方面影响全球的经济变化。田源甚至预言，也许10年、20年之后，中国的一批企业家会成为全球重要的企业家。

田源： 王巍刚才讲的事，我还记忆犹新。在那之前我做了一个研究，发现中国对世界的影响已经越来越大，原因主要在于中国在全球经济增量里的占比已经超过30%。现在回头去看，从那个时候开始，中国的经济确实经历了持续的起飞。我记得第一届亚布力年会的时候，泰康人寿的保费收入只有5个亿，2015年他们的保费收入将近1000亿元，但是还没有阿里巴巴的收入大。当时我们邀请马云参加亚布力年会，马云说阿里要雇用100万人；直到2015年，阿里已经雇用了1000万人。从亚布力论坛企业的发展中，我们就能看到中国的巨大发展，亚布力其实是一面镜子，反映了我们整个中国经济的发展。

现在我们看到全世界的经济都在下滑，为什么？因为中国在整个全球经济增量中的比重下降了。当年中国影响世界，今天我们一样影响着世界。刚才的发言中，我特别赞同元庆讲的话。今天中国的民营企业应该如何发展？除了信心之外，很重要的一点是找到发展的空间，国际市场是值得我们关注的一个发展空间。

王巍： 我突然想到一件事情，2005年的时候，我是中国并购贸易会会长，我们邀请了10个人到北京开会，有马云，还有王建宙。当时摩托罗拉中国区主席跟我们讲，只要将他们的座位安排在王建宙旁边，他们就赠送给我们50部摩托罗拉。我们觉得没问题，王建宙也同意了，结果公关办公室不同意，认为中国移动和摩托罗拉正在谈合作，坐在一起比较敏感。于是，我们只能跟摩托罗拉的人说，我们安排你们坐在马云旁边。听到这个消息后，摩托罗拉的人把我拉到外面，用英文问他是谁，我说他是阿里巴巴的，他们坚决要求不和马云坐在一起。没办法，我们只能再次调整座位。10年过去了，摩托罗拉在哪里？阿里巴巴又在哪里？下面，有请马云说几句。

马云：信心在于是否真正地相信，如果相信的东西跟大家一样，跟媒体报纸上说的一样，那不是信心。真正地相信还有一个维度，我们今天看中国还有国外，需要看到10年、20年以后，因为从人类历史上来看，几年时间算什么？2008年金融危机到现在还没有过去，美国也遇到过一次又一次的灾难，但人家都活过来了，可见往远看才是真正的机会。所以，一个坏消息是经济不好，而好消息是大家都不好。

所以我觉得，别轻易卖公司。第一，如果大家都想卖，你也卖不出去。第二，做公司不容易，碰上困难继续往前走，谁都有起起落落、高高低低，别人往上看，你就往后看；别人都往上冲，你就稍微停一停；别人都停的时候，你稍微往前冲一下，无非就是这样。

创新精神是企业家的信心与动力

文 | 郭为 神州数码集团董事局主席

创新精神，其实就是企业家的信心和动力，它是非常重要的。

当年我们和美国进行一些交流，也包括和国内经济学家交流的时候，有一个讨论主题即推动社会进步的究竟是制度还是科学技术？像田溯宁、丁健和我都属于技术流派，我们认为科学技术是推动人类进步的原动力。为什么这么讲呢？因为从石器时代开始，对于整个人类进步过程的划分，往往是以生产工具为标准。而生产工具的产生就是创新的产生。所以，从这个角度来说，创新是人类社会进步的根本。

我们今天其实正在酝酿一场巨大的、以互联网为代表的科学革命，BAT已经成为中国创新的代名词。我想，今天所有成功的互联网企业仍然处在互联网的黎明时代，要到达真正的信息社会，我们还有很长的路要走。整个信息技术革命会创造出无限的商机，因为信息技术进入了我们的生活，首先是从微软开始，虽然它所做的仅仅是解决了办公自动化的问题，让信息化在办公上得到了普及。而Cisco（思科公司）让互联网在全球的普及成为可能。雅虎创造了世界上第一个互联网应用的情景，谷歌也好，阿里也好，包括Facebook（脸书），其实都是在2.0基础上的大应用和发展。总而言之，这些知名的企业都是在这种创新过程中，在这种应用新技术的过程中成了超巨型的企业。

那么下一步，创新最大的可能性在哪儿？那就是基于云、基于大数据的应用。丁健讲的人工智能、深度学习都是大数据学习的一部分，包括今天讲的AR（Augmented Reality，增强现实）、VR（Virtual Reality，虚拟现实）都是大数据应用的一部分。大数据已经从浅网的应用到了深网的应用，现在互联网主要解决的是连接的问题，我们把连接比喻成浅网、浅海。而大数据应用的特征不在于数据量的多少，而在于如何把完全不相关的事物通过超级链接整合起来，去发现虚拟环境下的一些规律特征，这是深网要解决的。而在深网环境下如何采集数据、应用数据，如何构建模型，这对云计算和大数据将是一个非常大的机会。

我们确实进入了一个新的时间点，即靠技术的推动来促使大变革的发生。我认为这和我们的文化有非常大的关系，和中国文化的结合有很大的相关性，当然也包括我们这几年的教育和成长问题。这里讲两个具体的例子。

第一个例子，即2015年的热门话题之———屠呦呦获得诺贝尔奖。这就是中医文化和西方科技的一种文化交融。如果我们把所有中医的非结构化数据变成云计算和大数据整理出来，可能会有更多的屠呦呦似的成果产生，这是非常好的应用例子。其实，整个数据酝酿了一场革命。我们今天的数学已经进入第三阶段。数学发展的第一阶段是理论数学，根据现象总结一套理论；第二阶段是应用数学，是对这套理论有一个应用；而今天面对海量数据、超级链接的数据，数学科学成了新的亮点。今天，我们的大数据又为数学产生了新的命题。而在数学科学现象里的发现，将对人类产生很大的影响。

第二个例子，即2015年英国物理学杂志评选出全球五项最重要的物理成果，其中一项就是中国人发现的光量子通信。我们关注网络安全问题，而网络安全无外乎近缘加密和网络加密，但光量子通信有一个非常奇特的现象，它们像孪生姐妹一样，是成对产生的，而不是产生一个。成对产生之后，它有一种特性，就像我们今天的孪生姐妹一样，当一个人受到伤害时，另外一个人也会有感应，这对整个安全会产生颠覆。这是由中国科技大学的潘建伟教授发现的。一旦我的光量子被别人窃取，我的另外一个光量子会有反应，我就知道光量子已经被窃取了，通过对一个光量子的毁灭，就能破坏掉另一个光量子。这种奇特现象的发现，将会颠覆我们过去对安全和通信的一些看法。

所以，伴随着云计算、大数据、互联网的发展，社会会产生非常大的革命。虽然它属于物理学奖项，但实际是信息科学的发现和发明。

任何社会进步都与科技创新有关，包括政治生活和社会治理。比如奥巴马，如果没有互联网的推动，他很难成为美国总统。通过互联网，年轻人成了选民的主力，包括奥巴马的医疗改革政策，互联网和大数据都起到了很重要的支撑作用。如何通过互联网和大数据进行精准医疗的应用，从而降低美国整个社会的医疗成本，这是奥巴马医改的核心。换而言之，在今天，信息技术已经和社会治理密切相关了。

中国的改革也是如此。中国的市场经济是怎么发育出来的？我的观点是，中关村是中国市场经济最重要的推动力。而中关村是怎么产生的？就是从PC（Personal Computer，个人电脑）、电子产品、信息技术产品的买卖、研发、生产一步步发展而来的。早期，我们的生产需要基本的许可；但由于这样的发展，在1993年的时候，电子部放弃了对整个行业的生产监管，完全放开了。这样的互动，使得产业监管、产业发展相匹配起来。当前互联网业是一样的，互联网也会重复这样的过程。

所以，信息技术，或者我们新的科技创新和新企业的出现，实际上就是推动改革的过程。特别是"三中全会"，非常明确地提出了整个国家治理的体系也要共享、共治。企业家的创新，实际上也在深层次推动整个改革，在探寻社会治理采取何种方式更能够促进社会的发展。关于供给侧改革，我认为核心的问题就是鼓励创新，提高消费水平。只有中国成为世界最大的消费主体，才有真正的市场经济。如果我们都是依靠政府的补贴去

搞出口，依靠政府的支持去搞投资，那么我们的市场投资永远不可能完善起来。

企业的转型比创业更加艰难。在这一过程中，政府能够提供什么样的条件？企业在转型过程中，可能要面临新的监管、许可等。所以，媒体和社会应该创造一种转型的氛围，因为很多转型都会出现困难和失败。企业家也需要勇敢面对转型的困难，找到合适的方法，包括通过投资、并购、产业融合等途径，特别是如何在原有的体制下去做原生态创新。20年前，当时中国科学院的周院长和我说，中国在未来20年里一定会产生诺贝尔奖获得者，因为我们的经济总量、社会发展到了这样的水平。在今天，中国应该有原始创新和原生态创新。比如潘建伟发现的这种科学现象，我们如何把它转化为应用产品？这就是原生态、最原始的创新。此外，还包括如何把视频云做起来，形成在4G云下面的操作系统，这不是简单模仿PC的操作系统或手机的操作系统，而是在新的云条件下去创造一种新的操作系统。这是一个非常重要的机遇。

总体来说，我讲的就是这四点：第一，创新是人类社会的推动力；第二，人类正在孕育巨大的技术革命的黎明；第三，创新本身就是对制度、对治理的相互促进和触动；第四，企业家要勇敢地面对创新，而创新精神就是我们企业家的信心和动力。

企业家是经济发展的主力军

文 | 孙尧 黑龙江省副省长

　　黑龙江省是一个很特殊的省份，这里的祖先一直都想拥抱中原，融入中华民族大家庭，为这片土地做一份贡献。

　　早在1800年前，大鲜卑山里的鲜卑人用将近300年的时间实现了两次大规模的南迁，建立了北魏王朝。北魏王朝的皇家拓跋氏就生活在黑龙江边能吃到大马哈鱼的地方。第一次南迁，他们到了大泽，就是今天满洲里的达赉湖一线；第二次南迁到了云冈，位于山西大同一带，当时叫作平城、邺城。之后建都洛阳，改复姓为汉姓，拓跋氏改为元姓，也有一支改姓独孤，延续他们的王朝。隋文帝杨坚有两个名字，其中一个就是鲜卑名。隋文帝杨坚的独孤皇后也是鲜卑人。之后的唐太宗李世民，除爷爷外，奶奶、姥姥、姥爷也都是鲜卑人——这就是南北文化的融合、民族大

家庭的融合。此后，鲜卑人的后代之一——契丹人建立了辽国，败走后立西辽，为中国奠定与吉尔吉斯斯坦交界的新疆地域疆界做出了历史性贡献。而另一支后代——蒙古族建立大元帝国的时候不仅想南北融合，还试图完成东西融合，西藏版图的最终确立就是在元朝。

黑龙江的另外一支祖先，就是出过民族英雄的女真族。女真族早先生活在黑龙江下游乌苏里江流域，叫肃慎人。金朝时期，中原是宋朝，他们不断地向南进军，目的也是想融合。明末，女真人的后代努尔哈赤起兵，自称大金，最终建立了清朝。今天，大家或许有"八旗子弟纨绔不成器，清朝末代几个皇帝很窝囊，丢了多少领土"的印象，但实际上，中华人民共和国今天继承的陆地面积和海洋面积来自最后的清朝，而且在清朝鼎盛时期，康熙朝有1300万平方公里的陆地国土。黑龙江的祖先为今天的南北融合做出了历史性的贡献，中国今天的版图也有部分得益于黑龙江的祖先。所以，黑龙江祖先的精神需要今天的我们传承，我们愿意和大家真正融合。现在，黑龙江最需要什么？最需要全国各地的朋友们和企业家们"待见"。待见是个传下来的满族词儿，意思就是"当回事儿"。

亚布力论坛的伟大之处在哪儿？展望10到20年，它对中国未来经济有着巨大影响。尽管是发自民间，尽管是从中国企业家精英热爱亚布力、推动中国滑雪产业的初衷开始，但我们从内心感激他们对黑龙江发展的推动。我们需要学习，我们祖先曾经辉煌过，曾经给中华这个大家族做过贡献。虽然今天的黑龙江有着自然资源，有着客观的历史、文化基础，但是我们的经济还不尽如人意，我们需要支持，需要帮助，需要合作。亚布力论坛不只是带来思想，其对中国未来经济的影响可能远远大于技术的进步。

20世纪40年代，曾经有一大批专家级人物和年轻的学者，每周或者每个月举办沙龙，进行跨行、跨界的对话，最后诞生了三个很有名的理论：贝塔朗菲创立的系统论、香农创立的信息论和维纳创立的控制论。而这三个理论对于今天许多技术的发展和延伸以及新理论的诞生，做出了不可磨灭的贡献。从"二战"开始到结束之后的几年时间里，许多基础很小的民用技术，借助军用资源，使大家能够受益。今天医院里的彩超、CT、核磁共振等，都和当年的雷达波反射和算法有关。甚至我们的工业化、自动化、生产流水线的技术，应该说脱胎于当年的火炮随动系统。总之，这些思想可以说改变了世界，改变了未来。

怎样体现大国之间的合作，怎样体现出战略协作伙伴关系？实际上，在合作过程中是互利双赢的。从20世纪90年代大家都经历过、见证过的前苏联解体那段历史，到现在新的经济形势和由政治等因素带来的新压力，这一过程中一些东西可能在很不经意间影响了市场的开拓对接和产业链的衔接。3年前在亚布力的时候，马云和我们谈过怎么样让小邮包快速到达俄罗斯客户手里，现在速度得到了很大的提升，已经很快了。但是，我们怎么引领俄罗斯的产业和中国产业进行有效对接，它的消费和市场如何向我们开放，它的资源以及各方面的优势如何和我们嫁接？对于中国，无论是从和平，从友好相处，到稳定全球的局势，以及我国新提出的对外方略——"一带一路"，可能都有着非常重要的作用。这些事情要靠企业家来做。从中国延伸出去，如果坐火车走欧亚大陆，我们就会看到，从中国的火车站到达欧洲中心的火车站，有将近3/4的路程是走在俄罗斯的土地上，如果实现了有效的合作，那么对双方都有利。希望来自全国各地的朋友们，每年对黑龙江多一点点了解，在了解的过程中加深我们的友谊，推进我们的合作。黑龙江也愿意和大家在合作的过程中共同发展，在新时期为这个国家做出更大的贡献。

做让人尊敬的企业家

文 | **陈启宗** 香港恒隆地产董事长

　　我是一名香港企业家，香港企业家在25年前，曾是中国企业家群体里面很值得敬佩的一代人。今天还是如此吗？中国内地企业家心中的香港企业家到底是什么样子的，这确实是一个疑问。

　　中国香港有个好处，就是"年纪"大了，但是样子看起来不大。香港的企业家有一个很特别的背景，20世纪80年代后香港回归前夕，香港人就有一个严重的情怀：我们生活在一个"借来的地方""借来的世界"。因为大家不知道回归以后的香港会是什么样子，我们只是在这"借来的地方"生活着。香港人大都是从内地搬到香港去的，因此，更加凸显了"Borrow Time，Borrow Place"的意识，就是"借来的时间，借来的地方"。香港人的这种心态造就了一批独特的企业家，他们对外部的信心很

弱，但是对自己的信心很足。他们对赚钱有着天生的热情，他们拥有能够快速赚钱的动力，并且崇尚快速赚钱。因为有了钱才能在"借来的地方"应对一切困难，这就是香港企业家的信心与动力。

从20世纪五六十年代起，香港开始经营贸易，经营工厂，随后一直做实业，但是在这期间一直没有做得特别成功的企业。原因何在？因为实业不能做短线，短线是不能成功的。香港人经营工厂都是希望快速赚钱，为了赚取快钱，设备都是租赁的。随着内地政策的开放，他们到内地建厂，延长了企业的寿命。然而他们没能做到技术上的提升，也没有投入更多资金来维护企业，这都是赚快钱的理念在背后作怪。

英国政府在香港做了一件很特别的事，在香港回归前，他们把香港房地产行业的价格推高了。当时，香港75%的土地是绿化，建筑土地的占比不到25%，这使得房地产价格逐渐走高，也令香港人自我感觉良好，认为自己的财富上升了。房地产行业的逐渐走高，导致做实业的香港人发现，自己经营一辈子实业的所得还不如卖一块地、卖个工厂赚的钱多。结果，当时一大批香港商人涌入房地产行业，房地产自此成了香港最重要的支柱产业。

早在10年前，我就意识到内地的企业家更值得我敬佩。香港商人是不读书的，如果你们去台北的机场，等飞机的闲余时间可以在书店买到很多与管理相关的书，与技术相关的书；如果你们到内地的机场，同样可以买到关于管理与技术的书，以及成功人士的传记等。但是当你置身于香港的机场，在书店里，你无法买到与管理、技术等相关的书籍，甚至在整个香港都无法买到，因为香港的商人是不买书、不看书的。香港的商人大都不能被称为"儒商"，这是我们与内地企业家的不同之处。

内地的企业家背靠广阔的市场，他们必须拥有更加长远的眼光，因此他们必须在管理、技术等方面苦心研究，从而提升企业的管理水平、科技水平。也正是他们的努力，才诞生出杨元庆等一批优秀的企业家。只有在国内用心钻研企业经营的企业家，才能在国际上大有作为。与内地企业家相比，香港企业家很少能够成为世界范围内受尊重的、有影响力的企业家。虽然香港有自身的优势，但是香港市场的环境不足以培养出"儒商"。我受邀出席亚布力论坛，是因为我越来越敬佩内地的企业家们，我希望来这里吸收一下他们的经验，这对我是一个难得的提升机会。

大多数香港企业家虽然在国际上没能做出重大成绩，但是也不会轻易垮掉。因为我们在房地产行业赚足了钱，足够支撑我们的企业存活下去。以我为例，香港的一个房地产项目让我盈利20亿美金。面对这样的商业环境，香港企业家确实没有必要专心做实业，有钱就用来投资。虽然我们缺乏技术、缺乏管理，不能将企业发展为引领行业的优质企业，但是，我们在房地产行业或者资本市场上面的作为也能够让我们好好活着。

几年前，中国台湾地区有位非常受人尊敬的教授请我去台湾演讲，题目是"如何做一位受人尊敬的企业家"。我开玩笑说：第一，香港没有受人尊敬的企业家；第二，这个命题需要一个先决条件，我本身应该是一位受人尊敬的企业家，不然我如何讲这个题目呢？

任何一个社会如果没能发展起一批受社会广泛尊敬的企业家，市场经济就没有前途。我参加亚布力论坛的原因是，我发现这里的一些企业家是受人尊敬的。但是内地的企业家发展得比较晚，前面的路要如何继续还需要我们大家共同努力。如何才能够成为被尊敬的企业家？我在台湾做演讲的时候提到了以下几点。

第一，企业家一定要有钱，而且要赚大钱，越多越好。马云为什么会令人尊敬？因为他的身家过硬。2015年，我在联合国开会，潘基文先生想要会见马云，我就把马云介绍给了他。为什么潘基文希望会见马云？首先是因为马云的资产很多，否则他不会有如此多的粉丝。当然，钱不能够衡量一切企业。但是从大经济环境来讲，赚钱是必需的。20多年前，我受邀出席世界经济论坛。为什么别人会邀请我出席？那就是因为我会赚钱。当然，除了有钱，还需要有思想，否则别人只会邀请你一次。

第二，企业家必须有思想、有修养。如果一个企业家没有思想，别人就会认为你是依靠投机倒把来赚钱的，就不会尊重你。如果一个国家的企业家普遍没有思想，那么这个国家的市场经济就不会有好的前途。企业家除了要有思想之外，还要有修养、有原则、有正气。在国际上，唯有有修养的人才会被人尊敬。有正气、有原则，堂堂正正地做人、做生意人、做企业家，这是被社会认同和尊敬的必要条件。

第三，企业家要回馈社会。回馈社会并不等同于捐钱，有些香港企业家越捐钱越不受人尊敬。很多企业家没有修养，也没有回馈社会的意识，捐钱的行为并不是发自内心，而是被社会环境所逼，不得不捐钱。我想对这样的人说，捐钱回馈社会要用真心，否则即使捐了钱，社会也不会尊重你。我非常同意陈东升与王石在"老友记"对话当中所谈到的内容，对于阿拉善的工作，需要讨论的不是做与不做，而是要怎么做。我们在出资的同时，这颗希望为社会做贡献的心也要奉献出来。我们要有修养、有情怀，不能只做一个满身铜臭的企业家。没有良知、没有良心、心不在情上面的企业家是不会被社会和个人尊敬的。

对于捐钱人来说，你的心在了，你所捐的钱就值钱；如果你的心不在，你所捐的钱不仅不值钱，反而得不到应得的尊重。我不认为强迫别人捐款是正确的，这样的社会是最低档的。只有企业家们有情怀、有胸怀，用心回馈社会，社会才能够得到一批令人尊敬的企业家，国家的前途、市场的前途才能够得到良好的保障。

企业的出路在哪儿 >>>>>

　　民营企业仍处于徘徊期，这是冯仑思考民企的言论引发社会大讨论的原因。冯仑是中国民企30多年历史的参与者、见证者和思考者，"野蛮生长"，又理想丰满，他将为我们总结有着热腾腾江湖气息的民企"活着"的招数。

民营企业靠什么活着

　　民营企业仍处于徘徊期，这是冯仑思考民企的言论引发社会大讨论的原因。冯仑是中国民企30多年历史的参与者、见证者和思考者，"野蛮生长"，又理想丰满，他将为我们总结有着热腾腾江湖气息的民企"活着"的招数。

宋立新： 大家都看过余华的《活着》，这本书只关注生命本身，无暇顾及其他，那么民营企业的现状是不是也是这样呢？我们有请冯仑分享一下他对中国民营企业现状的一些思考。

冯仑： 关于民营企业如何活下去的问题，大家有一段时间比较悲观，现在却非常乐观和积极。为什么？我20多年前开始做民营企业，到今天我还活着，这样大家没有理由不乐观。这样的转变中间有一些具有标志性的事件，它们给了我一些启示，告诉了我们民企是靠什么活着，是因为什么活下来的。

我有一个朋友，认识他的时候，我还在政府做事情，而他已经跑去深圳了。当时他需要弄一个批文，请我帮忙。我住在中央党校的一个筒子楼里，房间很小，我睡地铺，所以地上还搁着一个床垫，他来了之后，就只能坐在门口。

住筒子楼里的人习惯一进门就急着把门关上，但他进来之后，把门留了一半，我就跨过去把门关上。聊天的时候，他频频去看那个门，说"习惯了"。我估计是他在监狱里待着的时候，总是要去看有没有狱警过来。

他还讽刺我说："其实差不多，你不过是'大号'里的人。"他的意思是，他曾经在监狱里是蹲"小号"，而我在机关里是蹲"大号"。在当时的中国，每个人都相当于在"号"里，没有什么自由的市场体制环境。民营企业最初的个体户，其实大部分都来自这些曾经不怎么自由或者失去过自由的人，他们活着是因为我们的体制把他们踢出去了。在他们的那个年代，连注册公司都不行，他只能到深圳这个相对自由的地方买卖一些比较畅销的商品，比如尼龙袜、清凉油，最后活了下来。

1991年的时候，有了一个新的更自由的环境，我们已经可以注册公司了，只不过不太方便，都要通过公家盖章才能注册下来。1993年改制以后，有了《中华人民共和国公司法》，才允许私人注册公司，更重要的是，这时候可以借到钱了。我记得和创办企业的朋友一起聊天时，印象最深的就是公司创办第一年借钱的事情。现在是有钱才能当老板，但在当时是倒过来的，想当老板的都是没钱的人；现在的人可以将知识产权、技术折成股份而成为老板，而当时的资本来源主要是靠"借"。但那时候，中国民营企业没有人投资，资本来源是最大的问题。所以，从1993年以后，我们可以陆陆续续找朋友来投资。

但那个时候，人们还不知道上市这回事，直到1995年上海发生"宝延风波"，宝安集团收购延中实业，大家才知道资本市场，中国资本市场的故事也就这样开始了。中国的民营企业也才知道，不仅可以自己办企业，还可以发行股票，股票还可以买卖，最后可以被收购。后来，我们也去收购东北华联，然而没有成功。但是我们仍然不知道如何科学治理公司，这种状态一直保持到1999年以后。

什么时候公司治理变得越来越重要呢？那就是认识田溯宁之后。当时，田溯宁在美国创业，我们对他做了一点投资。没想到他回到国内要融资的时候，一股的价格是18元。我们当时不懂，觉得哥们太不够意思了，我们是最早投资他的，结果现在公司还没做什么，就要18元一股。他说在美国都是这样的，这叫"公司估值"。最后谈不拢，我们就撤资了。然而我们就此知道了公司可以这样来算，有天使投资、风险投资、PE、上市等一套。田溯宁是当时第一个回国创业的留学生，亚信也是第一个在纳斯达克上市的中国企业，亚信上市时田溯宁也成了中国首富。这时候我们才知道，公司要好好治理，不是说集合了一帮人，有人投钱、有人挂名做老板就可以了，不能像土匪一样。

那时候公司很多，但好公司很少。当时在海口这个不到50万人的城市，就有3万家公司。有一次在海南聚会，桌上点了很多土特产，我就喜欢胡说八道："海南就两个土特产：第一是皮包公司的老板，第二是娱乐场所的'妈咪'。"结果有一个哥们说："哎呀妈呀，那我们家齐全了。我是皮包公司的老板，我媳妇以前是娱乐公司高管。"然而这些东西和资本市场没关系，而且和田溯宁留学以后带回来的公司管理方式相比，味道实在是差得太多。

所以，1999年以后，中国越来越多的民营企业明白了，企业活下去首先要靠公司治理，其次要在资本市场拥有真正的价值，要吸引更多的后续投资跟进，这样才能上市，才能活下来。

回过头去看，我们活下来的方法都不一样。当年的老炮儿在不自由的环境下，是靠局部的小自由活下来的。后来的很多民营企业活下来，靠的是权力、特别的资源、机会，比如靠爹，靠二大爷给一个批文，靠三舅给一块地，当然，更重要的是一个宽松的法律环境。再往后，像田溯宁这样的留学生回来创业，在一个与资本市场逐渐融合、持续创富的时代环境里，第一，要靠规范的公司管理方法；第二，创业者要有非常好的企业家素质；第三，资本市场要持续给一些支持。当然，田溯宁当时的资本市场只局限在美国，但从2000年以后到现在的十几年间，国内的资本市场又大大往前迈进了一步。现在美国的中概股都想撤回国内，他们在美国的估值如果是5～7倍，在中国就可能是三五十倍。也就是说，中国的资本市场不仅能给他们提供资金支持，还能有效地放大他们的财富效益。

有了资本市场以后，我认为中国才真正出现了阳光下的富人。之前也不是没在阳光下，只不过那个阳光比较小，能照耀出来的部分需要你自己说。资本市场阳光下的富人，不需要谁说，他一个企业卖了多少股票，套现了多少，交了多少税，大家马上会知道。真正好的制度不仅能够持续创造财富，更重要的是财富分配过程中也变得合规合法，大家在阳光下积累财富，同时完成梦想。所以，今天我们看到有人拿到A轮、B轮融资、上市，或者卖掉手里的股票后，一夜之间会有很多套现，变现以后买房子、买车，即使买飞机都没人管你，这些就是现在活着的依据。

我们回过头去看，活着这件事情非常开心，因为什么呢？活着都不害怕，还怕死吗？过去，中国人讲：死都不怕，还怕活着？因为当活着比死难受的时候，人就会选择死。反过来也一样，当死很恐惧的时候，人就会选择活。对民营企业来说，如果还没找到不活着的理由，那么这是被动地活着。此外，还有一种是主动地活着，就是用创业和服务社会来增加生命的意义，所以不想死。这就让活着变成了一件有意义的事，对谁有意义呢？对别人有意义，也提升了自己。

这20年来，民营企业面临的环境越来越好：第一，整个法治环境越来越完备，越来越清晰；第二，自由度越来越大；第三，我们可以自信、坦然地接受并消费自己所创造的财富。

最后，我们为什么还活着呢？因为我们看到了很多人——更多的小鲜肉、更多的年轻人比我们活得更轻松，未来可能也会活得更好。我们的预期比过去任何时候都好，这样我们才能活着。年青一代给我们展现出更加自由美好的未来，给了我们所有50岁以上的人活下去的坚定信心。企业年龄会大，但我们的身子可以保持年轻，我们的想法可以年轻，这就是我们活着的依据，就是对未来所抱有的希望。对未来的期盼会让我们所有人活得更加坚定，更加充满阳光，我们也会坦然地接受中国梦。

宋立新：我们从冯仑的话里面感受到越来越多的正能量，我们要比当时的主人公活得更具有正能量。

刚才冯仑给我们叙述了中国民营企业的开始和发展，贯穿始终的就是资本，资本像《活着》里的馒头一样，串联起整个企业的生存状态。马斯洛指出，人的需求有五个层次：第一是活着，纯粹的生理需求；第二是安全感；第三是归属感，很多人把中国企业家这些年的移民作为归属感破碎的总结；第四是尊重的需要，很多人认为中国民营企业家的被尊重是用财富做的一个交换；第五是自我实现的需求，是理想和残酷现实的博弈。从马斯洛的模型来看，你觉得中国民营企业家现在处在哪个状态？

冯仑：我觉得哪个状态都有，比如，武克钢就是最高层次；如果是刚创业的企业家，那应该是第一个层次。不同阶段的状态是不一样的。

宋立新：中国企业家群体为什么现在活得好？

冯仑：我觉得企业家都有特别乐观的一面，把丧事当喜事办。

宋立新：马云在演讲的时候告诉大家一个坏消息：中国经济形势不好，而且会持续不好；同时也告诉大家一个好消息：你不好的时候，所有人都不好。

冯仑：对，这就是乐观。

宋立新：用你的乐观精神来判断，当时成立的民营企业的存活率有多高？

冯仑：比如，海南当时有3万家公司，活下来的有三五百家，但是从存活年头来看，能活二三十年的企业有三五百家，这样的存活率就相当高了。现在即使在美国，能存活5年的企业比率也不超过7%。这就相当于你嫁人了不等于幸福，办公司了不等于成功。

宋立新：从这个角度来看，中国的民营企业都还很稚嫩。百度15年，阿里巴巴16年，腾讯17年；再老一点的民营企业，比如万达和华为，也都是二十六七年的时间。和国外企业的发展历史相比，我们其实还是很年轻的，不必担心老的问题。你真觉得自己老了吗？

冯仑：我觉得没老，所以提醒大家要更好地向年轻人学习。因为进入互联网时代之后，代际差别、更替的时间在缩短，永远都是老的向小的学习，现在向未来妥协，旧的向新的看齐。如果做到了这几点，我们也不用担心代沟了，就会永远活在当下，活得年轻，活在未来。所以，我认为民营企业只要处在创业过程中，都不存在老的问题。柳总（柳传志）已经70多岁了，如果参加体育比赛会觉得年龄和体力上吃不消，但是如果谈企业竞争、企业发展则一点都不老。

宋立新：刚才冯仑给了我们三个活下去的信心：第一，资本比以前更充裕，资本的属性变得更多样化，对民营企业的歧视大大减少。第二，生存环境比以前好，整个企业家的生存状态比以前好。第三，在法治环境里，政策的不确定因素减少。那你觉得我们现在面临的最大死亡威胁是什么？

冯仑：最大的死亡威胁还是资金的枯竭。对于我们这些有了二三十年寿命的公司来说，死亡都是因为政商关系，而新创业的公司大部分是因为商业模式、团队、客户以及市场等出了问题，资本烧完，油灯就灭了。第二个威胁，我认为是创业者本身的企业家素质。不能在创业过程中和团队进行很好的合作，这也是相当多公司在创业初期死亡的原因。第三个威胁就是价值观的问题。有些企业在刚创立的时候就总想着走捷径，或者通过不正当途径牟取特别利益。

不管怎么样，现在导致企业死亡的因素和过去的政商关系比较起来，已经显得越来越突出。换句话说，政商关系已经不是导致现在创业公司死亡的一个最主要的原因。

宋立新：您刚才用了一个词——"活在当下"，你觉得你的企业始终和时代的节奏相吻合吗？

冯仑：房地产一直处在市场变化当中，一直在持续地发展。我们活下来的企业一定是在面对市场的变化包括竞争格局的变化，需要不断地调整、转型，或者是再出发，这样才能够在竞争中生存下来。所以，企业都活在当下。

宋立新：大家说，在中国面临死亡威胁最多的行业就是房地产行业，你觉得2016年房地产企业的死亡率会很高吗？

冯仑：中国有7万家房地产公司。死亡其实分两种：一种是正常死亡，另一种是非正常死亡。按正常来说，GDP达到人均3万美元以后，基本上10%的房地产企业会存活下来，这是正常的。死亡率最高的不是房地产，是餐馆，我不认为2016年是房地产死亡率高发的年头。

同样，现在房地产已经不是热点问题了，房价也在恢复正常。东北每年净流出人口将近200万，怎么能指望房地产持续支撑这里的经济发展？当这5个指标发生变化以后，房价就会逐步平稳：一是人均GDP超过1万美金；二是新旧房的交易比例为1：1；三是城市率超过50%；四是人口净增长趋近为0；五是地方的经济成长率、就业率。这些综合起来看，中国大部分二线城市的房价都已经到了比较稳定的时期，不会有暴涨的机会，也不会有断崖的机会，基本上会维持在一个比较稳定的阶段。

宋立新：上次与冯仑聊天时，他说如果能把房地产业变成服务业，人会活得越来越好。我们认为，目前很多房地产商的战略就是围绕着这个方向，也是在按照这个方向转型。

冯仑：房地产过去是制造业、开发业，当住宅的供应、商业等慢慢增加以后，房地产行业的净增利润就会转移到运营、经营和细分市场。所以，下一轮房地产的发展是细分市场和运营服务，用服务带动开发，看中的是每平方米的租金回报以及各种各样的细分市场，而不是开发的面积和销售的价格，竞争会越来越激烈。

武克钢：现在的民营企业家是不是活得很乐观？

冯仑：是很乐观。我们可以看在工商局登记的新注册企业数量，如果他们不乐观，这个数量怎么会增长？你觉得不乐观吗？

武克钢：我是谨慎的不乐观。我过去对中国的形势是谨慎的乐观，但是对目前的形势是谨慎的不乐观。为什么会有今天的民营企业家？30年前，大批中国人为了活着，到香港去，很多人也倒在了那个海湾里，于是出现了中国的改革开放，使中国成为全世界第2位的经济体。我们为什么总是纠结于"活着"这个话题？

冯仑：20多岁的人不会想这个事，直接进洞房，该生就生，该养就养。任志强可以来说下我们为什么活着。

宋立新：冯仑认为中国的民营企业活得很好：因为现在的自由度高，资本比以前充裕，法治比以前健全，因为不确定因素，死亡的概率也比以前小了。武克钢认为有点矛盾：如果民营企业的生存状态很好，那我们为什么还就"活着"这个基本的生存状态来争论？

任志强：春节我看了一本书——《米塞斯的社会主义》，看完以后我觉得我们是得"活着"，虽然"活着"非常难，但只有努力"活着"才能把社会主义做好。社会主义在1922年被提出来，全民所有制经济随之

出现，但米塞斯当时就预言全民所有制经济会失败。中国用30年时间证明了米塞斯预言的正确性，于是十八届三中全会特别提出，我们要承认社会主义计划经济是失败的，市场决定价值需要成为改革的重点。邓小平全面打破计划经济，允许民营企业生存和发展，这是一个"摸着石头过河"的创举。从此在中国，私人企业可以存在，民营企业可以存在，于是，中国30年改革取得了成功。

但如果倒过来，中国的社会主义继续推行计划经济和全民所有制，不允许民营企业存活，那社会

主义最后也一定会失败。在世界历史上，社会主义有八种体现形式，其中包括希特勒的社会主义、墨索里尼的社会主义、列宁和斯大林的社会主义，还有中国的社会主义。但中国的社会主义和其他社会主义都不同，前者允许私有经济的存在，打破了计划经济，允许我们过得越来越好。

然而中国也存在一些问题。比如，所有的经济都依附在土地上，而中国没有解决的恰恰是土地私有制的问题。虽然现在我们可以很容易地在工商局登记注册企业，积累自己的财产，而且中国没有财产税、遗产税、赠与税等，但是所有人都在疑惑，现在商品房的产权是50年、70年，甚至更短，那么50年、70年过去后，这些商品房的产权归谁呢？于是，很多人跑去美国买房子，因为美国的房子有更长的产权期。这可能是改革过程中出现的问题，改革打破了我们最早的计划经济体制，也产生了一些新的制度，但这些新制度还在继续改革，没有达到最终的结果。现在武克钢担心这个结果能否出现，担心半路夭折，所以大家讨论"活着"，能不能在活着的时候看到那个美好的结果是大家所担心的。如果能活到那个时候，大家就会觉得改变了现有的状况，能够继续生存下去了。

我们看到，2015年大量的资产被转移，也有很多人跑路。为什么？当大家认为活不下去的时候，肯定就跑掉了；如果认为还活得下去，那肯定就不会跑。我不赞同冯仑所说的——注册的企业越来越多说明我们活得越来越好，我觉得要活着就得注册。比如，潘石屹人在国内，公司也在国内经营，但公司的所有权在外国，这可能就是另外一种活法。所以，我觉得大家应该讨论的是用什么样的办法活得更好一些。

宋立新：私有制是中国特色社会主义的活力源泉，民营企业的活力能不能持续下去，并不在于现在私有制企业注册的数量，而在于其生存的质量、发展的质量。

陈东升：我还是赞成甩掉我们这些老企业家的包袱，年轻人活得愉快就是中国未来活得愉快。

宋立新：很多年轻人可能不会看余华的《活着》，因为跟他们的差距太大了。那时候我们看他的书想到的是馒头，而他们现在想的是减肥，这就是代沟。

钟玉：你觉得中国民营企业继续活下去应该把握的关键要素是什么？

冯仑：对创办人来说，服务企业30年乃至40年确实是一个很大的挑战，因为会面临自然年龄的限制。最近我在想，究竟应该怎么度过企业的"更年期"？人的更年期有医生照料，企业的更年期不等于死亡，但活的状态需要改变。

第一，对像泰康这样的企业来说，政商关系还是继续活下去的一个很重要的因素。企业存在的时间足够长，各方面的环境对企业的牵制和企业对环境的依赖就会越大。小企业以及刚创办的企业就不存在政商关系的问题。第二，对创办人来说，我们怎么让自己先改变也很重要。因为如果创办人不能改变，那么公司想改变是不可能的，改变自己也是企业能不能活下去的关键。改变自己的意思就是要适应当下科技、法治和竞争环境的要求。第三，治理结构。很多公司出问题都跟治理有关系，比如，我在上飞机之前看到了一些关于中国台湾公司的故事。台湾老一代人基本上都有几房太太，有的人在公司治理上把股份给大房，把责任给二房，结果这样一来，二房儿子当着所有人的面打开遗嘱一念，立即由副总变成总裁。结果念完以后，大房的兄弟们不干了，二房的儿子说这是法律，于是就开始治理上的混乱，开始打官司。所以，治理很重要，要想把公司治理好，老婆就要少。上面说的是玩笑话，实际上，公司治理涉及很多因素，最近万科的股份问题也是因为之前治理没有设计好。

宋立新：刚才冯仑说，中国民营企业的出生率比以前高了，那么存活率是否也比以前高了呢？

钟玉：我不认为会很高，虽然中国的法治环境变好了，但是我们已经进入信息时代、全球化时代，企业面临变革和创新，可能半年不创新，这个企业就消失了。我们做高科技的，每天都如履薄冰，跟不上社会发展的步伐就活不下去。像诺基亚这么大的企业都可能瞬间倒塌，所以，在全球化、信息化的时代，企业生存会更加艰难。当然，中国有巨大的市场，有巨大的生产能力，现在我们的法治环境也非常完善，所以乐观是存在的，但是挑战也更加艰巨，尤其是民营企业。

宋立新：成熟市场和新兴市场在这方面有区别。

任志强：10年前，据统计世界500强存活的时间是7.5年，现在是4.5年，变化这么大就是因为新兴产业发展速度变快，所以，传统产业被新兴产业替代的速度也更快。中国的情况是始终会有新的东西和行业出现，但这并不代表新出来的东西都会存活，这也不代表没有存活下来的就会从此消失，他们会找一个地方重新再来，于是又出来一大堆公司，经过完淘汰留在最后的才是最好的。

冯仑：我觉得大家一起开开心心地思考一个稍微沉重的话题，这本身就是一个当下的写照，说明我们虽然活着很困难，但是不缺少活下去的信心。

宋立新：——而且活下去更快乐。

冯仑：只要大家把丧事当喜事办，就会永远快乐。

宋立新：冯仑的观点是永远要保持"小鲜肉"的心态。今天是2月19日，一个伟人（邓小平）离开的日子，我们在这里讨论这样一个话题，实际上也是在讨论中国改革的希望。改革不死，民营企业才会活得更好、更鲜活、更快乐。

中国民企的未来

　　"中国民企大思考"是对年会主题"企业家信心与动力"的回答。产权、所有制、激励机制——过去困扰我们的这些问题，未来也许依然是困扰。除了这些制度背景，答案也许还应该包括企业家的自我更新、内在修为等。老一代企业家将与互联网一代同台共话，这本身就是对30多年里艰难成长的企业家精神的最好纪念。

　　在2016年亚布力年会上，就中国民企未来的发展、企业家精神等问题，泰康人寿保险股份有限公司董事长兼CEO陈东升、赛富亚洲投资基金首席合伙人阎焱、中泽嘉盟投资基金董事长吴鹰、卓尔控股有限公司董事长阎志进行了深入讨论，亚布力中国企业家论坛特邀主持人敬一丹主持了该场讨论。

敬一丹：我们之前讨论的话题是"活着"，这个词听起来是中性的，

但是也令人纠结，阎先生对此如何理解？

阎志： 确实很不容易，大家现在的生存能力很强。我从1984年开始创业，到现在也几十年了。中国民营企业在未来一两年确实会遇到很多问题，在这个时候提出这样的命题，既是一个提醒，也是一个预测，或者是一个帮助。

敬一丹： 我们今天讨论的是制度和个人的问题。把这两个词放在一起，我觉得后面这个词很无力，既然制度这么刚性，个人还能有作为空间吗？我们还能做什么吗？

吴鹰： 每一个在社会里生活的人，和国家的制度都有很大的关系。社会制度是由国家领导人制定的，我个人觉得是在向着好的方向发展。任何一个人要改变社会制度是很难的，整天抱怨制度也是没有意义的，但我们可以把企业做好，做该做的事情，一些具体的企业制度我们自己是可以改变的。所以，"活着"是一个很重要的战术，活着就有希望，而死是一个句号，一切都会消失。企业家为什么喜欢亚布力这样一个环境？它是一个思想碰撞的地方，对我个人来讲非常有意思。

敬一丹： 阎焱，你经常会遇到制度的约束吗？

阎焱： 我们会遇到各种制度上的约束。从广义来看，法律会对企业有所约束；而从狭义来看，从企业家的角度，"活着"话题本身就折射出外部环境的变化。改革30年以来，我国出现了两个方面的调整。第一是政策制定者对国退民进和民退国进的认识。在国企改革上，国企很多方面不是在减弱，而是在做大、做强，这是原因之一。从现实来看，则是典型的二元经济。从我们投资人的角度来说，表面看上去一片光鲜，热闹非凡，营造出"双创"的大环境；但实际上，实体经济中的很多民企其实处在非常艰难的情况之下。目前来看，我们对工业4.0的需求应该是强过互联网+的，即使是在热闹的互联网领域，也有大量的公司在倒闭。比如互联网金融，2015年仅仅在上海就有890多家互联网公司、P2P（Peer-to-Peer，个人对个人）公司倒闭，最典型的就是我们办公楼下的易租宝——900多亿元的资金拿不回来，云南的泛亚同样也有600多亿元的流失。而这仅仅是比较大的例子，还有更多小公司可能是我们不知道的。就像王石说的，1992年有无数人下海经商，但现在幸存下来的有多少？恐怕小于1%。回顾过去30年的历史，我们企业的成功概率就是在1%以下的。所以，即使是外部环境在改变，有国家政策辅助和倾斜，我认为创业成功的概率也不会提高。历史上没有证据能够证明外部宏观政策可以提高创新能力。

敬一丹：我觉得大家都在思索，阎志把你自己的想法和大家再分享一下。

阎志：政策的不确定性是一个常态，特别是在我们转型的时代，每一年都在讲，我们要去适应，这是第一点。第二点是在制度面前，作为一个个体，作为一个企业，大家还是要调整心态。在现在这样的环境下，我们要调整预期，让自己的内心坚硬起来，有些时候麻木起来。如果没那么清醒，我们可能会幸福一点。预期高的，可能要有一点成功才是幸福；预期低的，可能日子过得去就是幸福。因此，在特殊阶段，每个时期、每个环节调整一下自己的预期，把自己的梦想稍微减少一下，多休息可能会好一点。这就像春天的时候我们快乐一点，夏天的时候出汗多一点，冬天的时候在屋子里待着，每个人的感受是不一样的。

吴鹰：我觉得阎志讲的是一个方式，但是我们都不应该被动地去接受现实。我要讲的事情是关于互联网的问题，因为我从事过这个行业。有很多人在互联网行业投入多年，虽然现在互联网看起来很火，但当中有很多的酸甜苦辣。据我了解，我们最高领导人收到的关于互联网的报告，10份中就有7份是负面的，报告认为互联网会非常严重地危害国家的安全。国家安全是比其他任何事都重要的大事，如果证明某个行业对国家安全是有

威胁的，那么这个行业就不行了。国家安全都没了，还得了吗？到了那个时候，大家都必须接受这个现实，不再做互联网。

然而我们认为，互联网拥有先进的生产力，对我们的国民经济发展、创新、创业都有着强大的驱动力。只有让技术快速地发展，在达到很高水平的时候，这个国家才是安全的，互联网也才是安全的。我个人觉得，下一个互联网+主要的应用是大数据和云计算，这都得益于互联网的驱动。在这当中我们是领先的，上一次最大的受益者、领先者是别人，这一次很有可能就是中国。我们有非常好的国策，这个环境是非常好的。然而我们要怎么做？是不是要对它过度管制？我个人认为不应该如此。那么应该怎么做？包括P2P，我觉得到目前为止国家采取的措施都是对的，后面怎么做还要继续观望，这也涉及企业家个人的修为。企业家作为一个群体，可以互相帮忙，互相鼓励。大家应该合在一起，一个人很渺小，大家一起就很强大了。

现在的中国，有些东西在互联网上炒一炒就热了，但也有缺陷。所以，我觉得还是要主动做一些事情，不要太消极。

敬一丹：今天的关键词是"变革"。"变革"意味着有局限，有缺陷，有空白，有滞后的地方。在这方面，企业家能做什么？

阎焱：从经济学角度来看，我们在研究生存经济学和发展经济学的时候采用的是完全不同的假设。人的行为是完全不一样的，企业也是如此。在我看来，在中国的环境下，我们不需要关注国家政策的倾斜。因为对很多企业来说，首要的事情是生存，而在这个阶段，国家的宏观政策、外部制度和他们并没有太大的关系。如果一个企业家每天早上的第一件事情是看国家领导人讲了什么，这是很奇怪的。在美国很少有企业家每天早上起来看奥巴马说了什么，日本和欧洲也是如此。只有在中国会出现这种奇特的现象，当然，这和中国的政治体制有关系。我们要从计划经济转变过来，而企业已经完全适应了计划经济时代的制度，如果现在进行制度下的变革，很可能因一时不适应对企业造成巨大的伤害。然而与之成为矛盾的是，现实中的中小企业又与外部环境和制度变化没有紧密的联系。能否生存，是否会失败，这当中的决定因素是你是否是一个好的企业家。一个企业的生存和发展，99%和企业经营有关，1%和政策有关。企业在做大了以后，更多要考虑企业未来的事情，因此才不得不关注世界政治经济的变化。但在中国，很多人养成了习惯——做不好就推卸责任，这是不应该的。

陈东升：阎焱的观点讲过很多次，我也是赞成的。但是，从另外一个角度来看，创业还需要机遇。美国过去100年的经济增长也经历了3个风口，是在3次叠加下逐步完成的。美国的南北战争后，国内形成了统一的市场，美国开始赶超欧洲，我们现在的发展也有点像那个时候的美国。当时欧洲感觉美国人在搞阴谋，抢占了他们的市场，这也和我们今天的现实有几分相似之处。工业化浪潮和城市化浪潮带来了重化工业，诞生了以石油能源、汽车制造为主的钢铁大王、汽车大王。

战后，美国的经济繁荣发展，出现了连续十几年的经济增长——这就是今天我们讲的消费时代。工业时代结束后，在消费时代中又诞生了一批企业家，比如卡耐基、洛克菲勒等。消费浪潮推动了美国经济持续的高增长，好莱坞、迪士尼、麦当劳都诞生于这一浪潮中，所以说消费产生一切，消费浪潮是一个过程，进程中不断发生重组的情况。比如，从计算机到互联网，就是新的技术革命对产业进行重组；产业的升级转型、技术革命的重组就是风口叠加，就会迸发出更多的创业机会。在这些机会中，一定会有一批伟大的企业家和企业诞生。

互联网、大数据产业重组对"双创"来说是一个巨大的机会。中国这一波的创新、创业浪潮及消费时代的到来，一定会促进超过BAT、超过马

云的企业家出现。我坚定地看好年轻人，看好未来。

阎焱：关于"双创"，我们要思考的是除了政府大规模做主导基金外，有没有更有效的方式来提高中国最需要的创新，而不是简单的重复。比如，在安徽省，做一个2000亿元的基金，地方政府出20%，中央银行发7年的债，6%的利息，由地方政府做担保。但这2000亿元的债提出了很多的附加条件，比如钱必须要投在安徽省内，另外管理费先提1%。这样的结果是一流基金不会进入，剩下的是临时班子组织起来的三流、四流、五流人把钱拿了。钱投出去了，但是7年以后能拿回来多少？没有人承担这个责任。我们做投资，最希望大家创业，但是我们要考虑的是怎么把钱用好，不要以搞运动的方式"双创"。

吴鹰：这些年我们看到一些企业家消失了，这其实是和自身修为有关系的。

阎志：这两天大家都在转发马云和刘强东的一些观点，通过这些观点我们发现，他们更多地关注技术的转变、继承人问题，以及制造业拥抱互联网的问题。大家对此很关注，我觉得这是对的，企业家还是要做好自己的本分，把企业做好。圈子的交流也需要传播这些很具体的东西，而不是宏观的东西。

阎焱：个人修为与企业能否做好，包括创业成功与否，有极大的关系。品行好的、有能力的人，即使是夕阳企业也可以赚钱；品行不好的，即使是大家认为很好的行业也可能做得很差。过去很多企业，在媒体采访的时候就把自己说得特别"高大上"，回去却干一些偷鸡摸狗的事情。个人修为是企业能否做好的关键。做投资，首重人品。有些人你见他一面就会有一种感觉，口袋里的钱到他那里去，是永远回不来的——这种事情很多。媒体看到投资人都觉得"你们怎么这么会赚钱，投一个项目就赚钱"，但是我们牙往肚子里咽的事媒体并不知道。我们也有赔得稀里哗啦的时候，只不过不好意思说。中国人的习惯就是愿意讲过关斩将的宏伟业绩，而不会讲败走麦城的惨痛经历。

陈东升：回到我们今天的主题，首先我想说的是，活着是大前提，活着就有未来和一切，才可以想东想西。企业家的内心世界很强大，现在经济形势下降，我们需要采取各种措施应对挑战。越是困难，企业家就要越坚强，越勇于挑战。信心和动力，也正是中国企业家的精神所在。

关于个人修为，我觉得首先是社会责任，关心政治和社会变革，关心宏观经济。虽然我们每个人的生活背景和教育背景有区别，但中国几千年的文化所提倡的就是"修齐治平"。我是毛主席的"好孩子"，是邓小平的"好学生"，是江泽民的"好战士"，这是对我个人人生的解读。虽然社会在发生变化，但是我受到的价值观教育，以及社会主义、英雄主义、集体主义、为人民服务等理念都不会变。我们作为企业家，除了社会责任，还有对家庭、孩子、员工、高管的责任，这是双重身份的叠加。

修为和企业制度的关系是什么？在2004年亚布力年会的时候，我讲过"创新就是率先模仿"，后来这句话被媒体用到了。我当时还讲了"用计划经济的余威去开拓新产业"，也是在讨论保险牌照的问题。保险牌照很重要，但是因为没有用过，大家都不知道该如何审批。我20年来所坚持的就是"两化"，即专业化和市场化。这是由市场造成的，在今天成了"三化"——专业化、规范化、逻辑化。我当时拿了牌照，一直在坚定地做事情。企业家大事要敢想，小事要一点点去做，我们的成功来自别人。做保险有8年不赚钱，最多是赚一点小钱，但是坚持20年到今天就不得了了。泰康现在真正达到了万亿资产、千亿保费、百亿税费的规模。20年的时间里，我们吸纳了1亿多的客户，建立了近50万员工的销售团队，以及4200个销售网点。我们一直像啄木鸟一样在扎扎实实地做，这也是一种修为的力量。通过这些事，大家会逐渐认识到陈东升是一个老实做事的人，是一个讲品牌、做市场的人。我对于自己的评价就是执着地坚持专业化和市场化，对专业化甚至有一种情怀般的崇拜。

人生的道路没有第二次，我们第一代企业家走上了正确的道路，这中间也犯过错，但我们是真诚的，无论对错与否，这都是现实。我教育自己的孩子时，希望他们能够好好学习，这就是对我最好的报答。我们这一代企业家都有很重的国家情怀。一代人做一代人的事情，每一代人都有自己的使命和文化，不要想着把上一代的事情留给下一代去做。修为、价值观、坚持这些基本的东西是不会变的，我也坚信我们的下一代人能够做好。

我们对市场的敬畏之心是不能动摇的，因为市场是伟大的。而规范实际上是一个道德准则，这些都是在20年的企业经营过程中感悟出来的，从书本上是学不到的。企业的治理结构决定着企业的一切，企业的根本经营也是来源于此，它决定着所有企业家的命运。而企业文化则是这些兄弟、员工长期共事过程中形成的共同的价值观，做对的事情，对和错的后果大家共同承担。有了共同的价值观之后，这种价值观又形成了第二个结构，就是行为准则、道德规范、行为标准。

阎焱：对于下一代人，我过去也觉得他们更完美，未来一定比历史要好，但逐渐我发现事实并不是这样。比如，我一直苦于自己的书法不够好，花了很多时间练习，但我永远不可能超越王羲之，周围的人也没有人能够超过他。我们也做过统计，创业成功的人的年龄大部分在30~38岁的范围内，大部分都是在第三次创业之后成功的。换言之，刚走出校门的时候开始创业是不大可能成功的。回想我20岁的时候，什么都不懂，只有一颗火热的心，有用不完的能量，像牛一样，横冲直撞，每天都要把自己的力量发泄掉。年轻的好处在于没有太多顾虑，不受制度性的约束，这是好的。但从另一个角度来看，不能盲目相信下一代人一定比我们要好。自然界遵从进化的规律，改变人类的基因是很困难的，需要相当长的时间。

而关于民营企业，这里可以举一个例子。在美国高速公路上有很多人飙车，车速有200迈，他能在美国公路上飙车也就说明他可以在世界上任何一个国家的公路上飙车。如果在中国能把一个民营企业做大，那么也可

以在世界任何一个市场上把企业做起来，这与上面的道理是一样的。但是有一点，我们到硅谷去看，那里的企业家创业比我们要容易。因为我们鼓励年轻人去创业，但执照问题就让人焦头烂额，而美国不是这样的。亚布力论坛在我看来不是代表中国绝大部分的企业，它是代表中国民营企业的精英。一个社会的进步主要靠精英，不是靠老百姓，95%以上的大众和历史完全没关系，是可以被忽略的，决定历史的一定是精英。

敬一丹：我们台上的嘉宾有没有什么话要集中阐述的？

吴鹰：关于修为，我个人的理解就是修养和行为的意思。关于修养，在一些场合大家对此不太注意。很多人认为世界上只有一个苹果公司，颠覆了手机行业。其实乔布斯也有很多的缺点，他不是一个完人。但是他有一个素质是我们很多企业家所没有的，就是他艺术上的高度。他做了很多非常好的颠覆性产品，这不仅仅需要眼光，还要有很好的艺术修为。很可惜我们没有机会接触这些，所以，我觉得就企业家的个人修为来讲，艺术修为是非常重要的，特别是对制造业企业、做具体产品的企业、产品设计的企业更重要。

对于中国民营企业的未来，我个人还是非常有信心的，我是很乐观的。在中国能做成功的企业，在世界其他国家也能成功。三大互联网公司——BAT，它们的机会就非常多，比如马云的电子商务。我们可能在某些经济方面不太发达，但是在其他方面会不错，机会可能会更多。技术的发展促使下一代产品发展的机会变大。比如，4G技术、5G技术的普及成本只有当年2G技术的几分之一，之前建2G网络要花上万亿元，而建立4G网络、5G网络，费用少了，功能却要高很多，这就是因为技术进步了。

阎志："84派"也好，"92派"也好，他们有个共同的名字——英雄主义。英雄主义也是这批企业家坚持下来且把企业越做越大的根本所在。以前的一些条条框框现在没有了，对年轻人的约束没有了，导致他们的底线也可能变低了。说实话，我们现在的企业家，尤其是民营企业的内心很少有平静。2015年大家坐在这里讨论时也说形势会很好，而这一年下来还是遇到了很多问题。这里面有太多的不确定性和安全感的问题，所以，很多企业经营者内心的不平静随之而来。这时候，个人修为很重要，还是要自己想办法，不断调整，自己安慰自己，或者找到自己的宗教。

提问1：阎总也是一个诗人，我想问问做诗人和做企业家之间的修为有什么区别？有没有普遍意义？

阎志：诗我写得不算好，做企业也没做得太好。但是在诗人领域我的企业做得还算马马虎虎，在企业家群体中我的诗写得还不错——我经常这样安慰自己。写诗对我做企业还是有帮助的。我最早做广告，后来做实业和纺织，都是很传统的产业。现在在做物业，包括线上线下批发市场的B2B等。我觉得业务上如此大的跳跃，可能与诗人的跳跃性思维有关系。但是，写诗是比较注重感觉的，所以在理性方面我还是差一点，这是个人修为需要进一步加强的地方。

敬一丹：可以用诗的方式回答。

阎志：我这几天脑海里就有一句话——唯有大雪不可辜负。亚布力这么好的雪，我们不能辜负。

提问2：我是做公益的，我想知道：公益界如何能跟随企业家们走到非洲、拉丁美洲，在其他国家尽到我们大国的责任？

吴鹰：大自然保护协会是世界上最有影响力的保护协会，是美国第二大公益组织，有700多位工作人员，是科学家、志愿者、企业家结合的一个组织，现在重点从事气候变化方面的研究以及气候保护工作。大自然保护协会在中国做了一件事，就是由中国企业家成立了中国全球自然保护基金。这个地球是属于全人类的，不仅仅是中国人的。气候变暖的后果大家都很清楚，全球气温上升两度，上海、杭州、伦敦这些城市可能就都没有了，无数的人口就消失了。对于环境保护和公益事业，我们需要有全球的视野。马云和马化腾之间的合作也是先从公益项目开始的，他们都和大自然保护协会（中国）签署了协议，在中国组建了桃花源生态保护基金会。我觉得做公益项目，现在更需要在国内而不是国外进行。我们应该把更多的精力和资金放在国内，但可以把眼光放到国外，国外把资金给到专业的公益组织就可以了。

阎焱：很高兴你能提到有关公益的问题。讲一个真实的例子，我有几个学弟学妹正在运作一个机构，就是美丽中国。他们从哈佛、斯坦福这样顶尖的学校请学生到中国来，去往最贫困的山村进行支教，至少住在当地3年。我们已经资助美丽中国的项目5年了，我自己也亲自去云南的山村看过。现在他们不仅仅面向美国，也把中国北大、清华等高校毕业的学生请到教学项目中来。这是非常好的跨国项目，现在已经从中国拓展到印度和越南。我们也会继续支持他们，因为这样的组织是当今中国非常需要的，也需要我们的企业家去支持。

提问3：我是一名大学生志愿者，希望陈董事长可以再谈一下修养这个话题，同时给大学生们一些建议。

陈东升：作为企业家，我们需要重视的还有修养。这个词很宽泛，但实际上就是做人的标准和底线，哪些是可以做的，哪些是不能做的。还有什么其他要素？那就是文明。如果一个人不了解文化，不了解文明的历史，没有接受艺术的熏陶，不知道民族的文化瑰宝，是不行的。文化有着潜移默化的特性，年轻人应该在大学的时候多学习这些知识，培养独立思考的能力，提升人文情怀——我觉得这就是大学学习中最重要的三点。所以，我在武大捐了一个美术馆。如果大学生没有形成独立思考、自我判断甚至是反潮流的精神，我觉得不能称之为知识分子。

企业的出路在哪儿

文 | 李东生 TCL集团董事长兼CEO

如果讲信心，首先看宏观经济，无论是全球经济还是中国经济，在过去这一年中都很难说是很乐观的。中国经济算是相对较好的，2015年正式公布的GDP增长速度是6.9%，略低于指标。但实际情况如何？恐怕很难用这个数字去准确评估。我感觉，实际情况可能比官方公布的数据还要严峻一些。举一个最明显的例子，从2015年下半年开始，广东已出现比较有规模的企业的倒闭潮，这是在改革开放30多年中广东没有发生过的。我们的主要供应商中，大概是一两千人规模的企业，有3家企业在2015年倒闭了。当然，这对我们的业务也带来了一点影响。比如，企业倒闭后，我们放在他们那里的模具也连同他们的资产一起被封了，待查清资产后，模具才能被搬出来。

再看全球主要的经济体，2015年除美国的经济表现和预期的基本相同之外，欧洲和日本的经济表现都逊于预期。过去几年表现一直较好的新兴国家经济体，比如拉美市场，2015年也出现了非常大的动荡。因此，我们也出现了那么多年来比较少见的较大额赔付。虽然我们买了信用保险，保险公司给我们赔付了，但是对保险公司和我们而言都有很大的压力。因此，保险公司要收缩保险额度，对于一些风险大的国家，已不再受理出口的信用保险。2016年一季度，我们的出口订单很多，但是很多订单无法做，因为没有保险的覆盖。因此，从宏观来看，无论是中国经济还是全球经济，都处于严峻阶段。另外，从我们从事的家电产业来看，过去这一年的变化也非常大。

首先，从正面来看，中国企业在崛起。李小加的发言非常精辟，中国香港作为跳板，在直接投融资方面为中国的改革开放提供了很大的助力。但过去10多年，很多国外直接投资都直接投到内地，特别是中国入市之后，很多跨国企业也将自己的业务总部放在了上海或北京。过去这几年，借助国外资本、技术，中国企业自身也得到了快速的成长。

他们把我分到了"84派"企业家的行列，其实我1982年大学毕业就开始干企业，创立了这家公司。当年我们曾经仰视欧洲的飞利浦、日本的松下，对他们有着好像对神明一样的尊敬。然而现在，这些企业也都遇到了很大的困难。飞利浦基本上退出了消费电子产业，转去做医疗设备。曾经很辉煌的诺基亚、摩托罗拉、GE（General Electric Company，美国通用电气公司）的白色家电都分别被并购，美国的企业在消费电子领域的战略管理是最强的，但现在基本上已主动退出这个行业。欧洲和日本的运气就不够好了，比如最近炒得沸沸扬扬的夏普破产重组。夏普是半导体显示的鼻祖，其资产、专利技术所有业务仅值7000亿日元，比今天TCL一家公司在半导体显示产业的投资还要小。

由此看来，整个产业的全球格局在发生变化，中国企业的崛起改变了这一格局。未来，我相信中国企业一定会在这个领域及至全球市场扮演主导角色。未来10年或20年后，我相信会有更多的实业企业家能够很有底气地站在这个舞台上，和大家分享如何把产业和业务做到全世界的。

其次，对中国企业来讲，在我们这个产业的挑战也非常大。由于大量

外资进入，加上中国企业自身的成长，目前中国所有消费产品行业几乎都是产能过剩的。中国是全球最大的消费产品生产国家，无论是广义的消费电子产品，还是其他消费产品，百分之六七十都是中国制造，但当前全球已不需要或买不了那么多中国的产品了。过剩产能是目前中国实业发展的挑战和问题所在。因此，从理性角度以及许多经济学家的角度来看宏观经济或实体经济，都很难乐观。

2016年亚布力年会的主题是"企业家：信心与动力"。企业家是一个特殊的群体，企业家必须要有信心，企业家不能按照数字、分析那么理性地来看未来，但企业家在任何时候都要坚信一定是有出路的。我们要解决的问题，只是如何找到出路。

第一，我们希望参与推动中国新一轮的经济改革。把内需市场做大是中国经济和中国企业成长的主要动力。这几年，政府也一直在围绕这个目标不遗余力地推进，但方法效果不一。以政府对推动整个中国经济转型发展、扩大内需所投入的资源来看，如果应用得更得当一些，其产生的效益应该会更好。当然，这是政府和经济学家要更多考虑的事情。

作为企业家，要考虑的是如何把自己的事情做好，实现自身的产业转型、升级。过去，中国企业主要是靠效率、速度、成本控制这三个法宝来推进自身的发展，建立竞争优势。今后，这三样东西依然要保留。但是，仅有这三样还不够，我们一定还要提高产品的创新能力。2016年，在我们公司内部的工作报告当中，我非常坦诚地与团队分享了一个观点：从全球销量来看，TCL彩电名列第3位，TCL手机名列第6位，但如果按销售额来算，我们的排名要比这个靠后很多。这说明什么？这说明产品的创新能力和价值不足。因此，我当时说，拼成本、搏效率是没有出路的。我们2015年就已提出这个观点，未来3年，我们会把提升产品创新能力和价值作为主要的改善目标。

第二，"互联网+"。之前，我们更多的是产品制造公司。未来，我们要把互联网的观念、应用与各种智能终端产品应用更好地结合起来，创造出新的领域；另外，要根据整个产业、市场发展的趋势，开拓一些新的、有前景的业务。

第三，国际化。既然中国有这么强大的工业产能，我们就一定要把产能优势在全球更多的市场中转化成我们的产品销售优势。2015年，TCL的销售额是1045亿元，其中约47%来自海外市场。未来，我们希望这个比例能够达到50%~60%，因为从全球市场来看，我们所占的份额还很小。如果能在一两个主要国家涨1~2个百分点，我们全球的销售额就可能提高10个百分点。

企业家在任何时候都要保持信心，而且要坚忍、有决心。在我们公司2016年的工作报告中，我讲了一句话——"进一步刀光剑影，退一步万丈深渊"。在这种挤压式的竞争中，在这种大格局下，你一定要有决心把对手干掉。在竞争中，优胜劣汰是一个自然法则，你一定要让自己成为强者，告诉你的同事和伙伴，你没有退路。

"进一步刀光剑影，退一步万丈深渊"，只有努力往前走才有未来，这就是我们的信心和决心。

不能再"后知后觉"

文 | **王石** 万科企业股份有限公司董事局主席

今天我们又相聚亚布力，晚上吃饭的时候我们还提到了多年前的一个故事。第3届和第4届亚布力年会的时候，广昌带了一瓶礼炮——50年的威士忌，专门为我们坐而论道，没想到我跟广昌针尖对麦芒，一个是专业化经营，另一个是多元化经营。实际上，那时候万科已经转向专业化，在那之前万科是典型的多元化，而之所以转向专业化，是因为我们已经走了一大段弯路，比如最开始我们卖玉米、做鸡饲料，这是我想说的"后知后觉"的第一点。

强东刚才讲要简单快乐，一半的传统企业可以考虑卖掉。根据我的经验，成立企业比卖掉企业简单得多，企业经营起来后卖掉是一件非常痛苦的事情。

第一，中国的改革开放走到现在，我们一直是后知后觉，总在学习，总在模仿。我觉得，不要把"后知后觉"当成一个贬义词，而要把它当成中义词。"后知后觉"的关键在于模仿，在万众创新的今天，模仿对我们而言可能更有意义。在我喜欢的运动领域，"模仿"，或者更运动的一个词——"跟随"，也是随处可见。我们知道，运动中有一个团队自行车，9人一起骑，快了没用，因为是团体协作，需要编队，有人在前面，有人跟着。中国改革开放过程中的后发优势采用的就是这样的跟随路线。因此，我们要积极看待跟随，不要盲目谈创新。如何跟随？从中国的很多企业身上，我们都能看到跨国企业的影子，因为他们在跟随。

回到我和广昌的故事，3年前，我们之间关于专业化和多元化的争论才有了一个结论。我认为专业化是对的，广昌认为多元化是对的，但3年前广昌开始走国际化、金融化了，这时我才看懂他走多元化有多元化的道路。万科现在加快了国际化，从多元化到专业化到国际化，我们走的也是一条跟随路线。跟随什么呢？

其一，我们找当地优秀的房地产公司合作，完全委托它。3年时间，我们在纽约投了9个项目，在洛杉矶投了3个项目，预计2016年在纽约还要投4个项目。2015年第四季度万科进入伦敦，更是采取跟随的路线，不和别人合作拿地，而是5~6个项目合在一起打包。

其二，我喜欢运动，两次登顶珠峰，滑雪也滑得不错。一个礼拜前，我的一个滑雪视频被放在了网上，大家看了之后问我是不是找了替身。这几年在学校读书，我已经不怎么滑雪了，这是我第一次回国滑，算是热身。前几年我滑U形槽，翻跟头，为此我还摔断了两根肋骨。我学滑雪是在亚布力，开始学会滑了就要好好滑，不但要滑，万科也开始投资滑雪场。投了第一个、第二个，接着买第三个、第四个，不仅在国内投，还在国外投。

第二，实际上，我还有一个身份——WWF（世界自然基金会）董事会的董事。在这类事情的参与上，我同样也是后知后觉。这次来的企业家当中，有一位是我以及很多企业家尊重的企业家——刘晓光。2004年刘晓光在北京成立阿拉善SEE生态协会，这是中国或者华人企业家创办的首个环境保护组织。我记得很清楚，当时他给我打了一个电话，如此这般，说你应该参加。我说好吧，面子是要给的，但真正进去以后被感染了，被

感动了，开始积极做环保。

简而言之，对我来讲不仅仅做企业是跟随路线，运动和做环保也是跟随路线。

此次会议的主题是：信心与动力。为什么提到要有信心？这显然因为现在大家的信心不足。处于不同的地位、不同的角度，每个人的感受是不一样的。比如，从刘强东处的位置来看，他觉得传统企业不应该做电商，这对传统企业是负担，但对他是机会。比如，从东升的角度来看，现在有很多的机会。但中小企业怎么看呢？万科也是从中小企业走过来的，在做的过程中我觉得，活着就是胜利。形势不好对我们来讲不是问题，因为这是大家都面临的问题。这个时候，我们不能认为这是一个问题，否则我们会吃不好、睡不好，我们一定要坚持，躲避解决不了问题。另外，我们要坚持、坚信，不但自己坚信，还要说服自己的下属、合作伙伴一起坚持、坚信。

第三，我来自深圳，深圳是一个很特别的城市，当整个经济放缓的时候，深圳一枝独秀。那么作为深圳的企业家，我们应该有一些担当，应该在中国转型过程中发挥带头的作用。如果说在城市往前发展、企业往前发展方面我们是后知后觉，在做环保方面我们是后知后觉，那么今天深圳往前走的时候，深圳企业如果仍然处于后知后觉的状态下是不恰当的，我们应该走在前面。

之前中国经济的发展更多地采用了跟随路线，但是发展到今天，我们已经没有可跟随的目标了。以万科为例，以前美国房地产公司是万科学习的目标，但现在美国排名第1位、第2位、第3位的房地产公司加起来也只有万科一半的规模。在这样的情况下，我们已然没有了跟随的目标，那么我们走的每一步都将是创新。再如，阿拉善刚成立时，成员不足80位，今天这一数字已经达到了500。我们在深圳成立了红树林湿地保护基金会，这个是学习中国香港的红树林基金。下一步，我们要把广东、福建、海南等地的红树林基金会联手起来，成为中国红树林基金会。之后，我们还要把亚洲红树林基金会联手起来，再成立全球红树林基金保护会。如果说过去我们是跟随别人发展，那么到了今天，我们要有所创新。深圳作为一个特殊的城市，无论是在环保领域还是其他领域都应该先走一步，成为其他城市的跟随目标。

重温公司治理常识

  企业文化既有共性，又有个性，其个性主要依赖企业的当家人——企业家。这一讨论中，我们将看到企业家们不同的价值观和性格如何塑造了企业文化。同时，需要特别强调，当前，"公司治理"中一些经典的常识和结论正遭遇实践的挑战，特别是在国有企业领域，如行政权力和董事会的关系。公司是经济增长的主要贡献者，这些令人疑惑的现象将可能加剧经济下行的压力。因此，需要重温那些经过长期摸索总结出来的常识和逻辑。

  在2016年亚布力年会上，就公司治理的问题，华泰保险集团股份有限公司董事长兼CEO王梓木、武汉当代科技产业集团股份有限公司董事长艾路明、中国房地产业协会副会长任志强、云南红酒业集团董事长武克钢、山水文园集团董事局主席李辙、正和岛创始人兼首席架构师刘东华、四川海底捞餐饮股份有限公司董事长张勇、原IBM公司大中华区首席执行总裁钱大群进行了深入讨论，领教工坊创始人肖知兴主持了该场讨论。

肖知兴： 今天，我们的议题有两个：企业文化和公司治理。关于企业文化，这个话题常说常新。我想向各位提出的问题是：大家在经营企业的过程中，有哪些心得或者困惑？

艾路明： 企业文化对我的企业来讲是最重要的竞争力，是企业生存发展最重要的因素。企业的规章制度、市场战略背后都有企业文化在支撑。我的企业文化能够支撑我们在某些方面处于行业领先地位，并在市场上不断前行。我们在企业内部对人十分重视，在我看来，一个企业想要发展得好，就要对员工、股东、客户有最基本的尊重。我们的企业定位和文化定位是"做卓越企业的善意合作伙伴"。我们在与其他企业竞争或者合作时，永远要保障合作伙伴获得最大的利益，这样我们才能保持共同的动力。

从我们的医药、旅游、体育、文化以及证券公司的发展来看，我们坚持的企业文化是正确的。在所有我们业务涉及的领域，我们的发展速度都是最快的。以证券公司为例，市场上共有110家证券公司，我们只用了5年时间，从排名第107位发展到排名第20多位。

肖知兴：我想提一个问题：你说做卓越企业的善意合作伙伴，这里的卓越企业指的是什么？

艾路明：我们对行业没有太多的限制，但是我们看重团队。我认为，企业的卓越体现在团队以及团队中的人。

肖知兴：谢谢艾总，接下来请任总发言。

任志强：我认为讨论题目对"企业"两个字的定义不够清晰。企业分为民营企业和国有企业，严格意义上讲国有企业不算一个企业，只能算作工具。然而国有企业又要按照企业的标准运营，所以，国有企业同样不能没有企业文化。国有企业的企业文化既有资本家的影子，又有企业家的影子。我们的企业定义是"来源于社会，服务于社会"。我们的企业精神是"团结，探索，总体最优"。"总体"的含义是国有企业需要服从行政规划，以社会整体利益为主，因此，国有企业相对于民营企业来讲缺乏自主权。

作为国有企业的管理者，我们不是资本家，不能决定资源配置。我们能做的只是"来源于社会，服务于社会"。国有企业的企业文化能够维持并发展，其中一个重要的原因是我们服从国家。但在服从国家的同时，我们又希望能够在市场上与其他企业进行野狼式的竞争，让我们的国有企业发展成为具备竞争条件和竞争优势的企业。这就是国有企业的企业文化中存在的矛盾。

肖知兴：不仅民营企业的管理人能够被称为企业家，有一批国有企业的领导人也是具备企业家精神的。接下来的发言嘉宾是东华老师。

刘东华：我认为企业文化与一个企业的"一把手"息息相关，企业"一把手"的价值观和意识形态最能影响企业的发展。我曾经在杂志社工作过，我对行业的坚持就会影响这个杂志的发展。我们坚持通过杂志传递思想，不以卖版面、做封面交易和收红包为生存方式，这就形成了我们杂志社的特有文化。因此，企业文化受企业管理人的价值观影响。

企业领导人所遵循的价值观需要和企业的业务逻辑、商业模式相契合。此外，还有一点很重要，企业的领导人需要以身作则。企业的文化、内部制度都需要一视同仁，不能对领导人"法外开恩"。

很多企业都在摸索如何建立企业文化，我认为企业文化就是对团队树立要求、树立标准。如今很多企业的团队发展很快，这归功于大家注重企业文化的重要性，并且都在努力遵守企业文化。然而企业的核心能力并不

是别人一看就能学会的，能够轻易学习的东西就不能被称作核心。

肖知兴： 谢谢东华老师。钱总，你代表外资企业来谈谈吧。

钱大群： 我2016年1月1日以前在IBM工作，如今我已经退休了。IBM有100多年的企业发展经验，优质的企业文化一定在企业发展中起到了好的作用。面对如今的经济大环境，有的企业会很有信心，有的则会忧虑。这时候，优秀的企业文化可以帮助企业稳定发展。IBM在发展历史中也出现过起伏，但是它的企业文化会给它力量，扶持它走出困局。

IBM在面临发展困境的时候，有三点观念很值得我们学习。第一，要协助客户成功。这里面的"客户"包括大企业，也包括小企业。IBM在发展鼎盛的时候是绝对不会服务小企业的，但是在遭遇困局时，它能够积极转变思想。第二，注重创新。科技公司都有很强的创新意识，创新对企业来说至关重要。第三，诚信负责。IBM不光只做硬件，还要在解决客户问题的同时提供很多服务。我认为，优秀的企业文化会在企业转型或者遇到外部环境跌宕起伏时调动员工积极性，并让客户及合作伙伴对你有全新的认识。对于IBM这样的跨国企业来说，它的企业文化已经被不同国家接受，这证明这种企业文化是被广泛认可的。

肖知兴： IBM是一个"死过"又"活过来"的公司。下面，请海底捞的创始人张勇先生发言。

张勇： 企业文化需要让不同的人认可同一样东西，这才能称之为企业文化。对于火锅店来说，如果我给员工灌输社会责任、卓越、创新等思想，我的员工们应该都无法理解。他们的文化层次较低，我无法对他们灌输高大上的理想。

有的服务员刚来海底捞工作不到一个月，收了客人1900元的餐费后直接携款潜逃了。客人还在等着他找零钱，最后才反应过来服务员已经跑了。我认为在我的企业里需要建立针对员工实际情况的企业文化，可以去找大家共同的理想。从我个人角度来讲，我特别害怕贫穷。我是从小县城走出来的，我们生存的环境很可悲，贫穷是可以摧毁一切的。我发现我的员工们也同样害怕贫穷，所以，我提出了"双手改变命运"的价值观，这也是我们企业的核心价值观。这个观点提出后，得到了企业上上下下员工的认可。

　　若想真正实现"双手改变命运"，还需要企业内部流程和制度的不断完善。餐饮行业是市场化程度非常高的行业，这使得我们能够清晰地知道我们的缺点是什么，从而也能够让我第一时间从公司内部加以改善。例如，我可以清楚地知道哪家店比我们店的口感好、服务好、地理位置好。我通过对比，可以快速完善和提升自己的企业。

　　李辙：我对企业文化中"文化"两个字的理解是：习惯就是文化。美国人的习惯是美国文化，中国人的习惯是中国文化。每个企业也有每个企业的文化，企业管理人的智慧会影响企业文化。我的公司的企业文化是"让优秀成就灵魂，让灵魂征服心理"。我们的企业在长期发展过程中也存在很多特有的习惯和文化，例如，我们习惯与全世界对标，学习房地产高端产品和旅游行业的经营方式；我们会探寻自身的优缺点，学习、模拟并迅速完善自己。

　　在公司内部，同级员工之间也会相互对标，甚至员工会与同行业、同位置上的人进行对标。通过这种比较，员工可以找到自身的优势，也能找到差距，然后相互学习。这就是我们公司特有的文化氛围。

　　王梓木：判断一个公司的优劣，在我看来，除了看战略和财务报表以及团队之外，重点还有两项，第一就是看治理，第二就是看文化。

　　完善的公司治理是市场经济成熟的表现，它主要包括两大机制：一是制约机制，二是激励机制。公司治理决定了公司到底能够走多远，活多久。有的公司虽然很大，但是一项决策失误就可能全盘皆输，好的公司治理从根本上说具有纠错的功能；有的公司很小，但活得很久，这得益于它在治理方面有完善的机制，不容易出事。

公司文化体现公司的价值理念，决定公司的沟通成本、执行力、创造力，好的公司文化才能成为公司的核心竞争力。在我看来，公司文化是公司的DNA，也就是公司的基因，它决定了公司到底能长多大。凡是成长性比较好的公司都一定有比较优秀的公司文化，而且好的公司文化一定会有好的公司治理相匹配。我在华中科技大学读管理学博士学位期间，尝试用博弈论的方法来研究公司文化。公司治理的两大机制把人的利益关系做到了极致。即便如此，仍然存在无法解决的管理困境，这就给公司文化发挥作用留有空间。

公司制度不论完善与否，都会出现"裂缝"，用什么来填补呢？这要用文化来填补，公司文化像水一样填补公司制度的空隙。为什么公司文化在公司当中有这么大的作用力呢？它又是如何发挥作用的呢？原因就在于：在公司内部解决管理困境，仅仅有物质利益是不够的，还必须存在其他形式的互惠，这种互惠在我看来叫作情感账户。情感账户存取的是人们之间的相互信任，信任存量高的公司就具有显著的竞争优势，因为它可以增加公司内部的合作与协调，减少公司内部的交易成本，增加凝聚力。有研究结果表明，公司内部的组织气氛决定公司效益的30%，主要领导人的领导风格决定组织气氛的30%，这就是公司文化在起作用。

2016年是华泰保险成立20周年，华泰的公司文化先后经历了制度文化、责任文化、绩效文化、合作文化四个发展阶段。公司成立初期，靠制度立司，这和我个人的经历有关。我在办公司之前参与过国家现代公司制度的调研以及公司法的起草，我觉得做好一家公司，必须建立现代公司制度。在更早的时期，我还参加过中国政治体制改革的研讨，因为国家的发展与制度的完善息息相关，制度的好坏不仅制约了公司是否会犯重大决策性错误，而且还决定了能不能把最优秀的人才推到领导岗位。公司同样如此。

一个公司究竟靠个人权威来管理还是靠制度来管理，是两种不同的选择，很难说对或错。然而我认为我是制度学派，所以，华泰成立之初我就提出要靠制度立司，用制度选择人、培养人、制约人、淘汰人，在制度面前人人平等，能上就上，该下就下。与现代公司制度相对应的就是制度文化，制度文化是一种平等文化、择优文化和长远文化，不同于个人权威文化，也不同于圈子文化、院子文化。圈子文化和院子文化是封建帮派文化的承袭，既不符合现代民主政治的要求，也不符合现代公司制度的要求，所以，我认为坚决要推行制度文化。

制度建立以后，在执行中难免存在漏洞，为此，华泰又建立了责任文化。责任文化主要打造公司的执行力，关注责任，目标明晰。后续，我们又推行了绩效文化，让员工都能公开、透明地分享公司发展的经营成果。无论是制度文化、责任文化还是绩效文化，都是公司在不同发展阶段经历的一种工作性的文化，或者说是与战略相配套的一种文化。而在公司当中，我认为更根本的应当是合作文化。用博弈论的观点来看，公司组织中关于互惠合作不断强化的一种预期就是一致性的预期，这种文化其实是公司文化的根本。

在一个公司内部，人和人之间最本质的关系是什么？人们通常都会把它理解为领导关系、雇用关系，但是我认为最根本的是一种合作关系。比如，尽管我和公司前台服务人员级别相差很多，但我从内心认为我们是合作者，我应当尊重她。我以合作的内心去尊重她、对待她，她也会用这种内心去对待所有的来访者，去对待所有的员工，用内心建立起来的文化应该是一种合作文化。为什么这样讲？因为合作文化的前提是人性的平等与尊重，是人际关系的相互信任。

好的公司文化的标准是什么？我认为，先要看它符不符合人性。人的本性的东西其实是和公司文化紧密相连的，当前很多公司的人力资源管理强调更多的是心理学问题，而强调平等与尊重的人际关系的合作文化才是一种符合人性的文化。有的公司领导，讲的文化是一套，做的是另外一套。我不喜欢骂人的领导、训人的领导、说员工是笨蛋的领导。领导可以把不合格的员工开掉，可以不用他，但不能不尊重他。所以，好的公司文化一定是以信任换取信任、以尊重换取尊重的文化。

任志强：改革开放之前中国的经济为什么发展不好，在改革过程中又为何进步了？这是因为社会主义计划经济的重点不是社会分工，他们认为一个人在共产主义的状态下是什么工作都能够做的，劳动在剩余价值分配过程中所得都是相同的。而合作的概念是：每个人的劳动分工是不同的，你可能是前台，他可能是老板，这就是社会分工。社会分工是资本主义和社会主义之间的重要区别，但不是全部区别。

国有企业发展不起来的原因是存在大量的产能过剩，市场没有办法把它淘汰。过剩的产能是由上一级或者由资本家、国资委来决定它的生和存，而不是它自己能够决定生或者存的。作为管理者来说，一旦我认为我的企业不行，我可以改行。然而国有企业却不能轻易改行，即使亏本也要继续做下去。

肖知兴： 我做一个总结，艾总讲到善意的伙伴，王总也强调对人性的尊重，强调善意。为什么大多数公司即使到对手那里把对手的使命、愿景、价值观都抄下来，也仍旧学不会对手的企业文化？因为企业文化背后最本质的东西就是善意，是爱，更是大爱之心。

接下来，我们要讨论的是公司治理方面的话题。大家想一想："三全四会"（三全指全员、全方位、全过程进行管理；四会指早会、周会、月会、季会）这个制度为何在中国公司没有起到好的效果，只能转变成合伙人制度？中国公司从股东大会到董事会、精英管理会，再到监事会的系统是否存在问题，需要我们抛弃这套体制吗？这个现象有点奇怪，希望每位嘉宾都讲一下自己的看法。

王梓木：公司的创立者和继任者是公司文化的缔造者，选择老板文化（老板高明，员工为追随者）还是合作文化，体现了公司领导人的价值取向。合作文化能够最大限度地调动公司员工的积极性和创造性，这种合作一定会产生和谐，而和谐一定能创造生产力。好的公司文化就如同空气一样弥漫在公司各项制度的缝隙之间，为大家所接受和认同。合作文化也符合互联网时代的趋势，那就是大众创新将取代英雄创新的时代，信息成为每个人都能得到的资源。在调动每个人的积极性方面，合作文化更具有潜力和优势，并且好的文化更容易得到传承。

在公司的具体执行中，华泰将合作文化融入领导力的培训与管理当中，并将其明确为华泰领导力的五项标准之一，即"共同成长"。我将之称为"合作系数"，包括管理者与他人共事时反映出的合作的态度、合作的精神、合作的能力，这已经成为我们培养人、使用人的重要标准。

好的公司文化不仅是领导人说出来的，更重要的是做出来的，掺不了假。在培养公司继任者方面，虽然有各种各样的条件和因素，但是我注意到，国际上很多大公司领导人的最后确定往往不是取决于其业务能力的高低，而是人格的较量和人品的胜出。这也说明公司文化对领导人的重要性，未来公司的竞争最终将归结于公司治理和公司文化的竞争。

李辙：公司的管理、治理实际上都没有模式，因人而异，因企业而

异。公司治理的方法与你的老板有很大关系，你的老板是地主型的、分享型的还是科技型的，他的目标是什么，都会影响公司治理的手段。

我们公司制定的战略是"五三二"，取世界之势，取中国之势，取周边之势，在分析完形势后，我们制定了该战略。50%是我们具有核心竞争力的高端地产，这是重资产；30%是我们的金融行业，资本运作；20%是我们的服务轻资产。我们制定了整体战略后，还需要有一个架构来支撑这个战略，但是管理、治理都没有具体的、固定的模式。我们拥有很多战术，例如激励机制、跟投制、合伙人制、承包制等。每种制度分别用于不同的情况，例如，针对上层股东，我们使用分红制；在我们的科技公司，我们使用合伙人制，这有利于激发员工的核心竞争力；对于单独的一个项目，我们对上层使用跟投制，对底下的员工使用"小快艇"的激励机制。因此，有的公司只用一种制度就可以治理，有的公司则需多种制度混合使用来治理。

肖知兴：我们要对人类智慧的结晶持有敬畏态度，"三全四会"的设计是经过深度考虑的，我们不要忽视和藐视这些东西。如果把普通的职业经理人变成合伙人，就相当于把董事会和职业经理人的角色混淆了，这个角色是有可能冲突的，会有很多潜在的问题出现。

李辙：我们公司存在5~8种激励机制，但是若想企业发展壮大，还需要不断进行对标。我们不仅和同行业的竞争对手对标，同样与自己对标，对每个小项目进行对标。对标过后都会总结详细的说明，我们通过这种不断的自我总结，对员工进行持续培训，形成了我们公司可持续的治理方法。

张勇：从工业革命到现在这么多年，关于公司治理，已经有无数优秀的企业家做过实践，以及优秀的理论家做过研究，最终也制定过很多治理方法。我们能够想到的优秀的治理方法几乎都想到了，但这并不代表它是一成不变的。然而在治理方法上的改变需要沉着，最保守的做法是按照别人实践过的方法去治理公司。

钱大群：IBM作为一家跨国公司，它的公司体制让我很受启发。优秀的公司体制可以在公司进入新的业务时预估风险，降低犯错概率，甚至是避免犯错。但IBM这类很有制度的公司如果想要推出新的制度也是很困难的，因为新的制度需要有新的治理方法，不能再继续沿用以前的手段。这样一来，新的制度可能会成长困难，甚至被旧有制度压制住。所以，在不同性质的业务下该如何创新制度是我们需要思考的问题。

刘东华：我在中国企业家杂志工作的时候，基本谈不上公司治理。那个时候，就是靠坚定的信仰，靠自己打造的企业文化，想要改制，但是没能成功。我们假定一家企业的使命、愿景、企业文化、价值观都是正确的，那么什么能够保证企业走得长远？什么能够保证企业不犯致命的错误？我筹备正和岛的时候，就在思考这些问题。有二三十位成功的企业家担任正和岛的股东，他们很担心因为成为股东而影响正和岛的治理结构。在股权结构上，我代表正和岛创始人和创业团队，是绝对的大股东。这部分股权一部分将用来激励团队，我们目前在专心做合伙人机制，达到提升团队整体动力的目的。我们有核心合伙人、合伙人及初级合伙人，覆盖面比较大，上下同欲。我们的合伙人机制追求三个"一体"：使命共同体、

利益共同体及命运共同体。

肖知兴：德国北部，包括北欧，很多优秀的公司都是没有股东的，他们的股东就是基金会。这些公司包括大众、博世、嘉士伯、乐高等，它们都存在基金会，基金会里由大股东做重大决策，但分红往往交给另外一个机构，因此，决策和利益是分开的。

任志强：国有企业有治理问题吗？好像没有。国有企业内部有党委会，过去我们做决策不仅要董事会决定，还需要党委会通过，但最终决策权还是在党委会手里。因此，国有企业严格来讲是不存在公司治理的。

国有企业文化和私有企业文化完全是两个概念，私有企业的老板不贪污钱，是因为钱是他自己的，这和国有企业正好相反。公司管理有两类：一类是在"大锅饭"的环境下进行。比如，管理者和非管理者午饭是一样的标准，都在一个食堂吃饭，而且都得排队取饭；大家的所有待遇都是一样，但收入是两回事。另一类是像德国、日本的公司那样发连续性工资，多在公司工作一年可能就多拿一份工资。连续性工资的结果是，普通员工可能比处长的工资高，因为处长是新来的，而员工是老员工。德国在"二战"期间规定，工人必须参与公司管理。工人不是股东，但必须是董事会成员，这也是德国在"二战"后工业飞速发展的一个重要原因。

资本主义社会讲究的是激励机制，工业革命体现的正是激励机制。然而非标准化的工业生产该如何进行激励？对此，只能用法律的办法来决定你能收入多少，用税后利润的百分比来决定收入。奖励机制建立后，治理可以往后放，奖励和治理进入公司治理结构后会产生"家文化"。"家文化"告诉员工的第一条是来去自由，但是它存在淘汰制度和择优录取。

艾路明：英国经济的发展除了工业革命的原因外，另一个重要的原因是有限责任制度的推出。英国推出这样一套制度后，所有的技术、制度才能保障人们能够把精力和时间全部投入公司。在有限责任公司中，人们可能会获得收益，也可能会出现问题，但是出现问题后不会赔上自己的全部身家。美国的优秀制度是股份制，在这种合理的制度下，企业能够更健康地发展。

今天的中国经济如果想要引领世界经济，就必须让中国的企业引领中国经济。能够做到这点的前提是：我们必须在制度上进行创新。没有创新，谈何引领？

家族精神与企业传承

　　如果说时间的磨砺和考验能给家族带来无与伦比的力量，那么家族精神从来都是不可代替的。每一个杰出的家族都拥有深厚的家族底蕴及历史，每一个家族的成功都有世代传衍与历久弥新的家族精神做支撑。那么对家族企业而言，家族精神在企业传承中扮演了怎样的角色？对现代企业而言，应该打造怎样的家族精神？

　　在2016年亚布力年会上，就家族精神和家族企业传承的问题，中国工商银行私人银行总部总经理马健，武汉当代科技产业集团股份有限公司董事长艾路明，苏州广大投资集团有限公司董事长朱昌宁，著名财经专家、财政部财政科学研究所所长贾康，罗兰贝格企业管理（上海）有限公司全球高级合伙人刘文波进行了深入交流，中国工商银行私人银行部产品三部副总经理吴轶主持了该场讨论。

吴轶：当谈到家族财富管理和家族精神传承的话题，全球很多的专家、学者基本上都会引用三个数据。第一个数据是：近100年来，全球只有4%的企业生存并发展了下来；第二个数据是：近100年来，全球只有5%的企业，其子女可以真正顺利地实现交接班；第三个数据是：1990年道琼斯指数中的30家企业，到现在还存在的只有1家。这些数据让我们觉得有点悲观，但也有下面几个例子会让我们看到希望。

　　第一个例子是洛克菲勒家族，来自美国，始于19世纪下半叶，传承到现在一共是7代，是产业化、集团化经营的家族代表。第二个例子是日本的金刚岩本家族，这个家族大家可能非常陌生，因为在互联网上基本上查不到他们的任何素材。这个家族始于578年，传承到现在已有1400年，一共传了40代，是日本卯榫工艺的集大成者。日本现在所有古老寺庙的修建、修缮和维护，都是由这个家族进行操作的。所以，其是单一经营，是只做家门口生意的家族的典型代表。第三个例子就是我们中国的孔子家族。大家可能不习惯把孔子家族列入我们家族财富管理的讨论范围，但是我们都知道，孔子家族始于公元前551年，到现在历时2500年。其一共传承了几代呢？75代，所以，其是儒家思想传承理念的典型代表。

由上面这三个例子实际上可以看到，纵然我们的周期轮动越来越频繁，纵然我们的市场波动越来越大，纵然我们的经营环境越来越复杂，我们还是可以找到这样一些传承百年甚至传承千年的家族标杆和家族榜样。那么这三个家族有什么共性呢？第一，都穿越了上百年甚至数千年的大级别周期，阶段性地战胜了时间的挑战。第二，这些家族的家族财富结构都很好，不仅是金融资本，还有人力资本、组织资本和知识资本。第三，这些家族都有自我更新的内生动力，都有不平凡且相对独立的家族精神。所以，总结下来就是15个字：家族不衰败，财富不消亡，精神不灭失。这样的家族对我们今天来说是颇具魅力的。

所以，对于中国企业家来讲，如何做到我们刚才讲的"家族不衰败，财富不消亡，精神不灭失"？哪些事情是我们现在就开始力所能及的？我们认为，应该内外兼修。两年前，我们在亚布力的夏季论坛峰会上探讨了通过一系列金融安排来实现家族财富的功能性传承，包括实施财产规划、建立家族基金、筹划税务、进行谨慎的投资管理，这就是我们讲的内外兼修当中的外。其实今天我们重点要讨论的是内外兼修当中的内，比如，我们在家族财富传承中会遇到一些问题：中国的企业家族如何来产生并传承人力资本、知识资本、组织资本，如何发挥跨代家族成员的才能来平衡生命周期的自然循环？对于这些问题，仅仅依靠金融安排还不能完全解决，要依靠内生动力。这个内生动力就是我们讲的家族精神。所以，家族精神是什么呢？我们认为就是建设一个新陈代谢、自我更新的家族活的追求。锤炼一种家族文化，形成一个家族治理机制，培养一批家族人才，这些都属于家族精神传承大的范畴。

马健： 今天上午虽然说的是家族财富管理和家族精神传承，但是我想我们可能是在从不同的视角来研究信心和动力问题，对此也有异曲同工之

妙。我们力图从家族财富百年历史的回溯和分享中进一步获取我们创业、兴业、传业的这样一种信心，同时也通过家族精神的研究和探索获得我们新的发展动力、传承动力。从家族的传承和发展来看，应该从古罗马开始就有了家族理财、事业传承这样的概念和雏形。

现代意义上的家族财富管理是从19世纪中叶开始的，主要是因为工业大革命以后，财富快速增长，在全球出现了一些非常重要的掌握着全球巨大财富的家族，比如洛克菲勒家族、卡耐基家族。出于对这些财富资源的整体安排，他们除了自身的经营和管理能力以外，还需要对整个家族进行全方位、专业性、专门性的管理，于是，服务于这些家族的律师、会计师、理财师、保险机构等也应运而生。同时，这些专业机构的服务也为这些家族量身定制了专项的管理和资讯，帮助这些家族实现了长期发展、长期繁荣的目标，这是我们整个家族起源和演进的一个过程。

通过这个过程，我们也可以清晰地看到，在整个发展过程中，家族财富管理需要解决5个非常重要的问题：第一，巨额的财富如何投资；第二，家庭财产如何管理；第三，家族和企业如何分离；第四，财富传承如何规划；第五，家族如何治理。在这个发展过程中，整个家族财富管理的市场越做越大。中国经历了改革发展30年的变化以后，我们第一代的企业家也集聚了巨大的社会财富，为社会创造了很好的物质财富和精神财富。而从自身的发展阶段来看，其也已经进入传业的新阶段。

现在，越来越多的研究机构都在研究整个家族财富管理市场的规模、体量和发展趋势。从胡润研究院的一些数据来看，到2015年年底，我国拥有资产20亿以上的富豪已经接近2000名，与上一年的数量相比增幅达到了48%；百亿元以上的富豪也已经达到333名，比上一轮增幅更快。尽管大家都觉得这两年全球经济低迷，企业家也感受到经营的压力，但是从财富榜的情况来看，财富的增长幅度仍然远远高于社会平均增幅，也远远高于一般的企业成长速度。因此，财富管理的需求显得越来越充分、越来越必要。

从海外家族传承几百年的情况来看，银行成为家族财富管理的主力军。银行之所以介入家族财富管理，我想可能基于两个非常重要的原因：第一，客户的资产规模不断扩大，对资产管理的要求也越来越高，而银行具有独特的资产管理优势，平时和客户资产管理的关系也非常密切；第二，由于家族财富管理涉及的面非常广，要求管理人员具有非常专业的技术，而银行本身的专业服务能力、人才基础以及各方面的社会资源都比较丰沛。

全球家族财富从欧洲开始，现在新的热点已经转移到我们的所在地——亚洲。这几年，亚洲的财富巨额增长，富裕人群的规模已经达到了330万户，是全球富裕人群第二大集中地，而且亚洲现在的财富增长速度远远超过北美、欧洲等区域。这样的一个特征就使得所有机构包括银行对亚洲市场高度重视，这几年不断创设不同的组织管理机构，增设不同的服务团队，开展形式多样的专业服务。这种变化可能昭示整个亚洲家族财富管理业务的新时代已经到来。从家族管理的机构形态和业务模式来看，其主要有以下三种类型：第一，私人银行；第二，信托公司；第三，独立的家族办公室。这种办公室提供全方位的服务，从某种程度来说可以更好地协调各种服务商之间的关系，形成统一综合服务的模式。现在，这种独立家族办公室如雨后春笋般在不断壮大、不断发展，尤其是在亚洲，国内也有相应的衍生。

工商银行私人银行成立于2008年3月，这几年伴随整个中国财富市场的不断发展，我们也发展得不错，尤其是近3年，我们管理的客户资产实现了倍增。在刚刚过去的2015年，我们取得了非常亮丽的经营绩效，800万元以上的高净值客户数量超过了6.2万户，2015年新增客户接近2万户，管理的客户资产规模突破了1万亿元，达到1.05万多亿元，2015年新增3495个亿。2015年，我们的业务收入突飞猛进，比上一年增加了70亿元；业务总量突破了100亿元，达到了106.4亿元。在国内所有私人银行业务中，我们的收入应该说是独占鳌头。

这样的业务规模、客户群体及经营模式，为我们进一步发展家族财富管理业务提供了非常好的基础。这几年，我们在不断地扩大客户总量和内容的同时，也越来越关注家族财富管理。工商银行作为国内首家受中国银监会批准的持牌机构，也已经通过监管部门的许可正式开办了家族财务管理业务，在上海自贸区成立了工银家族投资管理公司。我们通过基金运作，为每个家族设立专门的家族管理基金，通过运行托管确保风险和权益。在这个过程中，我们得到了很多社会服务机构的支持，运用了广泛而多元的社会专业资源。

在法律层面，我们遴选了国内外最顶尖的律师事务所；在税务层面，我们遴选了国内外知名会计师事务所；在理论基础层面，我们和家族财富管理专家形成了专家库；在增值服务层面，我们打造了以文化和健康为主体的平台。家族财富管理的第一单在山东完成，目前正在接触和签约的客户也不少于几十单，发展势头良好。在这个过程中，我们努力成为综合服务提供商，尤其是以家族财富服务为主的集成商。原因如下：

第一，从工商银行家族财富管理的定位来看，我们具备了业务商、服务商、管理商、集成商的优势。我们目前管理的资产超过1万亿元，由工商银行私人银行部自主管理的产品余额也已经突破8000亿元，所以，工商银行私人银行和其他机构有着本质的不同。其他很多私人银行机构是对客户、渠道的管理和维护；而工商银行私人银行部是一个产品部门，具有自主管理产品服务的基础。

这两年，我们既注重基础服务，同时也在不断促进私人银行客户的品质高端化。我们在做好800万~2000万元普通私人银行客户的同时，尤其关注5000万元乃至上亿元以上大客户的综合服务需求。3年前，我们开创工商银行自主管理，建立了专户全权委托服务模式，目前累计为1000多名私人银行极高净值和超过净值客户提供服务，管理资产超过400亿元，占私人银行管理总资产的40%左右。2014年，工商银行私人银行客户规模和资产增长的增速分别是36%和38%；2015年，这一增速分别达到了45%和47%，连续2年保持高位数增长。我们预计，2016年我们还将通过开办专户账户交易进一步做大、做强专户服务，为工商银行私人银行家族财富管理的提升奠定更重要的客户基础和业务基础。

第二，工商银行私人银行的投资能力也在不断提升。从严格意义上来说，工商银行的私人银行机构已经是市场中非常重要的一个资产管理机构。我们自主管理8000多亿元资产，在某些市场和业务的品种上拥有一定的话语权。正是依托了现在这样强大的投资管理能力，我们的资产总量每年以2000亿元、3000亿元的规模向上增长，2014年资产增量为1970亿元，2015年资产增量为3495亿元。我们尽管现在面临诸多困难和不确定性，但是仍然坚信，我们还会保持一个非常强劲的增长势头。

第三，从专业化的服务管理体系来看，工商银行服务有着强大的IT支持。我们通过自主开发的SM系统（Self-defense Mechanism，自我防御机制）和PPM①系统，有效地实现了产品准入、客户准入、业务运营、投资和管理综合化、程序化、标准化的运营模式。与此同时，我们同样具备投融资综合服务的能力，在中国银监会的大力支持下，我们和相关合作机构一起形成了以综合金融服务为主，外加非金融服务的综合服务平台。在

---

① Pulse Position Modulation，脉冲位置调制

投融资账户一体化上，我们也有实质性的突破，不仅可以管理好我们的存量资产，也可以进一步利用我们的创新优势管好、用好、盘活客户的存量资产；不仅可以为客户理财、做投资，同时在他们需要资金的时候也可以帮助他们融资，这是我们下一步的核心工作。鉴于以上几点优势，我们完全有信心进一步做好家族财富管理。

我们现在主要提供三大类型的服务：第一，财富传承型；第二，融资需求型；第三，普惠公益型。通过资产化、资金化、投资化、社会化、公益化等五化相结合的运行模式展示家族财富独特的经营方式和客户体验，这是我们在业务上的一些思考。

在整个家族精神的传承上，我们也在研究国内外上下几千年家族传承的精髓，那就是不仅要在物质财富上有良好的传承，更重要的是在精神传承上要有自己的独特魅力。对企业经营者来说，经营权如何掌控、二代如何接班、如何培养二代财富持续增长等问题需要考虑，更重要的是要考虑如何保持企业长青、家族兴旺。其中，尤其重要的是家族精神的建立和家族精神的传承。综观古今中外、上下几千年的历史中比较成功的家族，其重要的支撑是外靠家族宪法，内靠家族精神。因此，我们主张通过内外兼修、内外合成的方式逐步把工商银行私人银行家族财富管理业务做成特色，做成亮点。

家族宪法实际上是涉及家族财务分配、福利政策、家族协调、人才培养等各方面根本性的准则，既是激励整个家族成员发展创新的一种安排，同时也是制约家族成员行为的一种准则。家族宪法现在虽然不一定规范，但是每个家族都在研究和探索，这也是家族文化传承缺一不可的。同时，我们认为更重要的是家族精神的传承，比如，儒家思想的代表孔子家族对家族传承、家族精神仍然有其固守的经典。海外达尔文家族、肯尼迪家族之所以能在几百年内屹立于全球家族的前列，不仅是依靠优秀的财富传承，更重要的是对精神传承的重视和发展。

金钱需要和智慧相结合，财富需要和文化相统一，家族财富管理是企业家创业、传业的信心，精神传承会增添家族发展的动力。

吴轶：马总刚才提到了，我们要外靠家族宪法，内靠家族精神。实际上，在家族宪法和家族精神的制定和传承过程中，国内外有非常多的成功家族给我们提供了非常好的实践经验。比如，穆里耶兹家族就有一种财富共享机制。这个家族一直坚持不分家，创始夫妇的孩子平均分享第一代的所有财富。很多企业家认为这种做法比较武断，但是穆里耶兹家族的考虑比我们更深，由于每个子女在家族企业中占有相同比例的股权，所以，第二代的孩子们都关注家族企业的发展，必要的时候也会极大地发挥自己的能力和作用，也就是说，这种财富共享的安排机制可以跨代吸引第三代、第四代家族人才聚焦到家族企业的发展中来。相反，如果在第二代的财富分配上就有所偏重，得到股权少的第二代的后代，也就是家族的第三代、第四代，即使有才能、有意愿、有能力，也没办法参与到家族企业的经营中来。

艾路明：在家族精神、企业精神的考虑上，可能我们有一些不同于其他人的做法和考量。记得在之前的亚布力年会上，我曾经谈到，中国的企业家如果希望在新的竞争格局之下引领一个新的时代，就必须在制度上有所创新，这个制度包括企业运营，以及对企业传承的安排。

基于这样的思考，我们认为，只要条件合适，人人都可以成为企业家。如果只有少数人才能成为企业家，那么为什么世界上会出现大量的优秀企业？那一定是因为有很多好的企业家在带领企业前进，而且并不是某一个企业家不带领这个企业，这个企业就不行了，可能会有新的人使企业做得更好。实际上，几百年来的企业发展史已经证明了这一点，企业家如果要引领中国，使中国持续屹立于世界民族之林，那就必须在制度上有所创新。所以，我觉得，在企业的传承中，精神是必需的。

在制度传承方面，我觉得这三个方面尤为重要。第一，家族的传承、资产的传承需要由良好的合作伙伴来操作。第二，企业家族的精神传承需要更长远的目标。比如罗斯柴尔德家族，1744年罗斯柴尔德开始发展自己的家族事业，第一代创业者也面临家族传承的问题，他对五个儿子做了不同的安排。五个儿子分别去不同的城市各自发展，甚至还做了一个从生物学角度来讲不合理的规定——只能家族内部通婚，不能外部结婚，是为了保持财产的单一性。大概在一九三几年，一个儿子在德国被纳粹抓走，党卫军来抓他的时候，他其实很震惊，但是他说，你们在门口等着，我吃完早饭跟你们走。最后释放的时候，监狱里的人说他可以当天晚上走，但是他说，晚上要睡觉，明天白天走，于是第二天早上才被家人接走。这体现了他的绅士风格。第三，对公益、对社会的关注度也是一个家族能否保持持续发展的重要因素。如果一个家族每天想的都是如何分钱，这未必是一个有利于家族精神传承的事情。所以，我们需要一种精神，一种可以带有某些人类普遍价值的精神，一种可以传承且真正有益于我们自身成长和发展的精神，我认为这可能是家族精神最核心的内容。孔子家族之所以可以拥有2500多年的历史，我觉得可能和孔子思想本身的传承有更为密切的关系。

我们企业家或许应该停下来，思考我们对环境的责任，以及对社会的责任。

朱昌宁：我们这一代人基本都近60岁了，对于家族传承，我有以下三个疑问。

第一，法律环境的问题。我们有一个餐饮品牌——松鹤楼，从康熙年间开始做起，拥有270多年的历史，是一个中华老字号。当时，这个品牌在苏州饮食公司手里转制，到我们公司后就变成了私人企业，于是，苏州管经贸和资产的两个市长和我们开会讨论转制后的公司要如何经营。其中一个市长说，1949年之前松鹤楼属于国有资产，现在要转到私人公司，这里就涉及评估和转让。有形的评估相对简单，但是无形的精神传承要如何评估？国资委认为没法评估，有高有低。这个案例就涉及了法律保障的问题。家族需要传承，这个传承也是一个若干年的过程，但是政治、经济制度改革后，传承要怎么做？这是我的一个困惑。

第二，伦理的问题。欧洲是嫡长子继承制，但在中国，儿子和女儿都可以继承。家族传承如何在伦理的约束下继续健康发展，这又是困惑。

第三，在家族资产不断增加的情况下，私人银行及其他财富管理机构需要采用各种财富管理手段实现财富的保值和增值。那么如何给这些机构创造良好的机制和环境，使其做到所管理财产的保值、增值？

吴轶：马总一直在内部跟我们讲，工行私人银行部要向三个"一体化"迈进：投资融资一体化、对公对私一体化、境内境外一体化。

贾康老师是中国知名的宏观经济学家，是供给侧结构性改革的权威，所以，现在我们请贾康老师从宏观层面分享一些建议和想法。

贾康：财富管理不是直接与每个年度的经济运行对应，而是与更长阶段相对应。邓小平当年意识到贫穷不是社会主义，所以要致富，但致富不可能齐头并进，所以要鼓励一部分人、一部分地区先富。这个过程符合客观规律，但是现在决策层更加注意到要采取种种方式，使人们共享改革开放的成果，走向共同富裕，这也是符合邓小平的逻辑的。

这几年，富裕阶层的意识越来越清晰地聚焦到财富传承，先富裕起来的阶层的中长期目标和整个人生的价值也已经延伸到更高水平的境界。国际经验里的私人银行财富管理以及与此相关的保险等行业，即使在这几年中国经济下行的情况下，年度指标也都在超常规发展。经济增长速度一落再落，财政收入从30%以上的增幅落到了2015年的不到8%，2016年可能还会再低，而财富管理公司、保险和相关行业的增长幅度却至少在20%以上，刚才马总说2015年是40%上下。

其实，这个情况并非偶然，支撑起这些高数据的人是中国整个经济的发展中出现的一个合乎规律的富裕阶层。中国现在也出现了"贵族"这样的词汇，而且贵族不是指代过去所说的南霸天、北霸天，而是社会贤达人士的品位体现。大家越来越认同"暴发户"转成"贵族"要历经三代的说法，也就是说至少要经过三代人的发展，这些富裕阶层才能把品位提高到社会上说的正面的贵族境界。这里的判断标准不只是物质财富，更是精神和文化的融合，而且两者融合后可以成为大家所推崇的、可接受的共同价值观。

另外，我想请教一个问题：在财富管理方面，中国如果借鉴"外靠家族宪法，内靠家族精神"的概念，这个"宪法"应该由谁牵头？如果家族自己操作，那么如何保证相互之间的协调性，专业机构可以发挥怎样的积极作用？如果已经有"外靠家族宪法，内靠家族精神"的概念，我们是不是还应该有另外的角度？因为在发育的过程中，我们应该允许不同偏好的多样性存在。在财富管理方面，我们也不能强求从一开始就要有标准化的套路，而是需要有共性的引导。我认为，这里有几点共性可以供大家参考。

第一，家族无论出于何种偏好来考虑自己的财富传承和财富管理，都离不开刚刚马总总结的三大模型，即财富传承、融资需求、做公益。然而他们一定要紧跟时代步伐，跟上社会主流，在共赢的方式下上升和发展，而不是与社会产生矛盾。中央所说的国家治理现代化，讲的就是包容性发展。

第二，需要注意专业化因素对家族传承的助力作用。任何一种选择都可能得到专业团队的建议，他们会告诉你国际上的经验，我们过去只能看到本土经验，这点很有价值。我们也看到，大量市场竞争主体已经注意到和客户交流的重要性，并且想进一步形成各自的品牌，得到客户对自己专业化的认可，这也是市场选择和竞争走向共赢的过程。

第三，在精神和文化层面，需要兼容并蓄。很多人认为中国是最具包容的国家，原因是儒释道三教可以共同存在于一个家庭里。法家讲究任何事情要有规则，家族中的家规应该就属于法家；同时，我们讲哲理，讲修养，看不见摸不着，但是我们从小耳濡目染，也是很认同的。比如孔夫子所说的"己所不欲，勿施于人"，做了几十年研究，我越来越认为这话具有普世性，全世界任何一个国家和民族应该都会接受这个观点。所以，如果以后我们做任何事情能推到自由、平等、博爱，那么这件事情就会被全世界接受。因此，无论东方还是西方，家族文化里都需要贯彻这些思想，让孩子耳濡目染地接触包容性，了解什么是豁达的心胸。

吴轶：贾老师谈到家族传承应该具有包容性，洛克菲勒家族第二代约翰·洛克菲勒完美地体现了这一点，他没有继承父亲的祖业，而是着眼于家族理财和家族财务架构的搭建，从而保证了洛克菲勒家族7代人至今都能够享受比较体面的生活。

刘文波：昨天聊到的一个主题是，大家在困难的经济形势下要保持信心。我个人认为，在这一方面，中国很多行业的家族企业需要向欧洲的一些家族企业学习。以德国为例，德国大概有将近2500家不为外界所知的但在很多细分领域占据世界前3位的企业，我们在很多商学院称这些公司为隐形冠军。2015年，我们组织了一些知名家族企业的一代和二代到德国的隐形冠军公司参观，在和这些家族企业座谈的过程中，大家都感触颇深。确实，我们需要向欧洲的一些家族学习，学习他们如何在100多年的时间内，抵挡住外界的各种诱惑，而专注于在金融、人力、组织、社会等方面的持续投入，致力于做特定的领域。他们不存在中国遇到的产能过剩和价格战的问题，因为他们的产品在全球享有独特的市场定价地位。这也是过去两三年里很多家族企业去欧洲考察后收获比较大的一点。

如果现在我们仍旧缺乏专注的精神，现有的行业不好就转行到所谓的热门行业中去，那么就会再一次导致热门行业充分产能竞争，缺乏沉淀。所以，中国的家族企业应该考虑承担民族责任，或者行业责任，这是中国家族传承中至关重要的一点。

下一个风口在哪儿

前不久，比尔·盖茨、特斯拉创始人马斯克，以及著名的物理学家霍金联名写了一封公开信，呼吁大家重视人工智能。他们把人工智能超越人类看作可能造成人类毁灭的三大灾难之一，"核战争"袭击地球，人工智能毁灭人类。

要抓住人工智能的风口

文 | 丁健 金沙江创业投资董事总经理

阎焱说过一句话，"不认为下一代人会超过前一代人"，但我觉得下一代人一定会超过前一代人。因为每一代人的生活环境在变化，每一代人的重心在变化，每一代人在用不同的脚步往前走。为什么我要举这个例子？这和我今天要讲的主题有着非常重要的关系。

前一段时间，微软高级副总卢勤和我聊到人脑的进化问题。他的观点是：人脑基本上已经停止进化，因为人类已经在地球食物链的顶端了，没有什么天敌能够杀掉我们，从而促使我们去进化，完成优胜劣汰。那我们怎么去进化？他认为，或许将来VR（Virtual Reality，虚拟现实）、AR（Augmented Reality，增强现实）营造的电子游戏环境反过来能够促使人类的大脑在这个过程中不停地进化。

我们需要用面向未来的眼光去看待事物。半个月左右前有一篇文章说，脸谱（Facebook）在用M助理掀起一场"核战争"。为什么叫"核战争"？因为它的新人工智能技术、大数据技术已经把这个战场拉到了完全不同于现在IT的高度。前不久，谷歌的电脑战胜了欧洲的围棋冠军，在未来几个月要和韩国的世界冠军决一雌雄。之前大家对此的预估是，这两者之间需要花费10年的时间，因为围棋比国际象棋复杂得多，但是现在我们已经做到了。

此外，还有一件和"核战争"直接联系在一起的事情。前不久，比尔·盖茨、特斯拉创始人马斯克，以及著名的物理学家霍金联名写了一封公开信，呼吁大家重视人工智能。他们把人工智能超越人类看作可能造成人类毁灭的三大灾难之一，"核战争"袭击地球，人工智能毁灭人类。当

然，很多人工智能的专家不同意他们的观点，但在这个时代，我们不应为自己取得的这些成就沾沾自喜，更要看到未来，因为等待着我们的是更大的挑战。

2016年1月，我们去参加了CES（International Consumer Electronics Show，国际消费类电子产品展览会）。即使不是很熟悉IT的人也可能知道，CES是一个非常大的电子产品中心，在这里我们发现，大部分都是中国产品，除了三星等几个特殊品牌，甚至连索尼也被中国产品压下去了。前不久，海尔还收购了美国通用电气公司GE（General Electric Company）的家电部分，联想也收购过IBM的电脑部。我在展台前向前走的时候，其实有点紧张，我在想：敌人去哪儿了？他们怎么突然间就消失了？苹果不在了，微软也没有太多的东西。

因为他们都在运用力量，去准备下一个"核战争"。但是在这场"核战争"里面，我们不必恐惧，中国企业其实有自己的特定优势。我们的优势主要体现在几个方面：第一，我们有巨大的互联网用户群；第二，我们有海量的数据。百度的科学家吴恩达有一个著名的猫实验，他所开发的人工神经网络真正做到了在没有人给它灌输概念的情况下，自己从YouTube随机采取的video中生成猫的概念。这是第一次在人类以外，在生命以外，有非生命的东西在无任何人类训化的情况下，自己产生了一个概念。深度学习把人工智能推向了一个新的高度。

吴恩达有一个比喻：如果把人工智能看成火箭，那么它有两个重要的部分。一个部分是它的引擎，即我们的电脑，也就是计算能力。随着摩尔定律不停地向前发展，我们的计算能力也会越来越强大。另一个重要的部分是燃料，就是海量的数据。因为人工智能需要学习，尤其是深度学习和增强性学习，这些都需要海量的数据。而我们在数据这个层面有着非常独特的优势，这也是像吴恩达这样优秀的人才加入中国公司的一个很重要的原因。

现在国外还在英语世界的资料上投入很大精力，这也给了中国公司足够的时间去发展我们自己的环境。像我们现在的互联网，在科教上已经有了非常大的进展。甚至像微软的小冰，它在智能角度的扩展都比其他应用发展得更好，这要感谢中国庞大的手机用户和互联网用户对它的训练，从而使它达到了现在的智能水平。

然而中国天生有很多的劣势。首先，在基础科学研究上，大数据方面，人才的缺乏等，是我重点想强调的。其次是数据网络的开放性、多样性、包容性。在大数据时代，人工智能的燃料来自数据，来自连接的数据，来自真实的沟通和融合。如果我们所面临的环境是这样一个相对封闭的网络环境，这必然导致我们企业和互联网人工智能的发展在下一场"核战争"里存在天然的劣势。再次是民营企业生存发展的环境需要改善。当前，中央正在进行非常重要的供给侧改革，就是进一步改革国企，进一步让民营企业发展——这是非常重要的。大家想一想，互联网企业有哪些是国企？我几乎可以肯定地说，未来人工智能成功的领域也不会有国企的存在。但是，民营企业现在的发展土壤是否能够应付这场"核战争"？对此，我不知道。我们很多人需要有这样的勇气，同时也希望政府给民营企业更大的支持。

在我们走向一场完全不同的战争时，我们需要牢记两件事：一件事是开放。在"核战争"中，开放比任何时候都重要，要有多种数据源的合作、自由的思想讨论环境、网络与数据的一体化。如果我们拿不到别人的数据，但别人可以自由拿到我们的数据，那么这场战争还没开始我们就已经输掉了。在一个"核战争"时代，我们有非常大的机会，但与此同时，我们也面临非常大的挑战。在我们前面奔跑的这些庞然大物，每一个都是高达百亿、千亿美金市值的公司，是我们未来的竞争对手。我们稍不留心，这个机会就会转瞬即逝。摆在我们面前的实际上是一个非常大的责任，但同时也给我们提供了很大的机会。

信心与动力到底来自哪里？首先来自实力，来自我们的科研；其次来自我们每一个企业，以及我们的政府。所以，让我们好好把握这一转瞬即逝的机会，实现中国在人工智能领域的崛起与壮大。

传统企业请忘记电商

文 | **刘强东** 京东集团首席执行官

今天现场的气氛还是比较沉闷的，很少有掌声，也很少有尖叫声。整个社会上媒体营造的气氛也很不好，经济不好了，日子也就难过了。对此，政府很着急，企业家也很着急。其实，这是很简单的事情，就像京东追求的理念一样，让生活变得简单快乐一点，政府把经济搞活只需要做一件事情，那就是严厉打击逃税、漏税，大幅度降低增值税税率。现在全球大部分国家的增值税率都没有超过14％，中国的这一数字却高达17％。

这导致了什么现象？据媒体报道，2015年中国人在境外的消费高达1.2万亿元，全世界46％的奢侈品都被中国人买了。然而还有很多消费数据媒体统计不到，据我们估算，这一真实数字至少不会低于2万亿元。或许有人会说，中国30万亿元的消费市场，2万亿元根本不算什么，但是大家不要忘了，这2万亿元的消费都是高附加值、高利润，相当于国内10万亿元消费产生的利率。这一现象的核心是中国的税率比较高，虽然国家连年降低关税，甚至很多商品不收取关税，但只要一入关加上增值税，价格就会上涨，从而导致中高端品牌的价格跟国外价格的差距依然非常明显。

我个人认为，如果政府能把增值税率定在14％以内，同时严厉打击逃税、漏税，像美国一样，一旦逃税就会被判10年，这样肯定不会再有逃税、漏税，企业的成本也会得以大幅度降低，我们的竞争力也会大幅度增强。

对企业家来说，怎么做到简单快乐？在现在的经济情况下，我觉得大家最好的方法是：一半传统行业的企业家都可以考虑将企业卖掉。这是多么简单的一件事情，企业卖掉后，所有烦恼都没有了，拿现金是最高兴的时候。

2012年，我的一个初中同学问我能否在京东开店，做自己的品牌。他在江苏南部做制衣厂，已经做了一二十年。我说，你最好把厂房卖掉。他舍不得，认为经营企业总有起起伏伏，熬过这一两年，企业还是会很赚钱。现在3年过去了，实在熬不下去了，但是想卖掉已经很难了。他把过去一二十年辛辛苦苦做服装代工的利润几乎全部吐了出去，净资产可以说是零。

对很多传统企业来讲，如果它在行业里没有创造独特的价值，如果它的设备不比别人更优良，管理能力没有更好，或者说没有自己独有的设计、技术，那么最好的选择就是卖掉，比如做圆珠笔的企业，2015年虽然做了几亿支圆珠笔，也都卖出去了，但以后接着做圆珠笔就没有意义了。特别是在国家提倡供给侧改革（供给侧改革说白了就是减少产能）的时候，顺势而为地把企业卖掉是今天很多企业的最佳选择。

最近几年，很多传统品牌在陆续向电子商务转型。今天，回过头来看，3年前我发出过忠告，品牌商还是要把时间、精力放在品牌上，做好研发、设计，销售渠道应该交给代理商，交给经销商，交给零售商，自己没必要成立电商部门，建立庞大的团队，招聘这么多高薪的人做网上营销。今天大家可以看看，所有的传统品牌，只要是自营电商，如果建立了电商部门，销售基本上是电商部门自己卖出去的，那绝对是一个灾难。

前几年和朋友聊到国内很知名的鞋品牌公司，它过去十几年的利润非常好。有人勾勒了一个数字，2015年在中国所有的鞋品牌里，电子商务转型最充分的，1/3来自线上销售，做了22亿元。这22亿元来自电商部门，并不是给京东供货，净利润1000万元。老板对此很高兴，说"我比刘强东做得好"。然而好好看看财务报表，这22亿元销售额如果让销售商、零售商去卖，而不是自己的电商部门卖，最终的净利润可能就不是1000万元，而应该是3.8亿元才对。剩下的2/3销售来自线下，净利超过10%。其实，电商的技术很强，我们需要掌握、积累的知识非常多，并不是每一个品牌企业都要建立自己的电商部门，去做电商，我们可以和电商公司合作，和他们进行配合。全世界范围内做电商做得比较好的传统企业也只有少数几个品牌，但他们一半以上的销售也不是通过所谓的直销，而是通过全世界各个零售商的渠道销售出去的。

所以，在此我再次呼吁，传统品牌企业家请忘记电商吧，回去第一件事是把电商部门的所有员工裁撤掉，这是多简单的一件事呀！

泡沫中的O2O

　　市场正在担心炙手可热的O2O（Online To Offline，在线离线/线上到线下）会不会被提前消费，甚至死掉。这或许是个好事，泡沫是理性回归的前奏。2000年，有个著名的".com"泡沫，今天，O2O的快速轮回类似于当年".com"的生命周期。只是那一场泡沫破裂发生在美国，而O2O的泡沫则集中在中国。中国传统行业的弱势导致了整个互联网O2O海啸的集中爆发。对此，中国的互联网行业以及传统行业该如何应对？

　　在2016年亚布力年会上，就O2O在中国的发展，金沙江创业投资董事总经理丁健、途牛旅游网联合创始人兼总裁严海峰、拉扎斯网络科技有限公司（"饿了么"）创始人兼CEO张旭豪、美巢互联科技股份有限公司董事长冯琪雅、许鲜创始人兼CEO徐晗进行了深入讨论，美通无线有限公司董事长王维嘉主持了该场讨论。

王维嘉： 我们今天的议题是"泡沫"中的O2O。首先要明确的是：O2O究竟是什么？这一问题缘起互联网。O2O其实是非常古老的一种模式，比如阿里巴巴就属于这种模式，但为什么在今天这一话题又变得火热？这是我们今天的第一个问题。第二个问题是：O2O和共享经济是什么关系？共享经济也是这两年比较热门的话题，从Uber到Airbnb，共享经济领域出现了很多独角兽公司，他们快速达到了500亿美金以上的估值。那么共享经济究竟是什么？O2O的类型多种多样，包括家装、生鲜、服务、雇用等多个领域。这些领域中是否有"泡沫"的存在？举例来说，如果团购领域突然出现了1000家公司，其中就必然有泡沫的存在。首先，请丁健来对O2O进行定义，讲解为什么O2O现在突然火爆了起来，以及O2O和共享经济到底是什么关系。

丁健：我们的公司在O2O领域可以算作先驱，滴滴出行A轮投资的时候我们就参与了，之后投资的"饿了么"也接近百亿美金的级别。虽然我们看似投资了很多的O2O公司，但实际上只有六七个——我们对投资的公司要进行高度选择。这是因为我们意识到，O2O存在泡沫，并不像很多人想象得那么美好。

如何定义O2O？概念很简单，就是从线下（Offline）到线上（Online）的转换，"线上到线下"和"线下到线上"这两种说法之间的差别微乎其微。客户获取的核心过程，以前最主要是通过线下的服务来完成，现在转变成了在线上完成。电商作为最早的线上服务，它的线下属性并不明显。除了最后的物流属于线下范围，其余大部分服务都是在线上完成的，所以，人们习惯将它列为线上公司，而不是O2O。在O2O之前，互联网被称为"眼球经济"，其原因有二。一是其主要依靠眼球在消费，以内容为主。二是在于商业模式，因为眼球经济的商业模式只靠眼球获利，所以，其绝大多数的商业模式都是广告模式，而几乎看不到其他模式——这也是电商稍微有一点特殊的原因。而在O2O浪潮之后，它的商业模式就变成了以线下服务为主，终极目的在于收费，虽然在过程中可能会有补贴出现。

王维嘉：现在的O2O在线上完成的部分要比传统电商少吗？

丁健：少很多，因为服务的核心都是线下。以打车为例，真正的线下是用户坐上了车，而不是用户如何叫车。电商有其特殊性，将之划归为O2O也可以。

王维嘉：那类似于生鲜配送这样的服务属于传统电商还是新型O2O呢？

丁健：它可以算作O2O，也可以算作电商，因为它从属于电商，和电商没有本质的区别。

王维嘉：那么今天的O2O和传统电商的区别主要在于线下服务？

丁健：服务为主肯定是最主要的区别。虽然电商在商业模式上属于O2O，但我们一般很少这样称呼它。共享经济是O2O中的一种，比如拼车和Airbnb。

其实共享经济对我们来说也并不陌生，租车在某种程度上便属于共享经济，因为一个人每到一个城市，不可能在当地买一台车。共享和整个流程的成本在之前太高，很难推广，但是现在有了网络、手机、移动互联网的支撑，类似于租车、拼车这样的共享就变得非常简单，成本趋近于零。而对于O2O来讲，赢家通吃是一个很重要的特征。因为涉及在线平台，特别是在某些高频常用领域，比如Uber、滴滴、Airbnb，在它们出现之后，其所在领域便呈现赢家通吃的局面。但它背后的陷阱是，并不是所有的O2O领域都会如此发展。

王维嘉：为什么？

丁健：因为竞争壁垒和服务特性。如果服务本身的差异化不容易实现，那么线上平台部分就起到了非常重要的作用。举例来说，女孩子一般都很在意自己的理发师、化妆师，在选择上会非常挑剔，不会在线挑选便宜的，她们看中的是服务质量等多个方面。而如果是电影票购买，这在任一平台上都可以完成，此时的客户黏性就非常重要了。在差异化不大的时候，商家很可能会靠补贴去争抢用户——这也是非常危险的事情，比如在滴滴、快的之间的补贴大战结束之后，消费者都觉得这个补贴是应该的。我们要非常小心地考虑用户黏性究竟在哪里，因为O2O的泡沫和陷阱远多于它所带来的机会。就像打高尔夫球一样，果岭看起来很漂亮，但是周边可能会有沙坑，所以一定要非常小心。

那么O2O当中有没有泡沫？有，但是它的泡沫和2000年时候的泡沫很像。在2000年的时候出现了一股".com"的泡沫，当时，所有的公司加一个".com"之后估值就上升了。这和我们现在的情况一样，把公司的名字换一下，想办法和O2O扯上关系，最后估值就翻上去十几倍。当初的".com"泡沫把纳斯达克冲到了5000点，直到现在纳斯达克还停留在

4000多点没有下来，那股泡沫的厉害程度远胜于现在。虽然当初这股泡沫最终破灭了，但是".com"死掉了吗？没有。最后的结果是所有的公司都变成了".com"。所以，未来的O2O会是同样的状况，甚至会更加彻底。未来可能没有一个行业、没有一家公司能够完全脱离线上，只需要开一家门店，客户就会进来消费。所以，既不要因为大家在疯狂追捧O2O就赶紧把自己的公司变成O2O，也不要因为有人说O2O存在泡沫就避之不及，这两种态度都是不对的。O2O是一个必然的趋势，和所有企业一样有着自己的发展规律。

王维嘉： 接下来，先请琪雅介绍一下自己的公司和商业模式，再谈一谈你们如何看待O2O。

冯琪雅： 我们公司的主业务是装修，同时涉及智能家居。我们近两年开始往线上走，因为所有的产品服务未来必然要走到线上，否则无法面对新生消费者，这是一个必然的过程。然而我们的行业有自身的特性，无论家装、家居还是产品服务，最重要的是要通过线下落地。特别是家装，它涉及的最后1公里问题——施工问题，施工结束后的2年保修、终身有偿服务问题，都要通过线下服务才能得以落实。

过去两年间，我们的行业内出现了两类公司。一类是从线上走到线下的互联网公司，之前没有做过家装业务和家居业务，传统底子很薄。这类公司有1家，上线之后，1年内的估值达到了50亿元。另外就是像我们这类

从线下走到线上的。我们的官网1个月有3万以上的点击，在京东、天猫有官方店，同时还有APP辅助。这类有传统底子的公司往线上走，在我看来会走得比较稳健。结合自身而言，虽然我们的行业是非竞争性的，但从来没有做过家装的公司也会遇到一定的专业壁垒。因为家装行业需要资质和牌照，而且很多细碎的环节并不容易学；并且家装行业注重品牌价值，新成立的公司得到消费者的认可并不容易。在各个区域市场，近10年来都有其主导品牌。所以，如果这个行业在将来诞生全国性、百亿规模的公司，那么它一定是在线下有积累，沉淀了很多年的品牌。

像刚才谈到的打车一样，我们最终的服务要通过线下来实现。而我们和打车还有所不同。打车业内的各个平台，只要把出租车集合在一起就可以进行服务。而家装行业，尤其是O2O环节，还涉及甄别问题。家装业务不是任意公司都可以全部完成的，它很细碎，涉及更多的方面。虽然也有很多小包工头、工厂可以完成相关服务，但这只是个例。家装行业在线上也分成两类，业内习惯称之为"做平台的"还是"做O2O的"。什么是做平台的？其核心是撮合交易，包括施工队、家装小企业，都依托于这一平台。比如，有消费者要找设计师和施工方，就需要这样的公司，把各个品牌的建材、施工工队以及相关企业全部集合在平台上。而做O2O的就是像我们这样的公司，本身就是一个品牌，线下有实体店，通过线上、门店接单，实现一揽子服务。总而言之，从O2O的品牌建立以及家装企业和家居企业多方面来考量，我觉得还是在线下有基础的前提下再往线上走，这样的成功概率才会相对更大一些。

王维嘉：所有招商服务都是你们公司自己来做？

冯琪雅：是的。我们之前在线下的服务是客户把毛坯房交给我们，我们集结不同的建材商进行所有的家装服务。家装的步骤也有先后：首先是完成硬装，其次是完成16件标准化家具的配置，最后是软饰和智能家居的安装——这是一种模式。现在的线上服务主要是经营自己的企业平台网站以及在主流电商上的官方店，订单规模还是不错的。

王维嘉：请丁健简单点评一下，如果琪雅找你投资，你觉得她有什么优势和问题？

丁健：对于是否投资一个公司，还是要多花一些时间进行研究的。如果直接针对她刚才讲的内容进行点评，我认为目前她处于典型的线下到线上转型的阶段。线下到线上转型遇到的最大问题就是可扩展性。因为原来做的东西很重，当后端很重的时候，扩张就会变得非常慢。当时我们投资"饿了么"，就到底怎么去抓住前端和后端讨论了很久，因为它的平台是直接从互联网杀进来的，就是前端。现在很多行业遇到的问题是后端没有差异化或差异化程度低，它们对消费者的吸引力就是服务方便、距离近。而家装就需要注重后端服务，因为消费者在意的是品牌。

大多数现在成功的公司都是线上往线下走的，发展速度非常快。很多人都会疑惑为什么美国没有像中国一样出现这么多火爆的O2O。解释这个问题时，我经常会用马云淘宝的例子。美国始终没有一个像淘宝"双十一"这么火爆的活动，为什么？第一，美国有"黑色星期五"的传统，它安排在感恩节之后。"黑色星期五"的时候，很多商品打4~5折，消费者也很疯狂，很多家庭主妇半夜两三点钟就去商店门口排队，等着第一个冲进去抢东西，每年还都会有打架的情况，这和我们守在电脑前凌晨12点用鼠标去抢商品是一样的。然而美国为什么在线上没有这样的活动呢？道理很简单，因为美国线下的法律和对零售商的管理非常严格，传统行业对自身的保护非常强。对于任何品牌的服装或者其他产品，零售店绝对不会允许在线商店的价格比零售店价格低出太多，除非这是一个新的品牌。1折、2折这种情况是绝对不可能出现的，否则这个品牌商今后在零售业难以生存下去——零售是美国销售的主渠道。同样的道理，中国在传统行业的自我保护和行业规则等各个方面还没有像美国、西方国家那么成熟的情况下，互联网企业进入O2O就如秋风扫落叶，把这些行业打得七零八落。这是中国O2O独一无二的一个特点，因此，中国O2O的发展有着非常好的机会。那么这就回到一个老问题：在这种情况下，实体经济会被摧毁吗？我觉得这是历史发展的必然规律，阻挡它是没有意义的。

王维嘉：对于刚才说中国、美国的区别，我不知道中国大的品牌商是否愿意，或者做不做这样的事情，但淘宝上的很多店从第一天起就是线上店，根本没有线下实体，所以不存在价格体系冲突的问题。而美国亚马逊现在才开始有一些这样的店铺，原来相对少得多，是不是这个原因造成了亚马逊和淘宝的巨大区别？

丁健：美国以传统行业为主，线上发展得很慢，而中国新增用户都是线上的，占到了价值的百分之七八十，这样品牌上就没有选择，线上怎么做就得跟着走。打2折得罪品牌商，对自身也没有太大的影响，反正零售店才卖20%的东西。

王维嘉：下面请旭豪讲讲你们为什么会发展得这么快。

张旭豪：行业之间的差距还是非常大的，有一些是标品，有一些是非标品。家装是非标品，用互联网渗透需要很多的时间，包括线下还有很多供应商。餐饮行业相对较为标准化，对平台来说，有规模优势就会发展得更快。我们创业很早，2008年就开始了。最初只有网站，最早的创业资本甚至都是通过支付宝套现来启动的，当时，包括在线支付在内的很多基础设施都不完善。我们快速发展的那几年，主要依托整个行业的基础设施，包括移动互联网、在线支付、移动端的普及，安卓手机让更多人能连接在一起。以前拉一个商户加入我们，需要帮他安装电脑和配置网络，算下来成本要四五千元。现在只需要一台成本800元的安卓手机，装上一个上网卡，就可以开网店接订单了，入网成本大幅降低。整体基础设施的完善和移动互联网确实给我们带来了非常好的机会。另外，据我们自己的观察，用户侧的人确实越来越懒了。现在开车出去吃饭，停车都可能是一件麻烦事，而很多人追求效率，尤其是90后和00后。所以，我们的平台提供了一种解决办法，就是送餐上门。人变懒是趋势，很多互联网公司都在想办法抓住这个机遇。像家装一条龙也是如此，原来是消费者自己装修，而现在开发商都装修好了，只要进行选择就可以了，这使用户变得越来越懒。

在我个人看来，共享经济和O2O之间没有太多的关系，共享经济的本质还是提高社会效率、降低成本。为什么会出现共享经济呢？这还是因为移动互联网。移动互联网可以把每个人都连接在一起，信息在高速流转。但这样一来，很多效率上的问题就会涌现。所以，共享经济无论是对C侧还是B侧，成本都会是一个问题。我们最早的物流网络是自己招人，招聘了大量的自营人员，他们在接受培训后上岗，来提供物流服务。我们渐渐发现，如果能把整个环节切得很标准化，并且通过移动互联网抓住每个关键节点进行考核，那么自营和众包之间的差别就不那么大了，同时也可以让更多的人节省时间。比如，我们原来招聘的全职员工按月计算工资，现在则可以按小时来计算工资，这可以让我们大大提高效率、降低成本。

王维嘉：现在你们B端除了餐馆，有个人厨房吗？

张旭豪：现在个人厨房不符合法律法规。

丁健：我们投的"回家吃饭"就是这种模式。

张旭豪：我们主要分为三部分。第一部分是交易平台，我们的任务就是吸引更多的本地商户。大家讨论O2O和电商的区别，其实电商是大概念，和电子商务相关的形式都可以叫作电商。那为什么会有O2O呢？以前淘宝的诞生，是因为很多店最初的出现形式就是网店，是随着网络诞生出

来的，淘宝也是这样发展起来的。O2O则是在线下已经有实体店的情况下，把线下的资源汇集在一起——这就是O2O概念的诞生。我们最初做的是把餐饮汇集到这里，而今天除了餐饮之外，还包括了超市、水果、生鲜、鲜花、药店等和本地生活息息相关的服务。我们的平台能够提供45分钟必达的服务，而京东最快的速度也是一天上门，这还是有区别的。为什么我们可以有这样的实效性呢？因为我们是分布式的网络，每个餐厅、每个商户就提供周围3公里内的服务，它们相当于一个个小型仓储。而淘宝和京东相当于集中式的，这是分布式网络和集中式网络的区别。

我们最大的努力在于品类扩张方面要下很多功夫。淘宝、京东是把全世界的东西都放上来，通过快递将商品送到用户那里。而我们只汇聚周边3公里的商户，那么品类就需要通过其他方式来解决，需要对供应链的改造，在各个区域要让更多的品类进入。比如，原来这个区域只有30家、50家餐厅，但是通过一些供应链的改造，可以对一些仓储进行扩张，让更多的商品进来。网上有一个网络，线下还有一个网络。比如，一些类似于7~11的标准化餐饮就可以通过这种方式解决，以上是我们的第二部分。

第三部分就是我们的物流。因为我们的物流不是简简单单安排员工进行配送，其核心是订单的调度系统。如何把订单快速调动到用户周边3公里内，让配送员提供及时的上门服务，这是第一个体系。同时，我们会接入很多的第三方合作伙伴，我们抓住物流人员的实时信息、一些核心数据，包括他什么时候接单、什么时候到餐馆、送餐的路线是怎样的、用户如何评价他的服务等。我们在抓住核心数据之后，将之与其绩效工资挂钩，从而达到约束运力服务质量和服务速度的效果，这是我们的第二套体系。第三套体系则针对我们自己持有的一些运力，包括三种模式。其一，自营。为了优质品牌商户，我们会统一着装、统一培训以提供高品质物流，主要分布于一线城市。其二，和代理商合作，加入我们的平台。其三，众包，提高物流人员的时薪。所以，会有很多人到众包平台上来提供服务。

王维嘉：下面，我们请途牛网的海锋讲一讲。途牛网是做旅游的，请介绍一下你们的商业模式和相关操作。

严海锋：大家对旅游概念的理解有所不同。途牛到2016年已经是第9年了，我们的发展有两个阶段。第一个阶段是2014年以前，把非标品通

过标准化的模式放到互联网上卖。旅游是非常不标准的商品，平均客单价是5000元，非常高。我们和"美团""饿了么"也有所不同，我们的产品消费半径相对更大一点。比如，"饿了么"的消费半径是3公里，我们的消费半径可能是一个市，可以把整个城市的人覆盖住，这是由客单价决定的。我们还有一个不同的地方，即有出发地，也有目的地，比如，上海人去三亚，这就是出发地和目的地之间的关系。我们也总结了一下这个行业的核心竞争，我们属于服务行业，服务业的核心竞争力就是两点：标准化，把一个不标准的东西标准化，像ClubMed就是对不标准化的管理。服务，因为它是看不见的，所以需要标准化。同时，还需要有一个品牌，有了品牌以后才能得到客户的认同。所以，途牛一直在做标准化，把旅游做得标准，同时努力打造品牌，这是我们比较不一样的地方。我们研究过O2O公司的推广，发现并不适合补贴，因为旅游产品的价格太贵了。解决方式则是打很多广告，使品牌溢价出来。

王维嘉：还有一位嘉宾是做生鲜水果的徐晗，"饿了么"也在做生鲜业务。请先介绍一下你们的商业模式，再谈谈"饿了么"的这种品类扩张和你们是什么关系？

徐晗：我们现在正在合作。

王维嘉：如果不合作的话，会是竞争关系吗？

徐晗：可能会有竞争，也可能有合纵连横的机会。任何公司都是如此，并没有什么差异化。O2O的市场很开放，每个人做大了以后都想加入更多的东西。我们做"许鲜"也就一年半，可能是这里时间最短的一家公司。B轮融资的时候我和金沙江创投的朱啸虎先生聊过，世界上任何一种新的经济体出来，都要符合特别明确的规律，就是在供给成本不增加的情况下，效率要比其他公司高，或者服务比其他公司好。东来顺火锅比其他火锅贵，这是长期积累下来的，它有一些溢价的成分。对于任何传统的经济形态，长时间来看，越往后面做，整个生产或者整个产出的成本会越来越高。这就一定会在它的经济体里增加原有的供应成本，消费者就会花更多的钱。

现在为什么O2O企业这么多？因为移动互联网出现之后，从业者也找不到出路，不知道还能做什么。平台上的业务已经没有什么可做了，所以要转向优化实体经济。我理解到的对于实体经济的优化，就是优化服务和优化产品。对于传统商业来说，服务是不可以标准化的，或者只可以从管理上标准化。商品在于流通，涉及周转率和履约效率。履约效率则涉及物流成本和损耗成本。我们坚持不做生鲜这个大品类，就是因为我从来不认为冻品的成本容易降低，它在任何时候都需要冷链。所以，我们通过去冷链来降低成本，无论是水果还是其他商品，只要到我们的总仓，在12个小时之内我们就将它周转给用户。在商品流通的经济体里一定有总仓的周转率和门店的周转率。京东做的就是去掉了原来所有门店的周转率，只涉及总仓的周转率和SKU（Stock Keeping Unit，库存量单位）对应物流。这样可以控制商品流通成本，在整个物流环节里，把物流的满载率提高，那么交付成本就会下降。

所以，在这个大行业中，我只做水果。即使我们的体系越来越大，我看到的自己的价值也仍然在这里。我们有足够的周转率，没有冷链，交付和履约的高效率下我们的商品没有损耗。像酸奶、牛奶、咖啡，包括我们平常喝的果汁，因为要保质，所以都有添加剂，每个企业都没办法保证今天生产的产品明天就能周转掉。然而我们小时候都按月订过牛奶，这样牛奶厂成本最低，没有多余的生产。比如，"饿了么"不会开餐厅，因为不可能自己进行生产，餐厅怎么用最快的速度把餐品送到用户手里，这才是他们考虑的重点。我们线上移动互联网支付功能推出之后，产生的和原来经济最大不同的特点就是，用户先把钱付了，产生金融价值。之前都是用户看到商品以后再付钱，对所有的商家来说没有机会改造。而对于我来说，我没有和供应商结款，用户先把钱给我，我再向供应商要货，用最短的时间、最高的效率，把水果由原来不可以标准化的概念变成可以半标化的商品。

有泡沫的原因是什么？是大家没有在传统经济里考虑到钱的因素。所有的企业都要考虑资金链的问题，只要资金链不断，就可以赚下去，体量扩张。所以，我们先在现金流上引领，暂时不考虑在整个财务体系里引领，同时降低每一步的成本——这是我们做"许鲜"的过程。

王维嘉：能不能再说一下你的供应链？你们肯定是从批发商那里进行购买，因为这样的成本最低。

张旭豪：这里我打断一下，我们之间是没有竞争关系的。"饿了么"是一个基础平台，我们给到本地的这些商户，它们实际上是品类，品类可以再造。对于这些本地商户，我们给予的是什么能力？第一是流量，商户不需要自己打广告就可以获取流量的保证。第二是提供物流服务，商户对于用户需要提供配送，而"饿了么"则提供物流。第三是仓储，"饿了么"有自己的仓储，商户愿意的话可以使用。我们提供的是基础能力，而供应链对我们来说技术难度太大，我们只做流量、物流、仓储这三个小的方面。

王维嘉：如果我是"许鲜"，我肯定会想，你把物流、流量、品牌都做了，我最后就变成了一个水果仓库。

张旭豪：并不是这样，"许鲜"是品类专家，而中国恰恰缺少好的商品。他们做的是如何把全世界最好的、新鲜的水果吸引过来，我们则是通过最快的方式送到用户家里，本质上是合作共赢的。

王维嘉：徐晗你是不是这么看？

徐晗：是这样的。商品流通是我们，而服务是他们。"饿了么"在做的事情就是平台的事情，建立整个商户的调度系统，以及最终的物流完成。我们则是从产地到城市的供给，重点是商品周转。关于配送，我一直存有疑虑。其实餐厅也是一样，不是所有商品都要自己进行配送，所以我们的关系属于竞争合作。

另外还有一点，我们的用户除了买水果以外，不买肉、蛋，但是会买饮料和轻食，这一点上我们反倒跟"饿了么"有更多的合作机会。所以，我一直认为"许鲜"是这个品类中的一个新的经济体，做的是如何让商

品——或者对时间和新鲜度有需求的商品——周转最快而成本最低。同时我认为，我们和实体经济并没有极大的冲突，因为有直接购买习惯的用户肯定是到水果店里消费；而"许鲜"订购不是直接购买，必须提前一天预订，在第二天才能拿到水果。对于互联网会在多大程度上影响传统经济，我一直都存有疑虑。至少在水果行业，未来的格局是"631"，即60%属于以前的传统公司，30%属于我们这样的公司，10%属于"天天果园""本来生活"那样的公司。他们一定能把原来老的用户维护好，因为他们提供的是所有生鲜标品的运达，而我们针对的是对时间有要求的商品。

标准化的产品其实就是同质化的竞争，所以在我看来，传统经济只需要转型、优化自身就可以了。原来活不下来的百货公司、餐饮公司转型了之后都发展得很好，所以并不一是所有的经济体都会受到影响。我不仅对未来很有信心，对自己也很有信心。

王维嘉：所谓的O2O实际上是互联网持续改造传统行业，或者传统行业持续向互联网转化的一个过程。这一过程肯定是长久且正确的，并不是突然出现的。我认为所谓的"泡沫"应该有两个特征：突然出现了1000家一模一样的公司；估值非常不合理。所以，作为主持人，可以代表自己做一个简单粗暴的结论：O2O没有泡沫。

提问1：很多传统行业，尤其是零售业在改进和进社区，对此，徐晗你怎么看？

徐晗：在我看来，品类部分是从供给端进行改造的。即使进了社区，原来的整个供应链，包括原来的整个供给效率只不过是把商品转移到了社区。有的事情能用互联网解决，但有的服务没有办法用互联网来解决。比如很多人在做的自提柜，这在水果交付中可行吗？在我看来是不可行的。自提柜的容量设计怎么做？如何进行控制？同时，自提柜也涉及品相的问题。传统商业一定要知道交付末端、交付品相如何。一个死在那里的自提柜，肯定没有什么更高的效率可以提升。而通过人其实还可以不断获取用户，整体销量可以提升，但这又回到了原来的服务和销售的过程。所以，这两件事情结合起来，用原来的体系去做这样的事情，完全是在浪费钱。社区里有便利店，有这些箱子，这种状态已经存在很多年了，现在进行的简单整合真是用户需要的吗？显然不是。从互联网角度出发，我们只考虑一件事情：用户到底需要什么？未来用户对水果的需求是什么？物美价廉，通俗来说就是便宜且品质好，而"许鲜"就在做这样的事情。

提问2：丁总，您对盘活弱关系链、实现高效话题共享的社交产品有什么评价？

丁健：不能把它归纳在O2O的领域，它虽然也和线上、线下产生联系，但属于社交的大范畴。

提问3：旅游业的标准化和个性化如何平衡？标准化、非标准化、个性化怎么区分？

严海锋：旅游的标准化和定制化之间其实很模糊。比如，亚布力年会就是定制化，而我们做的自由行产品跟旅游团的产品都是标准化的。比如，到普吉岛旅游需要预订机票和酒店，需要我们安排车辆——这实际上已经是一种标准化了。旅游做到标准化就是供应链要标准化，所以，途牛在过去的8年主要是帮上游的批发商进行产品标准化。后来我们发现需要把服务标准化的时候，就需要对目的地进行标准化，现在已经做到了。比如，用户到了三亚，抵达后我们会为他安排标准的行程，这也需要在供应链端做很多工作。大众的产品相对来说价格较低，而定制的产品价格肯定会比较高。

制造业必须"+互联网"吗

  "互联网+"也可以反过来讲，即"+互联网"，前者是互联网结合各传统产业，后者则是传统企业探求互联网化。从产业的角度来看，"互联网+"和"+互联网"虽然侧重不同，但本质都是如何促进线上、线下的融合沟通，也只有在这一思路下，中国的制造业才有出路。

  在2016年亚布力年会上，新奥集团董事局主席王玉锁、中国自动化集团有限公司董事局主席宣瑞国、物美集团总裁张斌、亚商集团董事长陈琦伟等就中国制造业如何实现"互联网+"的问题进行了深入讨论，《中国企业家》杂志社社长何振红主持了该场讨论。

何振红： "互联网+"与中国制造是最近比较热的话题，因为中国经济的根本还会在制造领域。"互联网+"的概念还没有提出来的时候，企业界

已经对互联网进行了诸多探索，克强总理将互联网写进政府工作报告后，"互联网+"的概念一下子火了起来。尤其是当产业互联网的概念出来以后，克强总理说要把"中国制造2025"和"互联网+"合为一个战略。

前面我们听到了两个观点：第一个观点，传统行业应该把电商部门卖掉，让电商去做，传统产业只负责把产品做好；第二个观点，不要被做电商的人忽悠。互联网和传统行业的关系有点像当年电和煤的关系，当电出来的时候，即使再痛苦也要用电，不可能用煤。对此，大家怎么看？

王玉锁：我比较赞成传统企业必须进入一个新的时代。在我看来，互联网的核心是"联"，人人相连，事事相连，物物相连；并且这里相连的是生产者和消费者，如果生产系统和消费者不连在一起，就不叫互联网。

将来的制造商必须设立一个部门了解互联网信息，即现在的所谓电商。这个部门主要通过大数据来了解消费者的需求、想法，以及消费者的整体情况，然后再进一步进行设计，甚至将消费者的设计需求融入生产中，根据消费者的需求和要求进行生产。所以，我认为企业不能砍掉电商部门，这至少不是互联网时代的要求，或者说应该是互联网时代具有的特点。

互联网时代的世界万物都相互关联着。那么作为服务于大众的企业，一定需要电商部门，因为只要你活着，你就活在互联网的大环境里。中国制造已经不是传统意义上的中国制造，需要建立起消费者和生产者之间的直接联系。所有人都连起来，人人相连，事事互联，物物互联，不联就游离在外。互联网出现的真正意义是新秩序的产生，是对社会秩序的一种改变。而这次对社会秩序的改变，恰恰给我们提供了超越欧美的好机会。

何振红：你们有电商部门，或者是类电商部门吗？电商人数占比多少？

王玉锁： 克强总理在2015年政府工作报告中提出了"互联网+"，后来大家认为不应该叫"互联网+"，而应该叫"+互联网"；2015年年末，总理在一个会上也讲到了"互联网+"和"+互联网"的问题。其实无论是"互联网+"还是"+互联网"，两者都体现出我们已经进入"互联网时代"。从农业文明到工业文明，或者说从农业时代到工业时代，我们没有称之为"农业+工业"或者"工业+农业"。同时，恰恰是工业时代的某些理念使农业得到了良好的发展，效率得到进一步提升。同样的道理，我觉得现在应该被定义为"互联网时代"。"互联网时代"的万物都相连，因而作为服务于大众的企业一定需要电商部门。

陈琦伟： 我认为，"互联网+"是面向未来，现在就哪一个方法是对的下结论可能存在一定的风险，因为一切都还处在不断变化中，但是在这里方法论很重要。昨天马云讲的时候提到了他跟王石的不同，我很赞同方法论的不同，王石爬到山顶有利于思考问题，马云坐在马桶上容易出思想，这是两种不同的思考方法。站在山顶思考时有大局观，有全局观；坐马桶上想事情非常接地气。方法本身各有所长，没有对错。就"互联网+"而言，方法论本身也没有对错，只是大家对电商的态度出现了分歧。现阶段，我完全赞同保留电商的观点，就像手机已经成为人类器官的延伸一样，电商在新时代已经变成了企业器官的延伸，这是必需的。因此，把电商进行分割是比较落后的19世纪工业革命的观点。

　　引申下去涉及最根本的问题，那就是中国经济转型之后的出路在哪里。2015年中国经济转型之后处于迷茫状态，2016年的经济形势也可能会更差。其实这些都是次要问题，更加重要的应该是方向，不管快与慢，我们要弄清楚往哪里跑。中国原来的优势是价位便宜、环境和劳动成本低，因此，大家只认同你的勤奋。到了新时代，我们仍然需要中国制造，但是我们必须表明中国不是印度、不是越南、不是其他任何人的核心理由，而这个核心理由就是我们的后发优势——加速拥抱"互联网+"。对美国来说，这个问题不是那么突出，因为西方国家科技发达，互联网应用和创新开始得都相对较早。

　　新的时代，中国制造如果想重塑辉煌，关键是要有新的特点，减少失败率。第一代中国制造业的创业者都是一将功成万骨枯，很多企业倒台垮掉，因为其中的大部分是在摸索前进。而现在"互联网+"带来了完全超出我们看到、听到、想到的东西。比如，它第一时间带来了你所关心的行业，以及你所关心的市场资源分布情况，包括主要数据和要素。如何利用好"互联网+"，减少失败率，提升成功率，这对企业来讲是一个巨大的机会，但也对企业家提出了一个全新的挑战。新一代中国制造业的企业家如果要成为优秀的管理者，必须通过互联网第一时间掌握大数据，第一时间掌握行业和市场的最新动向，并且有专业人员和专业团队帮助执行。

　　何振红：经济的每次低迷也意味着机会的涌现，"互联网+"也许是个大机会，能否抓住这个机会与信心休戚相关。马云快步跳上舞台的时候，我们在下面议论这个人一点不帅，但是很多人还是觉得他极具魅力，魅力来自哪里呢？我认为来源于信心，马云无比自信。

　　陈琦伟：马云的气场已经向我们证明了他是一个帅哥，而且是从里到外的帅。

　　何振红：帅来自内在的信心，有信心的人就能抓住这次机会。

　　张斌：我很赞成进入新时代的观点。互联网从本质上来讲是要改变整个人类生活的底层物质结构，意思就是应该在方方面面改造人的行为。

　　大家总说中国制造有这样那样的问题，我的理解是中国制造永远是问题，永远也不是问题。首先，为什么说永远是问题？只有被入侵，不得不把中国制造业让出来的时候，中国制造才会出现真正的转机。

张斌

从加入WTO到现在，中国制造业应该说有所发展，因为汉文化的融合能力特别强，比如历史上将满文化同化成汉文化非常重要的组成部分。从这个意义上来讲，中国不要害怕中国制造出问题。出了问题，就会有解决问题的希望；如果不出问题，反而会觉得如果这个问题出现，真正解决起来会比较困难。对中国制造来讲，目前可能面临重生的机会点。在未来的5年时间里，我们超市行业卖出的加工类食品可能会增加30%，甚至还会有更多的进口产品。很多人认为这么大比重的进口食品会影响国家的经济

安全，其实，这是历史趋势和历史必然。在某一个阶段，国外产品充斥市场，这会促使中国加工能力上升、假冒伪劣产品的比重下降，最终使得中国产品的品质和质量得到一个质的飞跃。

最近我和哥哥一起去韩国，发现韩国超市里卖得最贵的是韩国自己的产品，进口产品的比重反而很低。20年前，大家认为韩国产品是地摊货，不予认可，但是现在局面已经扭转。所以，辩证来看，中国制造是问题，也不是问题。

何振红：这就是要通过产品进入中国市场带来的压力来提升中国的产品质量。而我们更希望时间短一些，当外国产品进入中国市场但没有完全控制住我们的时候，我们自己的产品就已经推出来了，这叫作时间窗口期。

宣瑞国：狭义来讲，电商企业B2B、B2C（Business-to-Customer，企业对客户的电子商务模式）门类各有不同，但是现在企业利用互联网不仅仅是追求营业额和客户，背后蕴藏的大数据对企业的价值更大。从广义来讲，传统企业不管是设计、科研、制造、服务还是对客户的管理，都不

可或缺地需要植入互联网的基因。

中国在过去20年的发展中一直存在来自国外的竞争，但现在所面临的最大挑战是国内的产能过剩，而非国外。那么如何才能在新的环境下实现进一步发展？从战略上来讲，就是要有新的需求产生。那么客户都有什么样的新需求呢？我们从国外制造业企业的发展中可以发现一二。国外制造业公司分成两大类，一类是像GE、IBM等引领世界潮流的工业制造业企业。早在10年前，GE斥巨资联合世界优秀的高科技企业，如英特尔、华为等开发工业互联网，现在GE的工业互联网已

经连接了所有飞机的发动机。前不久，海尔收购GE的白电部门，表面上看海尔是在买品牌，但实际上海尔是在购买GE的互联网基因。第二类是传统的制造业企业，他们现在还没有醒来，还沉浸在过去的传统思维模式里。由此可见，中国制造业企业需要用互联网方式连接起所有的客户，从而产生增值，这样互联网基因才会带来下一轮发展的高潮。

中国目前的经济环境以及供给侧改革的提出，给民营企业重现了1998年到2002年间民企高速发展的场景。对于互联网基因的应用，民企可能有更强的适应性。因此，无论是从广义还是狭义来看，我都觉得现在的制造业企业毫无疑问应该拥抱互联网，追溯互联网，把互联网变成整个企业盈利模式的一部分。

何振红：宣总提到两个公司——IBM和GE，都是制造业公司的典型代表，但现在来看，这两家公司已经不能纯粹称为制造业公司了。

张良：电子商务和互联网不能完全画等号。作为我们这样的传统企业，特别是做实体店的企业，肯定是要主动拥抱互联网。

何振红：泸州老窖线上、线下销售的比例大概是多少？

张良： 线上卖的可能不到5％，主要是线下。对于互联网的态度，我觉得必须是主动拥抱互联网。然而用什么方式，或者说用什么样的速度去拥抱互联网及响应电商的需求？穿着工装拥抱电商，还是穿着睡衣或者裸体拥抱，这是企业要思考的问题。什么意思呢？那就是企业必须先考虑生存。现在每个企业都在讲创新，但创新也需要有度，我们总讲创新、超越两步就会成为先烈。企业首先要生存，不能当先烈，特别是在经济转型的困难时期，我们的传统企业要思考的是如何生存下来。所以，我们对电商的关系既要主动，但是也要清楚自己的生存是第一需求。

陈琦伟： 很多人喜欢裸体拥抱，但是不得不穿着工装。

张良： 当前，在中国经济换挡调速期间，互联网是整个中国食品行业发展的巨大机遇，尤其对传统食品来讲是最好的跨越发展时机。中国经济发展30年，过去我们讲要吃饱、吃多一点，未来我们则会是吃少、吃好一点。吃好一点必然和互联网、中国制造以及食品安全相关。那么如何来做呢？第一，食品行业必须充分利用互联网优势进行宣传。第二，利用互联网连接全球，科学化地利用互联网工具来提高传统食品的生产标准，与国际接轨，这都是至关重要的问题。

何振红： 传统企业拥抱互联网的时候有很多的困难，必须要兼顾生存，同时进行变革。刘弘来自乐视，是在座这些公司中唯一的一家互联网公司，请发表一下你的观点。

刘弘： 传统企业是否应该放弃电商部门？3年前有一则新闻，"双十一"期间，某个著名传统电视机厂商的副总裁带领100来人的团队驻扎在淘宝旁边，待了将近半个多月，创造了"双十一"销售的奇迹。对此，各大媒体都在做宣传，他们自己也非常高兴。当时我们就说，传统的消费电子制造企业如果将淘宝、京东视为自己唯一的网络销售渠道，那么永远会被人掐着脖子，永远不可能做大、做强。所以，我们认为，传统的消费电子，或者消费工业品制造商必须建立自己的电子商城，也就是建立自己的电商渠道，必须把销售掌握在自己的手上。这是我们3年前的观点，也是现在的观点。

那么"互联网+"与中国制造，以及传统互联网的关系是什么呢？互联网的发展经历了三个时代：其一，互联网1.0时代，就是门户时代，有新浪、搜狐、网易等门户网站，他们只负责信息的传递；其二，互联网2.0时代，我们称之为互联网服务时代，以BAT为代表，还有随着移动互联网发展出的各种APP；其三，互联网3.0时代。

互联网3.0时代是什么时代？我们认为是"生态时代"，它包含三层含义。

第一层含义，产业链的垂直整合将战胜专业化的分工。专业化分工是工业时代的产物，也就是在一个领域里做到极致，做到最强。现在必须打破产业的边界，打破组织的边界，打破平台的边界，甚至打破国家疆域边界进行产业链的垂直整合。

第二层含义，产业链垂直整合能带来用户价值链的重构。无论是"互联网+"还是"+互联网"，只是把信息从原来的不对称转变为对称，把原来的闲置资源转变为有效资源，这就会提高原有的效率。而对用户来说，这并没有产生新的价值。如何才能产生新的价值呢？这就涉及第三层含义。

第三层含义，共享经济。在未来，无论是出于对地球环境的保护还是经济的可持续发展，我们都应该运用互联网真正实现共享经济。10年来，我们建立了乐视生态，即平台+内容+硬件+应用的生产模式，也得出了一个生态经济的理论，即现在的硬件制造，至少是消费电子和消费工业品的发展具备三个趋势：第一，互联网化；第二，智能化；第三，社会化。社会化其实就是分享经济的核心含义。

当下，引领发展的变化趋势会最先出现在消费电子领域，因为消费电子领域与人的生活息息相关，而且面向大众。其目前的发展有两个趋势：一是从硬件企业进入互联网领域；二是从互联网领域进入硬件制造领域。前者有TCL、长虹等，后者有乐视、阿里巴巴等，他们都建立了自己的互联网公司；小米最近也开始通过资本手段进入迅雷、爱奇艺等，甚至开始建立自己的互联网部门。我们认为，从互联网进入到硬件领域可能相对更加容易。

2013年乐视做互联网电视的时候，大家都是嘲笑的态度。他们认为：第一，没有任何利润可言；第二，为何要进入极度红海的电视市场？大家如果用了乐视超级电视就可以看到，开机的画面是完整的互联网大屏生态系统。其实对用户来说，买传统电视仅仅是看电视台的内容，而乐视制造的超级电视按照互联网生态经济的理论是给用户提供了全新的价值。我们不只是从内容和服务入口，我们的背后是云视频平台，是各种互联网应用，是我们对内容极深度的整合。我们完全重新定义了电视产品，所以才会产生超级电视。互联网电视最大的变化，是让传统电视机产业不再依赖于把电视硬件收入作为全部的收入，而是把非硬件制造的收入作为主要收入，比如互联网的收入比重提高，从纯硬件制造企业变成互联网生态企业。

我认为，"互联网+"与中国制造会对人们原本所习惯的传统意义的产品进行一个颠覆式的创新。电视不只是电视，手机也不是原来意义上的手机，汽车也不是原来意义上的汽车。乐视为什么做超级汽车？就是因为我们看到了汽车行业的发展趋势，除了智能化、互联网化、社会化，还要加上电动化。只有在新的时代契机下，社会才会产生新的商业模式，但是并仅仅在一个点上，比如还可以在销售环节、营销环节。就像昨天陆昊省长所说，希望未来我们和互联网紧密相拥，在全产品、全流程过程中，从设计到制造，再到销售，整个过程都和互联网深度融合。

何振红：这两天大家也都在说BAT+乐视，我不知道这有没有可能成为现实。

卢飒：看来大家的答案都是一致的，我也非常赞同马云的观点。

任何一个时代，科技永远是引领时代进步的最大动力。很显然，现在我们是互联网的时代，而且互联网已经无处不在。无论你接受还是不接受，我认为被动地砍掉电商部门是非常极端的想法，就像基础设施，就像水、电、阳光一样，都已经渗透到生活的方方面面。而对于一个企业来讲，互联网也会带来全流程的改造，即从研发、采购、生产到销售的全领域改造。全领域改造所带来的不是简单的改善，而

有可能产生完全不同的颠覆性产品，这种产品可能是一种服务、一种新的生态，也可能是一种新的商业模式。这种新物种的出现一定会对企业的组织形态带来变革，企业一定要有适应这种新形态的组织形式。所以，企业到底是应该砍掉电商部门还是新增电商部门，这些都不重要，重要的是企业的组织形式一定要能够适应未来全新的"互联网+"生态发展趋势。

汽车是有着200多年历史的传统制造业，但我认为它也永远是一个朝阳行业。因为汽车本身是科学技术进步的一个集大成的平台，所有的先进技术都会在这个平台上体现。因此，在这个传统行业里，我们可以看到特斯拉的出现及丰田等传统汽车制造商也在考虑转型。那么从哪些方面开始呢？其实无论是工业时代还是互联网时代，制造业的本质都不会改变，就是制造客户满意、有竞争力的好产品，并且为产品匹配服务，为客户提供增值的服务。所以，我非常认同马云昨天说的一个观点，过去的"三驾马车"是投资、出口、消费，这三辆"马车"现在要变成高级轿车。那么三辆高级轿车是什么？那就是"高科技、消费、服务"。尤其是汽车行业，更要用高科技创新制造出好产品，围绕产品搭载更多的增值服务，包括金

融以及各种维修延伸品的服务，从而实现引领消费、拉动消费的最终目标。带动经济的增长，是制造业与互联网转型升级需要达到的共同目标。

何振红：讲到这里我突然想起，当时雷军和董明珠打赌完之后，马云说站在董明珠这边，我就给马云发了一个短信说："你真看好格力吗？"他说："她如果跟我合作，就是好的。"我问他真要跟明珠合作吗，他说这是互联网的使命，因为我们安身立命之本肯定是传统产业。我们说"互联网+"中国制造，到底是"+互联网"还是"互联网+"？GE做的工业互联网，有人叫产业互联网，是一种融在血液里的化学反应，没有你我之分。

王玉锁：产业互联网一定是融入环境下的化学反应。人只要活着，就活在互联网大环境里。互联网时代的制造业和我们传统的制造业是不一样的，传统制造业30多年来最大的成绩就是将我国从紧缺经济发展到了产能过剩。紧缺时要解决生产问题，过剩之后再解决过剩问题。现在大家提供给侧结构改革，提出供给侧改革的原因正是我们原来的生产方式、产品质量有问题，因而需要改革。现在我们面临的一个改革契机就是互联网，如果没有互联网，转型会很困难。所以，互联网下的中国制造要以消费者的意志为主，绝对不能生产商想生产什么就生产什么，而是一定要建立起消费者和生产者之间的直接联系。雷军和董明珠之间的问题是用互联网思维生产和用传统思维生产的问题，而不是要不要电商的问题。当所有人都连起来之后，人人都连，事事互联，物物互联，不联就游离之外，真正的意义是新秩序的产生。

刚才刘弘提到了生态，马云也讲到生态，但是生态还只是一个小的范畴，更大的意义在于互联网是对社会秩序的一种改变。这次社会秩序的改变恰恰给我们中国人提供了超越欧美的好机会。如果没有互联网，我们想在传统意义上超越欧美很难，因为他们掌握着美元，因此世界大市场是由欧美定规则。我赞成这样一种说法：中国是未来世界产品的分销中心。欧美掌握货币，是因为他们掌握了石油，当石油不再是主要交易产品，而消费品成为主要交易品的时候，用谁作为结算货币，谁就说了算。所以，我对中国还是很有信心的。

陈琦伟：关于王玉锁说的第一点，我完全同意，互联网是一个新时代，影响到集体的重塑。这一点还可以从具体的例子来理解：现在中国的农二代和农一代，或者农三代和农一代之间的差别非常大。传统的观念里是老爸管儿子，老爸比较容易自以为是，自认为见多识广。在前互联网时代，老爸感觉对儿子的控制相对容易，但现在的二代和三代完全不一样，所听的音乐以及用语完全不同，因此二代和三代之间沟通不顺畅，现在老爸的落伍感越来越强。改变都发生在无形之中，胜过任何口头上的争辩，这就是市场的力量、互联网的力量、创新的力量。

我讲一个跟玉锁不同的观点，也供大家批评。中国过去20年是出乎意料的成功，是"狗屎运"，中国的成功在于躯体庞大，但是内在的骨骼、神经系统、血液还有大量的功课要做。所以，我对中国最好的祝愿不是赶英超美，而是应该追求健康的躯体，不要犯低级错误，不要犯致命的大错。我们祝愿中国经济在"互联网+"的转型时代，消除大隐患，在世界第2位的位置上站稳。至于是否能超过美国，一切随缘。

王玉锁：人在落水的时候，一定会找木头，互联网是现在中国的木头，能够把我们送到彼岸。

提问："互联网+"能不能融合到中国制造供应链和生产运作的整个

流程中去，让我们的生产更加顺畅和方便，让我们的产品更加智能？

张良：中国制造本身的发展方向就是智能，互联网作为工具，给未来的中国制造提供了更加智能化的平台。"互联网+"对传统行业来讲，就是一个风口。不管"互联网+"还是"+互联网"，实际上就是信息的吸收或输入。而互联网作为公众的共享平台，不是拥抱与否的问题，而是必须要应用。在过去紧缺经济时代，我们以厂家为中心，消费者被动接受。例如，过去我们的生产可能以专家为中心，汽车是设计师设计出来的，生产什么汽车，消费者就接受什么汽车。而在目前供大于求的局面下，我们要以消费者为中心，而消费者的需求信息传达给制造商，实际上就是通过互联网这个最大的平台。

卢飒：对企业来说，客户最有价值的是数据，现在我们通过互联网可以拿到这些数据。在制造业，我们通过"互联网+"构建全生命周期的数据管理，进一步优化提升供应链的全流程。在客户生产领域，我们还可以根据客户数据进行柔性化、模块化定制的产品生产；在研发领域，我们目前在做C2B（Consumer to Business，消费者到企业的电子商务模式）的研发，做架构的搭建；包括在营销领域，我们可以根据客户的行为数据开发综合的解决方案和出行的解决方案。

对制造业来说，与互联网的融合不仅需要自我的转型升级，还需要进一步探讨合作。毕竟传统制造业拥有的是比较传统的DNA，互联网基因不是传统企业想有就马上有的。因此，传统的企业应该更多地和互联网公司合作，比如我们广汽现在投资了Uber。和Uber合作之后，我们进一步了解了客户的出行习惯以及出行方式，这对我们的产业构筑和精准服务是非常有利的。很显然，未来所有产品的方向将会是智能化、网联化和电动化。

何振红："互联网+"和中国制造的融合还有很长的路要走，但也是信心所在。

中国股市需要什么

　　资本市场的结构失衡，制约着宏观经济的信心。只有股市与债市相协调，资本市场才可能对经济产生积极影响。从市场的广度与深度来看，中国股票市场与债券市场已拉开距离，债券市场显示出强劲实力。我们将讨论2015年年中股灾的原因、股市和债市各自的问题，以及如何协调才能提升市场信心。

　　在2016年亚布力年会上，上达资本创始人兼管理合伙人孟亮，怡和管理有限公司董事兼怡和（中国）有限公司主席许立庆，中国国际金融股份有限公司董事总经理黄朝晖，诺亚财富创始人、董事局主席兼CEO汪静波，天明集团董事长姜明等就上述问题展开了深入讨论，中泰信托有限责任公司董事长吴庆斌主持了该场讨论。

　　吴庆斌：股市是资本市场的晴雨表，是经济的晴雨表，但是实际上，在中国，股市尤其是股指的涨跌和经济增速的迎合度很差。如果说2015年是中国经济近10年来最困难的一年，那么股市却像过山车一样猛涨、猛跌。首先，请大家回顾一下2015年的股市，看看政策制订等方面有哪些值得我们思考。

　　黄朝晖：我说一下债市的情况。第一，这几年债市有非常好的发展，发展的动力来源于人民银行领导下成立的银行间市场交易商协会，银行间债权市场也由此形成。这一举动打破了当年其他监管机构对债券的垄断，形成了监管机构之间对债券监管方面的竞争。垄断打破之后，市场上出现了三大监管机构比、学、赶、帮、超的良好监管局面，让原来不完全市场化的市场变得越来越市场化。在中国金融市场里，应该说债券市场的改革最成功，这个成功对股票市场的改革也具有一定的参考价值。

第二，中国债券市场这两年也发展迅速，2015年新发债券17.5万亿元，存量为20多万亿元，总额相当于GDP的百分之三十几。而美国的债券市场总额是GDP的2.5倍，日本是GDP的3倍以上。我们一直在说直接融资要替代间接融资，这样，中国的金融机构会更加稳健。现在中国在往这个方向走，从债市的情况来看，发展比较顺利，但是也还有很远的路要走。

第三，现在我国的经济形势虽然不好，但是债市特别好。面对严峻的经济形势，我们相信总体的金融环境还是会往宽松的方向走，利率还有继续下降的空间。在这样的情况下，在三家监管机构——发改委、证监会以及人民银行的相互比、学、赶、帮、超的影响下，2015年的债券市场有了重大改革，证监会已经参照人民银行的做法，对债券进行分类监管，大大简化了审批手续。2015年12月，我们承接了中石化200亿元的企业债销售，没想到一个星期就批下来了，而且利率非常低，这在以前是不可想象的一件事。

吴庆斌：中国资本市场和美国资本市场的最大区别就是直接融资规模的比例，美国是70%，中国是30%。2015年，中国债券市场经历了大发展，但发展的核心是地方政府债融资平台债的高速增长。

孟亮：今天为什么市场没有信心？信心来自哪里？散户看的就是政府，政府一会儿出，一会儿进，政策迟疑带来了散户的迟疑。我做了十几

年的投资，投资的范围也非常广，可以投一级市场、二级市场，甚至还可以投资债券。所以，长期以来我们都非常关心股市和债市，从而也可以做出自己的反应。

市场好的时候，我们考虑两件事。第一件事是退出。因为在市场好的时候退出，可以得到比较好的收益。2015年，我们和招商银行合作把一个高铁项目卖给了A股上市公司，这对我们来讲是非常好的回报，两年半的时间获得了6倍的回报。第二件事是融资。当资本市场比较好的时候，投资者信心非常足，只要让他觉得你能让他赚钱，他就愿意给你。我们是美元基金，美元的表现决定了我们融资的成功度。2015年4月，中国市场非常好，国外资本对中国的形势也非常看好，这样的情况下，我们用两个月的时间融了一笔资金；今天市场不好的时候，这些资金储备就成为我们有所进取的子弹。2016年，中国市场的确不好，但我们仍然相信未来一段时间是美元投资人买进的好时机，我们有信心。从哪里买？看看国内一级、二级市场，我们会发现，一级市场远远高于二级市场，但是中国二级市场也不便宜。所以，相对来讲，海外港股、中概股就成为美元投资人做空中国的工具。为什么阿里巴巴的股价上不去？因为做空中国的最大机会就是做空阿里巴巴，因为对美元投资人来说，阿里巴巴就等于中国。

吴庆斌：市场上都在说做空中国，做空中国能获得什么？不看好中国和做空中国是两件事，做空中国可能叫阴谋论。

孟亮：做空中国的唯一目的是盈利。为什么中概股的股价起不来？因为美元基金想做空中国，这是唯一的手段。对我们来讲，这就是买港股的时候，这里的"买"和在市场上收不一样，是与企业做大宗股权交易，成为公司比较大的股东。港股回归有一定的技术性问题，美国中概股回归就容易很多，吆喝一声就可以开始筹钱，没筹到也没问题。然而港股不一样，港股必须有真金白银，吆喝需要付出一定的代价。比如，回归需要1亿美金，那就必须有1亿美金在银行，或者等值的信用证在银行，而且成本很大，不成功等于白花这个钱，再加上港股散户的风险控制也比较难。所以，很多港股公司都采用资产回馈的方式回馈投资人。未来1~3年，一些港股公司会分拆出一部分资产，这也特别会成为与中国A股企业进行并购时的一种手段。另外，我们还投未上市的公司债券，这等于是高息债加股权认购，虽然风险比较大，但是回报也非常好。我们唯一不能投的是市场交易型债券。

吴庆斌：谢谢孟总给我们提供了投资机会和资本市场的配置方向。许总是怡和的主要负责人，请从你的角度谈谈中国救市。

许立庆：救市本身没有问题，最大的问题是应该明确救市的目的是提供流动性，而不是指数的高低。

吴庆斌：如果救市是为了提供流动性，那么此次救市需要提供多大的流动性？

许立庆： 股票没有交易量的时候，我们就要出来，要让它有量交易。

吴庆斌： 我再说几个数字，2015年融资、融券的高峰时达到2000多亿元，券商把资产卖给银行后还有1000亿~2000亿元。民间信托融资是7000亿~8000亿元，信托公司的杠杆一般为1∶3或者1∶2。也就是说，如果需要保证流动性，就还需要3万亿~4万亿元。

许立庆： 对此，我也很惊讶。期货交易所和股票交易所之间信息完全不通，这在境外发生过很多次，中国香港期货和股票交易在同一个交易所进行，为的就是防止中间套利，这么明显的问题既然存在了那么久，为什么我们不能尽早解决呢？老实讲，我很同情内地的股民，因为他们很难放空，可是国内很多机构可以放空，这就等于让股民拿步枪和对方的机关枪拼。另外还有一个问题，怎么能如此轻易地让公司暂停交易？最高的时候将近一半的上市公司说要停止交易，这就等于逼着大家搁置。有人赎回就一定要有人卖，暂停交易的话就不能卖，那么就只能卖没有暂停交易的。在中国香港地区做暂停交易，企业需要有很具体的原因，而且时限很短，不能3个月、6个月地暂停交易。救市的目的是提供流通性，就是怕影响到金融体系，如果影响到金融体系，整个经济就难做了。华尔街2008年时的那些高管广受批评，现在很多人写回忆录说那时候没办法，因为要救美国经济。

回到一开始吴总讲的，股市是经济的指标，这说得对，也不对。从长

远来讲，这也许是对的，但是短期内股市和经济没有关系，股市只是供需问题。2003年、2004年的时候，我到美国演讲，我在演讲中表示中国GDP增长得非常快，增长率超过10%，在全世界基金的增长中不是第1位就是第2位。讲完后，有一个人问我：中国既然GDP这么好，为什么A股这两年的涨幅却位于全世界倒数的位置？其实，股市和经济的关联度并没有大家想象的那么大，而且股市的波动远远高于GDP的波动，在全世界范围内都是如此。

股市的价格是怎么决定的？实际上，是每股盈余乘以市盈率。在怡和，我一直负责股票资产管理业务，怡和现在能够动用的资金大概是1000亿美元。我观察到一点，即使像怡和这么大的公司预测一年的收益也不难，现在系统都很进步，预测起来不会差很多。研究员通过大数据、各种模型研究出来的报告，与我们自己的估算相差大概在10%。

为什么股价变化这么大？这就是因为市盈率出现了变动。比如我们投资的一家公司，它的盈余下跌10%，股价却下跌60%。2016年大会的主题是"企业家：信心与动力"，股市对市场有没有信心就看市盈率，如果市盈率高，大家就对市场有信心，反过来也成立。那么信心从哪里来？监管是很重要的部分。过去一年多，A股市盈率跌的幅度远远大于盈余。上市公司的盈余没有跌到一半，为什么股市却跌到一半？这很大部分是因为对制度丧失了信心。而制度里有两点很重要：第一，透明度；第二，可预测性。透明度越高，可预测性越高，市盈率就会越高。有时候我们会给一些公司比较高的市盈率，因为它讲话负责任，如果它预测明年赚5块，那他就真会赚5块。而有一些公司忽悠人，说今年会赚5块，结果只赚了4块，然后会解释其中的原因，这种情况下即使我不卖，它的市盈率也变低了。

对于今天A股的表现，我觉得政府其实不用太在意。刚才赵行长说不要太在意指数，对此我非常同意。买卖是双方的事情，股价永远都不会合理，买的人觉得便宜了就还可以涨，卖的人觉得够了就应该撤出来。如果人家都认为今天的股价指数很合理，那么当天的成交值应该是零，因为交易有成本，如果买卖双方都没有获利，谁来承担成本？有交易量就表示大家对价格的期待不一样，政府怎么做都会得罪一半的人。如果做多，你就会得罪卖的人；如果做空，你就会得罪买的人。政府管理要保持一颗平常心，主要是要透明、公平。越透明，越公平，越可预测，市盈率就会上来。市盈率会影响到国家的竞争力，市盈率越高就表示融资成本越低，因为在高的市盈率下，发少的股票就可以筹到同样的钱。中概股为什么要回归国内？因为国内的市盈率相对于美国、新加坡更高，对企业来讲，这是很大的竞争武器。市盈率的高低不只是股价高低的问题，也影响到企业的融资成本，因此市盈率才如此重要。

吴庆斌： 许总讲的核心观点就是制度的透明性、可预测性以及可信性。回顾一下前几届证监会主席的主要工作：刘明康主席的重要创新是股权分置，那时候叫国有股和发行股，发行股可以流通，国有股不能流通，这种制度设计解决了国有企业的上市问题和国有企业的控股问题；尚福林主席用3~4年的时间完成了股权分置改革，让我们经历了最大的牛市6000点，带来了中国资本市场结构性的改变。现在股市下跌，但还没有伤到金融机构。我们内部测算过，此次股市下跌平了很多盘，但是优先级资金都保住了。然而证监会推出了持股5％以上的股东减持需要提前披露等限制措施，这又回到了股权分置改革之前。中国股市有一些问题，不动的话也还可以维持，但如果要搞装修，那就需要找准问题，对症下药，不然就一定会塌。

汪静波： 股市、债市离企业比较近，每个人都可以参与。2015年我们

看到股市中最大的问题是：不仅投资者不成熟，专业的资产管理人、监管者都非常不成熟。我做财富管理大概10年了，过去2年间我比较恐慌，因为身边所有人都在搞金融，就像3~5年前所有浙商都做房地产一样。我觉得未来会出现新的结构，我们也应该思考资产管理机构应该怎样做，应该对投资者进行什么样的教育。

前一段时间我看了一篇文章，文章中提到，无论什么指数，如果只有一条线往上涨，这个就叫"旁氏麦道夫"指数。2015年我就讲，中国的理财产品50%~60%都是旁氏。为什么这次股市出问题？为什么会有这么高的杠杆？各种银行推选优先级的产品时都采用1：3或1：5的配资杠杆，根本挡不住诱惑。这是2008年金融危机的连锁反应，这个过程也像刚性对付的蝴蝶效应。监管需要人才，最起码监管者要懂，投资者也需要教育，不只是要懂旁氏，而是要理解每个产品、每个信托存在的风险。所以我觉得，关于资产管理，股市、债市的信心还是在于要有优质的标底。

如果没有好的公司回A股上市，那么A股市场为什么会好？回想一下过去10年比较好的公司，阿里巴巴、腾讯、百度，没有一个在A股上市，如果他们不回来，那么A股就都是传统行业里的企业，可能也看不到增长，但市场还要用互联网的概念将他们炒得很高，这就必将导致最后的暴跌。比如，暴风科技在互联网领域根本排不上号，但因为稀缺，它的股价非常高，不过我觉得最终都要灭亡，只不过灭亡的时间是1~2年还是1~3年。

现在大家都在讲故事，做金融的尤其喜欢讲故事，而且越来越雷同。这想想都觉得很可怕，前端发展得太快。金融前两年太右倾，现在太"左倾"，如何找到中间点，这些也许要顶层设计，要自下而上教育，从业人员的能力、水准、价值观也要提升。如果大家只是讲故事、做大规模，信心就不容易有；如果坚持核心、抵住诱惑，就可以成长。我觉得资产管理行业在中国将有大的发展，毕竟中国已经老龄化，相当于美国的20世纪80年代，而且中国人比美国人更喜欢储蓄，这都代表他们更想把钱让别人管。因此，资产管理的市场很大，但是路也很长。

吴庆斌：总结汪总的讲话就六个字，"不作为"和"乱作为"。"不作为"就是为什么不让阿里巴巴等互联网公司在A股上市。既然看到了互联网是中国的未来，如果让这些互联网公司回归A股上市，那么市盈率将提高20%~30%，市盈率是希望，也是预期，这对中国股市的发展有很大帮助。"乱作为"就是一些不合理机制的推出，比如熔断机制，进行了4天，造成整个股市资产挥发不少，这需要深刻反思。我们对金融从业人员、对行业要有敬畏感，要尊敬这个行业，尊敬投资人的资产和财富。

姜明： 以上都是金融方面的专家，我是市场参与者，想说一点作为参与者的体会，"回归常识"。

第一点，股市有风险。进入股市后，这句话一直有人说，但是对它的理解我相信在2015年更加深刻。我身边很多中产阶级在股市里亏了好几个亿，十几个亿的也有。股市有问题，回归常识是没有常胜将军，股市里不要迷信专家，不要迷信权威，有涨就一定有跌。第二点，投资须分散。第三点，活着最重要。大家都说巴菲特厉害，我觉得他的厉害之处在于看不懂、看不明白的不做。

吴庆斌： 我判断救市花费的资金大概是4万亿元，救市之后这4万亿元怎么处理？划归国有，还是转入汇金，还是好了以后再走？我们承诺4200点以下不减持，那么券商怎么办？

许立庆： 中国香港的经验值得借鉴。那时候香港救市花了几千亿港币，最高的时候买了市场流通的1/4甚至1/3，因为香港要逼走对冲基金，于是只能把指数拉高，逼对冲基金借港币，然后再把港币利息拉高，最后把对冲基金干掉。

吴庆斌： 今天的一个话题是送走肖钢主席，欢迎刘士余主席。刘主席到任后，您希望是什么样？

黄朝晖： 肖主席上任时，我曾经被邀请过去讲我们的想法，当时肖主席的表态我觉得是非常市场化的导向，最后为什么会成为这样的结果，这说明中国问题之复杂不是其他国家可以比的，所以，我们要对肖主席有充分的理解。另外，我们也要对新的形势有信心，而且要理智，我相信市场化的方向不会变。刘主席有处理债券市场的经验，如果将这些经验应用到股票市场，我相信同样也会取得成功。对证监会来说，不是想不想变的问题，而是怎么变的问题，没有一任证监会主席说要回去。小川一直在强调中国经济必须往直接融资的方向走，在这样的信念下，他认为至少债券这块可以实现市场化。关于刘主席的市场化立场，我也毫不怀疑，他本来就是具有市场化思维的人，也是在这种环境下成长起来的人，所以，他肯定会坚持市场化。另外，他有债券市场发展的经验，我相信他会很好地解决这个问题，实现整个债券市场向市场化转型。

吴庆斌： 现在大家都有一点犹豫，请汪总跟我们讲讲在大额资产配置上有什么好的建议。

汪静波： 2015年，我们确实比较关注家族财富管理。我们做了多年的财富管理，希望能从客户需求端出发讨论问题，但是我感觉这个行业还是产品驱动，而不是资产驱动。财富管理和投资不一样，前者需要总体最优，跟年龄和家族有关系。而投资需要对某个行业有深入的了解，希望钱投出去一段时间后获得更多的钱，是对时间的定价。

这几年，财富管理在发生深刻的改变。2015年，我们加速推进了财富管理的规模，一年做了60亿，都是中国低调的隐形富豪。从我们的角度来看，大类资产配置可能有这么几个方向。一是互联网，我觉得互联网是一次基础设施的建设，就像第四次工业革命一样。最近，我们和美国一家公司合作专门投PE3.0，我们认为这是一个方向。二是医疗，中国人口老龄化，医疗资源稀缺，从改造医院再到医疗服务提升都充满了机会。三是文化娱乐，我们在电影产业有一些布局。四是教育，中国人均GDP达到6000

美元以后，教育将是人们日常生活中很大的一块支出。

段国圣：2015年，我们有一点谨慎、乐观；2016年，宏观经济的困难我们想到了，但是没有想到会有大量资金外逃。股市现在是2000多点，即使再跌一跌，有些企业还是很有价值的，比如港股、内保外贷。然而现在港股也有一些问题，我们现在很想买一点港股，但是找不到美元。保险公司看重固定收益，拿钱去炒股票一般不会做，因为资本市场有很强的不确定性。而保险公司可以拿到一定的量后控制企业，这样，即使经济衰退、负债长，我们也不怕。无论是从股市还是固定收益的角度来讲，我觉得这都可以做。

从保险公司的角度来看，未来一段时间保险公司的保费会迅速增长，对此，有这么几个原因。第一，商业银行理财收益率下降。保险公司保费来自两个渠道：一是营销员，二是银行。现在银行理财收益率在下降，相对应地保险公司产品就会发展，保费增加。第二，保险业务员增加。中国所有保险公司都是以销售为导向，2015年保险业务员翻了1倍，其中100万是找不到工作的学生，所以，保险公司的保费也在迅猛增长。保费大量增加，金融资本和产业资本的结合会有很大的空间。

在经济下降的过程中，一部分产业有很强的生命力，另一部分产业不盈利，还有一些产业把钱投入资本市场，甚至一些产业还银行利息都很困

难。这个时候，保险资本如果与生命力很强的产业资本相结合，发展空间还是非常大的。欧洲有这方面的成功经验，欧洲的利率非常低，但是欧洲一些债券基金的长期固定收益能达到12%，有时候甚至能达到15%。我觉得我们完全可以复制欧洲的投资策略，组织专业团队对某一个产业领域进行深入研究，与很强的产业资本结合，从而实现当期投资回报率为5%，长期回报率达到10%。这个可能性是存在的，但它是非对称的。所谓的非对称，就是在细分产业里一般只有1~2家比较强的产业资本。无论是泰康，还是中国保险投资基金，都准备用这个思路来发展。

黄朝晖：大量资本外流之后，政府已经放开了对海外发债的控制。我们也已经在和企业做这件事，利率2%左右，5年基准。渣打银行优先股是12%的收益率，汇丰银行是9%的收益率，这是美元对美元。前段时间，一家保险公司在伦敦买了一个酒店，一分钱资本金都没有出，完全利用这家保险公司的信誉在国际银行贷款，包括中国银行，大概是以12%左右的利率获得资本，酒店收益率是5%。

另外，大家也能看到最近的几次收购——万达收购AMC（American Movie Classics，美国经典电影有线电视台），中国化工收购先正达，海航收购瑞士国际空港服务公司，以及海尔收购美国GE的家电业务，这些都是非常巨额的收购。如果我们把它看成危机，那它就是危机；如果把它看作机会，那它就是机会。我个人觉得，现在是很好的海外并购机会，大公司一定要抓住这样的机会。

吴庆斌：时代给了我们很好的机会，只要我们还有能力，还有信心，市场一定会变好，我们也一定会有发展的机会。在股市上，我们要的不是牛市，也不是熊市，我们要的是稳定的市场，要的是政策稳定、可预知、可预测。我们预测不了市场，但是政府应该把政策清清楚楚地告诉市场，剩下的就是企业自己的事情。我们为什么能有信心？这来自两个层面：第一个层面，预知游戏规则；第二个层面，相信自己的未来，相信市场的未来。当然，我们也要踏踏实实练内功，培养自己的专业能力，只有专业能力强，市场震荡的时候才会真有信心做事情。任何机会都是留给有准备、对未来充满梦想的人。

中国的房地产没有问题

　　互联网和金融两大元素的融入，使传统房地产业正在发生最激烈的行业变革。例如，早期仅仅作为房企营销噱头的"众筹"逐渐兴盛，越来越多的"房地产+金融""房地产+互联网"的案例不断涌现。在传统房地产行业转型升级的关键时期，我们通过新鲜案例来探寻房地产新时代的特征，总结未来一段时间内这一行业的轮廓和战术。

　　在2016年亚布力年会上，就房地产未来发展的相关问题，中国房地产业协会副会长任志强，苏州广大投资集团有限公司董事长朱昌宁，卓尔控股有限公司董事长阎志，香港置地控股有限公司行政总裁、香港总商会主席彭耀佳，上海长甲集团董事长赵长甲，美好置业集团股份有限公司董事长刘道明，山水文园集团董事局主席李辙，北京兆泰房地产开发有限公司副董事长王全，上海山屿海投资集团创始人兼董事长熊雄进行了深入讨论，《中国企业家》杂志社社长何振红主持了该场讨论。

何振红： 政府刚刚出台了关于低产减税的政策，在这之前也出台了有关买房首付的政策，降低为20%。最近一段时间，政府十分关心房地产业。中国在一般情况下，如果政府频繁干涉一个行业，那就证明这个行业有一些问题或者是不景气。现在经济下行，有人称其为"经济寒冬"，地产一直是支撑我们经济发展的支柱之一，那么现在我们应该怎么看房地产形势，这个行业是否遇到了问题？

任志强： 房地产业没有问题，政策的变化是政府在主动为自己纠错，所以在1个月内就出台了3项政策。而政策的变化，在实际生活中和老百姓

的关系并没有那么紧密。

　　2008年之前，政府出台了一些限制令；但同年也出现了一些问题，政府需要拉动经济发展，所以会更加重视房地产的发展。2011年，又出台了一些限制令，从观念上来说是打击投资、打击投机。而现在我们需要鼓励投资，所以放开了限购政策，这是政府在修正错误。在经济出现问题的时候，政府在决策上自然会有所踌躇，会采用一些调控的方法来解决问题。然而计划经济的失败已经证明了市场经济的重要性，因此现在我们不应该再朝那个方向发展。政策调控的频繁，也会对地产商的决策产生很大的影响。马云讲"客户第一"，这其实正是中国房地产政策应该努力的方向。我们还是应该在地产方面更加崇尚市场化，较少地依赖整体的调控规划。

　　也许现在有人认为房地产难以发展，无法如以前一般拉动经济发展，互联网才是未来发展的方向。但所有互联网产业加起来的营业额有多少？实际上，互联网行业目前还不能达到房地产行业的规模。连续十几年在GDP中占据的大比重决定了中国的发展离不开房地产业的推动，否则中国经济将遇到困难。有人认为中国的房子太多了，其实不然。我们的城市人口现在是7亿多，当达到75%的城市化率的时候，城市人口会有8亿～10亿人，预计需要400多亿平方米的住房。从现阶段的实际情况来看，中国至少还要新增200多亿平方米的住宅。如果我们现在城市中的7亿人居住面积为200多亿平方米，以后的房地产能兴旺发展吗？现在我们觉得房子太多是因为有购房政策的限制。如果进行改革，个人购房实行冲抵个人所得税，不再对购房进行限制，我们的消费就会有很大的提升。

今天，美国的房地产收入仍然在总体收入中占有较大的比例，但同时也有所改变，它的人口结构发生了变化，较为贫穷的人离开了城市。而在中国，保障性住房很多都被空置，因为农民不愿意居住，希望进入大城市。然而城市需要对人口进行限制，并没有更好的解决办法，所以，目前我们只能对城市的住房进行限购。我们如果能够在更大程度上依赖市场，让市场决定资源配置，可能就会逐渐回到较为正常的情况。现在出现的问题主要集中于一线城市或者是重点城市，表现为房价上涨速度快。很多人口集中的二线城市房价也在猛涨，但是三四线城市、人口新迁出的城市房价则在迅速下滑。2015年，我们的房地产销售额涨了很多，但仍然没有超过2013年，因为东北三省人口大量外移，人口下降比率超过了20%，这导致财政收入下降，整个东北三省处于比较困难的局面。

总而言之，我想根本的问题是要解决政府对市场的态度，这样才能解决好房地产市场的根本问题。

何振红：我们的政府在反复出台有关房地产的政策，为什么会这样？我们再听一下赵总的观点，你认为当前房地产市场到底有没有问题，或者它存在什么样的问题，原因是什么？

赵长甲：房地产就是一个行业，如果说在"变革中"，就是形势好有形势好的做法，形势不好有形势不好的做法，我认为没有什么大的问题。刚才任总的那些数据也已经讲了，这些形势的变化有些时候会让人们产生一些犹疑。但从总体上看，变革中的房地产就是跟着变革而变革。

何振红：李总，你认为房地产到底有没有问题？

李辙：我认为不仅仅是中国的房

地产行业，世界上所有的房地产行业都是永恒的朝阳性行业。其在某一个阶段的发展中可能会遇到挫折，但是房地产行业是在持续发展的，尤其是在今天的中国。我认为，中国有几大因素的保障可以令未来30~50年的房地产业发展都处在非常辉煌的状态。

第一，经济发展速度非常快。房地产业的快速发展，就是依托这样的"快"。30年前盖的房子现在几乎都要被拆除了，而随着时间的延续，我们要拆除的房子不仅仅是因为它自身的质量问题，同时还涉及我们的需求因素。今后还有大量的房子需要地产商来改善和改进。

第二，未来中国的经济发展。现在很多人认为中国经济6.9%的增长速度是一种衰落，实际上，我们的经济在全球范围内对世界经济的贡献仍然是极大的。我们拥有如此之大的体量，这也是值得中国人骄傲的。在这么大体量的经济下，每天会有很多富人产生，而这些富人的主要消费包括住房、汽车，还有近期大家较为重视的健康、旅游等，这是第二大因素。

第三，中国人的文化传统。对很多人来说，购置房子、购置地产是中国文化的一部分。同时，随着城镇化进程的展开，未来还有200亿平方米的房地产开发需求。所以，从这一点上来看，中国的房地产业应该还有30~50年的辉煌时期。

我们作为房地产这一行业的从业者，要听党的话，跟党走，取大势，这样才能发展为一个优秀的房地产企业家。除了听党的话，我们还要有超前的意识，这也是成为一个卓越的房地产商所不可或缺的要素。现在由于股市、汇率、经济增长率6.9%等一系列因素，不仅我们的房地产业，还有很多其他行业都有一些混乱，出现了一些转型的情况。我认为，越是困难的时候往往越能成就一个人的事业，越能体现优秀企业家的智慧。在股市上有做空、做多的说法，实际上房地产行业也是一样，越是不好的形势和情况越是我们发展的一个机遇。

所以，我认为在未来的3~5年，目前排在前10名的房地产公司会有非常大的改变。过去老一套的方法，如城市综合体以及一些大型的房地产公司等可能会被新的思路、新的产品和新的需求替代。当经济发展需要房地产业的时候，我们会冲在最前面，为国家做出巨大的贡献，尽到自身作为一个支柱性行业的责任。同时，我们也希望政府能够完善法律、法规，长期有效地公正对待房地产行业。

何振红：李总说房地产的辉煌期还有30~50年；马云说今天很残酷，明天很残酷，后天很美好，但明天晚上会不会死就不知道了。现在的房地产行业是不是这个状况？

王全：地产公司，家家都有本难念的经。在过去10年、20年的发展过程中，每个地产公司都面临政策的变化、市场的变化。在这样的情况之

下，每家公司肯定也都是痛苦的，只不过痛点各有不同而已。现在大家都在讲去库存化，像我们这样的地产公司因为过去20年一直以持有型物业为主，现在需要适当增加一些库存。然而现在的拿地成本、拿地渠道等多个方面的情况和过去相比有很大的变化，所以，我们在增加库存过程中会面临很多挑战，这也是毫无疑问的。市场的挤压、政策的变化，这些状况也都是客观存在的。

怎么去面对这些客观的变化？每个企业都在思考一些新的东西，并

寻求自己的应对方式。一些住宅类的企业，原来只做刚性需求地产，现在转变为改善型地产公司，包括需求型的住宅、写字楼、商业产品等。传统的商业综合体和一些社区型商业综合体目前只要有能力、有实力去开发新的项目，就肯定不会选择收缩，而是尽可能地向外和向上拓展。从纵向来看，大的房地产公司肯定在资源上占有巨大的优势，会投入更多的时间来实现纵深发展。因此，纵深发展对每一个开发项目和开发产品而言都有着更多的意义，而地产商则应该考虑是否再增加一些适当的业务。

原来，房地产商开发后的商业只是单纯用于出租，现在如果还按照原来的方式开发，则地产很难租出去。租金收不上来，商业不热闹，导致人气低落，这样的商业地产就变得毫无价值。比如，对一个社区进行开发，尤其是位置并不算好的地段，就需要地产商给它增加一些独有的元素，比如健康或养老属性，同时和一切其他商业进行交叉。所以，将来的地产市场肯定会被那些思想和观念更为超前的开发商占有，这必将是未来的一种趋势。房地产的变革会对地产商的团队素质、资金筹措能力、创造内容的能力和经营管理的素质等提出更多的挑战。

彭耀佳：房地产行业其实是没有什么大问题的，政府的干预也是不可避免的。为什么？不只是中国，全世界很多地方的政府都会对房地产市场进行干预，因为这个行业有以下三个特点。

第一，房地产行业可以推动经济发展，是一个快速推动经济上行的有力工具。当政府需要GDP增长、提升就业率的时候，房地产业的推动是可以快速见效的。一旦房地产业启动，很多行业都可以有饭吃。房地产业萧条了，其后果则是很多人赚不到钱。所以，房地产是推动经济发展的第一选择，不仅仅是在中国，在很多海外国家也是如此。

第二，政府要回应民情，因为房地产是老百姓最大的消费之一。如果老百姓对购置房产的热情过于高涨，政府不可以置之不理，要回应民情。可能老百姓会说买不到房子，儿子结不了婚，在这种情况之下，政府就要打压购房热情，找办法来削减购买力。而购房需求过冷之后，政府也要回应民情，也需要制定新的政策来拉动居民的购房需求，以之来推动经济发展。

第三，房地产是政府收入的主要来源之一。政府要做工作，钱从哪里来？也是从房地产来。我住在中国香港，平时的情况和内地是一样的，也限购，且对外来人口征收的附加税、税金要高很多。此前英国还有租金的限制，出租房子给别人，房屋的租金不可以下降。所以，在全世界不同的地方，我们都可以看到政府为了回应民情，为了推动经济发展，为了提高政府的收入，在制定适合自身情况的政策。同时，这个行业有一个特点，就是可持续性。很多行业这两天看得到，可能明天就没了，但是地产行业不同，虽然可能有一部分公司会消失，但是整个行业全部消失是不可能的。同样的道理，有人说未来阿里巴巴的支付宝会代替银行，这也是不可能出现的。所以，房地产行业仍然可以健康地发展。

何振红：我们听一下熊总的意见。

熊雄：北上广地区可能还有上涨的区间，但我认为房价不会再涨了，小城市的问题则更大。现在的长三角地区，平均买一套房子地产商会赠送5~10平方米，其目的是什么？不仅仅是为了去库存，更是为了更好地卖房子，以此化解地产商的债务危机。所以,在房价这个问题上，我认为政府还是要让市场来决定。

刘道明：我的观点和任总是一致的。因为我是这个行业的从业者，所以我肯定看好地产行业。实际上，我们每个人最大的消费就是住房，而且住房里面所需要的生活用品也是由住房本身所产生的，这是我的第一个观点。第二个观点，回顾中国房地产的发展进程，实际上市场化推行的时间也不到20年，真正进行市场化应该是在20世纪90年代末。过去分配的房子是按照国家的规范标准进行设计的，一居室30平方米，那样的房子现在根本没法舒适居住，按照我们现在的标准基本上都要被拆掉，因为它不适宜居住，当时的设计功能和现在的需求是不一样的。

我们国家的10亿城镇人口需要400亿平方米的住宅，人均面积是40平方米，而我们现在的人均居住面积只有30平方米。过去买房子的时候，可能1平方米只要几千块，但是现在北京、上海、广州的房子都差不多涨到10万1平方米了。同样是1平方米的住宅，销售的价格和质量决定了本质上的差别。

从供求关系角度来看，这个行业现在不大好的原因在哪里？刚需在慢慢减弱。在市场上做的抽样调查结果显示，60%多的人有购房需求，其中1/3属于刚需，2/3则是改善性购房。现在的老百姓不是没有钱，他们有钱，想住更好的房子。由于市场变化产生了一些不确定性的因素，他们现在处于观望状态。供给涉及两个方面，政府和开发商。目前看来，好像房地产市场的供给方是开发商，但其实真正的供给者是政府，因为土地在他们手上。土地收入在财政收入当中占很大的比例，同时又延伸了税收。目前银行的资产在房地产业占有极大的比例，银行利润的主要来源是房地产，政府税收也是如此。建筑行业、材料行业、百货行业的主要消费都和房地产相关。

过去地产商只要盖了房子就能卖掉的日子已经不存在了，但是好的房子和好的服务仍然是消费者所需要的。因为目前改善性需求的最大特点就是要"超预期"，消费者逐渐从买房子转向了买服务。房子只是一个壳，关键是消费者住在里面的时候生活是否方便。所以，对于开发商和供应商来说，更重要的是怎么把自己的产品和服务做好，没有任何一个行业是像地产业一样，与宏观经济和行业需求有着如此大的关系。作为开发商，我们应该反思自己到底做了什么以及我们能够做什么。所以，我们只要静下心负责任地去做事情，这个行业的日子将会非常好过。

何振红：阎总怎么看当前的房地产形势？

阎志：我们的房地产肯定是遇上了问题，当然，北上广深目前的市场还很稳定，但是中国大量二、三、四线城市的房地产有不少的问题。大量的中小房企，特别是小型房企现金流出了问题。3年前房地产很火，这个火被浇灭以后，政府和房地产商想把它再烧起来并不容易，不是推出几个政策刺激一下就能解决的，这涉及信心的问题。中国房地产接下来最需要的是政策的常态化，如果有一个常态化的政策，可能大家的消费心理、置业心理就不一样了。

土地使用年限问题如果能够得到解决，可能对房地产业而言是个有力的刺激。现在的形势会倒逼我们的中小房企，特别是在项目提质增效、提高物业效率这些方面，我们可能都要向中国香港、新加坡、美国曼哈顿的开发商学习，精雕细琢，让它能够不断地产生回报，提高物业自身的价值。

未来可能会出现一些房地产市场的独角兽，在中国香港、新加坡地区会比较多一些。那些地方地产业的特点是：楼盘做得非常精致，商业项目也做得非常精致，无论是定位还是物业品质和日常管理，都做得非常精致。而国内房地产行业实际上是一个非常粗放的行业，相较于其他任何行业都显得更为粗放。这个行业的成本以拿地成本为主，再加上建设成本和定价，因此，地产商在市场差的时候会有一些营销策略，而市场好的时候则连营销策略都没有。所以，现在的形势会逼迫更好的服务和产品涌现出来。

何振红：朱总怎么看当前的房地产形势？

朱昌宁：我们每年都在变化，有的时候好一点，有的时候差一点。其实，所谓变革就是这几个问题。

首先是我们的整个城市化以及城市化过程中不同区域产业的变化，进而带来人口流动的变化，对房地产发展和区域的不平衡性带来变革。深圳2016年1月新楼盘的价格平均是每平方米9万多块，倒挂得太厉害了。这对北京和上海就会有比较大的冲击。东北那么多人都迁出了，现在的海南可能一半人口是东北人。人们跑到那么远的地方去买房子，到其他的地方去生活，向全国各地进行迁移。这样一来，恐怕不是政府简单出几个政策就能解决的了。这涉及产业的问题，在这一点上，可能我们的地产从业者也需要好好想一想。政府应该对我们的城市化进行更深层次的引导，而不是寄希望于降税政策来解决这一问题。

其次可能是对房地产商的变革。早年做房地产的公司现在仍然从事地产行业的越来越少，像我们这种中小型的房地产商，卖不卖房子无所谓，因为公司还有其他产业，比如餐饮、酒店、旅游等，还有一些特色服务。我们给大地产商做物业管理，做物业里的增值服务，比如最近我们和万科物业合作，尝试用美食来构建社区。所以，我们觉得，一些可能已经无法维持经营的地产商应该换换思路做一些其他事情。

此外，还有所谓精细化的问题，地产商需要做到更加精细化和专业化，万科也在讨论这样的问题。而这就涉及第三个变革——消费者的变

革。在变革中的房产消费者对房产的需求其实也大大不一样了，不是有一个简单的房子住或者面积大就可以了，甚至也不是套型的问题，现在需要的是有内涵的服务。除了这些，老百姓买房还涉及置业、事业的问题。年青一代为什么到城市来？因为城市里有更多的发展机会。方方面面的要求都在发生变化和变革，我们要更多考虑这些问题。我们需要更加长远地研究一下这些方面真正的需求，在变革当中找到自己的位置。

赵长甲：我觉得，关于房子好卖与不好卖，要从几个方面来考虑：第一，城市自由人口的多少；第二，城市导入人口有多少；第三，供应量如何。像老刘（刘道明）、我，以及阎志，都认为这个行业是可以恢复的。比如，在上海，房子真是很好销售。上海的人口基数大，虽然购房政策有限制，但是导入人口在限制的情况下仍然是一个客观的数量。同时，由于供应量较少，价格上涨也很快，不仅仅是市区，房价上涨的趋势已经逐渐扩散到市区的周边了。

关于销售问题，我们不能简单地说房地产不好销售，因为整体情况是不一样的。中国的地域很大，地域之间的差异也很大，情况很复杂，这是一个方面。另外，现在的房地产业从总体上看肯定是不如以前了。除了北上广深这些地区以外，其他地区的地产未必好卖，或者未必能卖到以前的价格。市场调节是一个很大的因素，市场调节不了就需要政府调节，如果政府调节不了或者调整不好，那就没有其他办法了——这么大的国家很难在各个方面都调节好。地产业的形势虽然不如以前，但对很多地产企业来说情况仍然很好，只不过是这当中产生了很多变化。现在所有的地产商都要做一件事，就是精细化运作。精细到什么程度？以前在上海做地产产品，好多公司也包括我们在内，都是不计成本的，都是朝着做到最好的方向去努力，只要做得好就一定好卖，但是现在完全不同了。从2013年开始，这种趋向发生了非常大的变化。现在我们做地产开发，人力成本上升得很快，从买地的时候就要开始计算成本，来规划最终的定价。另外，从产品定位角度来看，现在要向消费者的偏好去转变。现在150~200平方米的户型卖得非常好，那么地产商就要跟着整个形势的变化而变化。

互联网医疗：未来在哪里

　　互联网医疗将重构健康管理、就医方式、就医体验、购药方式及医患生态。医疗行业变革将一触即发。我们围绕医药电商、在线问诊、挂号服务、可穿戴设备等四种最受资本追捧的互联网医疗商业模式展开讨论，这一行业未来10年10倍以上的增长空间将是这四大商业模式的拓展和延伸，亚布力中国企业家论坛创始人、主席田源主持了该场讨论。

　　在2016年亚布力年会上，东软集团董事长刘积仁，爱康集团董事长兼CEO张黎刚，厚朴投资高级董事总经理李轩，光大控股医疗健康基金总经理孙斌，岗岭集团联合创始人兼执行董事长于刚，Illumina基因公司大中华区总经理赵瑞林，中金智德投资管理公司总经理、董事单俊葆，歌礼生物科技（杭州）有限公司董事长吴劲梓就互联网医疗行业未来的发展展开了讨论。

田源：今天，围绕互联网医疗和医药的投资、研发展开讨论。亚布力健康论坛是从2014年开始的，2016年是第3年了。在医疗、医药方面，中国现在正处于一个大变革时期，有很多新情况发生，有很多机会。这几年，我一直在投资国内外的医药产业，所以，今天在这个场合希望听听在座的看法。

刘积仁：我是东软集团的董事长刘积仁，我先谈一下对这个题目的理解。我们讲互联网医疗，其实互联网能够解决很多问题，对医疗的变革肯定会起到很重要的作用。如果专门定义互联网医疗，我们一定要先界定在互联网上做的很多跟医疗相关的事情到底是否属于互联网医疗领域。例如，医疗方面的支付是属于支付领域还是医疗领域？我想，对此可以从以下几个方面来判定。

第一，支付者。谁是互联网医疗的支付者？中国有两大主要的支付者，其一是社保，其二是商保。当你在做互联网医疗的时候，如果不知道谁是支付者，那你的商业模式就会有问题。医疗模式之所以越来越重要，就是因为个人和医院之间直接谈判的可能性越来越小。我们交社保，社保机构就会代替我们和医院谈判。我们没有一个人可以和医院谈你的药是否贵了，流程是否对，为什么做重复检查，而这些事都是支付者的责任。随着中国健康险的发展，这种趋势会越来越明显。在国外，政府的健康保险里面有一大部分钱是由商业健康险公司管理的。在中国，国务院也开始鼓励商业保险机构承办大病保险，这种变化是很重要的。

第二，医疗资源。医疗资源是公共资源，谁都可以拥有。这种拥有性对于医疗本质的判定也十分重要。过去我们说医生未来可以像Uber司机一样，但是医疗跟Uber真不一样。我们打一台车，司机把你送到目的地就走了。而医生不行，你不能今天找张医生，后天找李医生，张医生负的责任李医生是不负的。

互联网人不要试图去消灭医院，完全消灭的可能性为零。你能在哪些方面代替医院，这是细分领域的问题。今天，很多保险公司宣称其拥有几万个注册医生，虽然互联网医疗也可以注册几万个医生，但是有几点值得思考，我们真需要互联网医疗为我们提供一套完整的医疗服务吗？它可控吗？它能满足你的各种需求吗？

第三，政府法规。如果在法规上不开放，互联网医疗是没有办法发展的。网上药品的流通、支付、保险，如果都没有政策支持，互联网医疗也就是凑个热闹。我们过去曾试图用供给侧的强大需求来改变医疗服务，但以我自己的理解，医疗跟供给侧完全是两回事。中国的医疗资源主要集中在国有大医院，由于不能提供足够的激励，医生很难被解放出来。激励这些资源有多困难？这从医生的收入水平、江湖地位就能看出来。

田源：谢谢刘总，刘总一下把我们的讨论拉开了，已经提出了一个宏观的框架，大家可以跟刘总讨论、争论。

张黎刚：我非常赞成互联网医疗的商业模式，但在这个领域，全世界还没有真正成功的模式。所谓的互联网思维有很关键的一点，就是当流量跟资源嫁接的时候，最成功的一定是资源本身是过剩的。比如，易龙、携程、去哪儿卖的产品就是过剩的，这样才会找人分销。医疗资源却是稀缺的，稀缺的时候是不需要分销的；无论是协和还是上海瑞金，都不需要。现在把医疗资源和线下结合起来，会引起巨大的争议。在中国，很多人不愿意去私营医疗机构，因为它们的质量并不高，最好的医生还是在医院里面。

2009年爱康做过预约挂号公司，我们在北京、上海、广州、深圳四个城市收购了六家公司，当时很多人质疑说挂号资源不应该掌握在私营公司手里，后来因为恶性竞争，我们就退了出来。互联网医疗在中国如何发展要看政府的开放程度，毕竟公立医院都是属于国家的。假如政府真正让社会资源参与进来，中国可能会成为世界上第一个真正实现健康数据、医疗数据电子化流通的国家。这在美国几乎不可能，因为美国的医院属于医疗集团，政府对它没有管控力，绝对不可能实现两家医院之间的

数据对接。

互联网，特别是移动互联网，在今天的中国有很重要的价值。第一，它能放大有限的资源，比如，"好大夫"上面的医生问诊都是医生拿碎片时间来做的，这样，医生的碎片时间就能发挥更大的价值，况且中国的医生本身就少。第二，它能推动流程改革，最终成果取决于政府有多大决心让第三方公司参与。如果政府有很大的决心，这个行业就有很大的机会；如果政府说不能做，那么这个行业未来几年就只能保持现状了。

田源：瑞刚，你的几个挂号公司现在又交回去了？

张黎刚：2009年以后只保留了上海的，全国预约挂号做得最好的就是上海，原因就是上海政府比较开明。

李轩：我想讲一点，中国的医疗消费水平相对于发达国家还是非常低的。现在美国的医疗消费差不多占到GDP的18%，甚至超过国防。中国2014年的医疗消费占GDP的4.5%左右，跟美国相差甚远。

关于医院挂号票贩子的事情，我也想讲一讲。我们小时候买个车、装个电话都有票贩子，说明价格机制有问题。现在我们买瓶水不会有票贩子，这说明这个市场是合理的。现在政府也很难，想把医疗作为公众服务，想让老百姓花20块钱就可以看专家医生，但是这个价值远远不止20块钱，普通老百姓大多不明白这个道理。医疗跟很多行业不一样，医疗的供需永远不平衡。如果我是一个县里的农民，我肯定想去县医院看最好的医生；如果我是北京的，我可能就会去301、北大医院。大家都想去医疗服务水平最高的地方看病，这肯定存在不平衡，所以就需要用市场价格来调节。

我个人觉得，互联网医疗实际上没有解决医疗供需矛盾的问题。医生其实不缺病人，好的医生更不缺，线下病人都看不过来，更不会去网上看。所以，网上诊病实际效果有多大值得怀疑。互联网能够提供的其实是教学平台，它可以提高中国医生的水平。很厉害的医生、教授，以前可能只能带10个学生，但是现在通过互联网远程教育可以带更多的学生，这样可以提高整个医疗教学水平。

第二，互联网最大的好处是带来了透明性。我们小时候最值钱的就是信息，所以存在二道贩子。我把黑龙江五常大米卖到广东，在黑龙江卖1块钱，在广东卖5块钱。而现在互联网提供了免费的信息，我们就可以随时查看大米的价格。

第三，我看好可穿戴设备这个领域，现在的芯片可以直接植在衣服、鞋子以及戴的眼镜上。比如，我滑雪穿的袜子上就有很便宜的芯片，只要1毛钱，如果我滑雪冻伤了脚，它会发一个信号告诉我——你需要去暖和一下。

孙斌：我现在在光大控股管医疗健康基金，跟在座的各位大佬相比，在医疗领域里面我比较浅。以投资来讲，互联网医疗是一个非常热的分支，因为现在大家的生活好了，对医疗的要求高了，现在医保的覆盖面也更广了，医疗在整个经济中所占的比例，包括在GDP里的占比也越来越大，相信在座的各位都有感受。

回到医疗本身来讲，提几点我的观察。医疗本身要做的一个事就是帮病人解决问题，不管是癌症、心血管疾病还是糖尿病等。特别是在中国的医疗环境里，医生给病人看病实际上挣不了多少钱，最后都是通过药，通过检查，通过手术，通过器械去挣提成。如果医院本身都是这么挣钱的，那么互联网医疗如何挣钱？这是一个很严肃的问题。

中国的医院是被分割的，通过IT

技术，通过移动互联网，把这些孤立的孤岛连接起来，这有利于数据的采集、传输和连接。如果数据本身非常有质量，这可能会给医学带来一些根本性的变化，比如新药的发现。

田源：刚才你提到中国医生挣不到钱，靠设备挣钱。我在美国参加了一个研讨会，讲美国的医院卖药占收入的13%~14%，中国的医院则占到了40%~50%。

单俊葆：我从投资的角度谈谈互联网医疗。比较可喜的是，一年前大家还在谈互联网会不会颠覆医疗，现在很少谈这个事了；一年前互联网医疗的商业模式像雾里看花，但现在已经有很多企业做了很好的实践。从投资的角度来讲，我们现在是选投哪朵花的事情，而不是找不到花，互联网医疗里面现在还是有一些非常值得投资的企业。

当然，还有很多商业模式不是很成熟，有一些还是过渡模式，但是未来前景还是非常好的。我们现在做投资的时候确实很纠结，在考虑是否将原来跟踪的两家互联网医疗企业退到投委会。纠结的原因除了估值贵以外，就是商业模式还不稳定，今天听了大家的发言很受启发。投资人最需要避免的，就是把感人的创业投资故事变成自己投资的事故。

我们还是看好下面两类。第一，互联网医疗里面的垂直应用能够形成一体化闭环。这样一个垂直应用，我们希望做1米宽、1公里深，先把深度做下去，未来可以再拓展到1公里宽、1公里深。比如，我们帮助一个上市公司投资了一个做心脏实时远程监控的企业，他们为300多家医院提供服务。因为已经有了这个深度，取得了医疗企业的信任，他们现在跟保险公司、健康管理公司都建立了合作。第二，借助互联网医疗来服务高端人群的健康管理。20世纪六七十年代出生的人有很强的支付能力，他们尽管不是互联网土著，但对互联网的应用和感受还是很强的，所以，这些人对高端医疗的需求很大。

田源： 谢谢单总，您是一米一公里挖深井的投资模式。

赵瑞林： 基因测序、互联网医疗可以说是投资界的两大热点。Illumina是全球最大的一家提供基因设备和服务的公司，国内像华大基因、贝瑞和康都是我们的客户。很多人问Illumina在中国会做什么，从我的角度来讲，2016年要发展的愿景有下面几个。第一，精准医疗，对此习主席多次提到。对Illumina来说，我们在生产、研发上要在中国本土化，我们在积极寻找生产合作商。这

不是简单地在中国建个厂，就说你是中国公司，你还是要真正的本土化。以前Illumina把中国看作销售市场，卖完就走，今后我们要在生产研发上本土化。第二，和互联网医疗相关的DTC（Direct To Consumer，直接面对消费者）模式。中国最大的优势就是人多，可以与大数据合作。因为数据量巨大，所以，我们可以提炼出比美国人更多的一些东西，我们完全可以走在他们前面。

互联网医疗面临很多法规问题，基因测序也同样面临法规问题，这需要整个行业进行推进。相对来说，作为外企，我们可能更保守一点、胆小一点，本地公司推得更前进一些。我们做企业的恐怕永远要走在法规前面，至少要先走一步，先走两步可能就会被砍掉。

于刚： 我们应该把互联网医疗的发展和互联网的进化史放在一起看。互联网像一个大潮一样，汹涌而至。刚冲过来时，最先冲掉的是坑坑洼洼的地方。电商早期进来的领域是图书、音像，然后是3C（通讯产品（communication）、电脑产品（computer）、消费类电子产品（consumer）三类产品）数码。中国电商是1998年开始的，我们做快销的时候是2008年，已经是很晚了，医药电商的真正起势也就是过去两年多

于 刚

的时间。我认为，这个大潮冲过来时，没有一个行业、企业可以幸免，它是不可逆的，也是不可阻挡的；当然，现在还有各种各样的壁垒，包括政策壁垒、处方药壁垒和医保壁垒。

我们这个行业的潜力巨大。2015年年初，我们去硅谷参观了美国的互联网医疗企业。美国的互联网医疗领域一共有3万亿美金的市场，现在的中国也就数百亿人民币的市场，远远没有发挥出潜力。在这里，我们也要看到顾客的需求是什么，顾客需要的是解决方案。如果生病了，他希望你给他治疗方案。如果是亚健康，需要你告诉他怎么保持健康。互联网可以提供什么？总体来讲，它有四大优势。第一，它是不受时间限制的，7×24小时服务，即使对医疗健康也是一样的。我认为，将来自动化的出诊系统会出现，而且准确度比大多数医生还要高。第二，不受空间限制，可以服务全国乃至全球。第三，对电商来讲是不受框架限制的，可以提供无限的品种，可以把所有的医疗、健康、服务放在上面，为顾客提供一站式服务。第四，最大的优势就是大数据，因为所有的顾客都带有一定的目的性，我们可以更精准地了解顾客，知道他需要什么、搜索什么、收藏什么、购买的周期性等。

互联网医疗里理想的模式是什么样的？从顾客的角度来讲，我在任何地方有任何的不适，通过手机视频甚至文字都可以找到医生，这个医生不一定是全球最好的医生，但他是最适合我的医生，这是第一点。第二，如果我需要做检测，需要治疗，能帮我联系医院和医疗机构确定时间；在我康复过程中，可以用可穿戴设备监控康复过程，把资料随时告诉医生；如果我需要会诊，可以把很多专家邀请过来，一起看片子，一起会诊，给出一个综合性的解决方案。我们应该抓住这中间的哪一个环节？这主要还是要看在现在的中国政策条件下，我们可以实现哪一块。总体来讲，中国互联网医疗还处于"婴儿刚诞生"的阶段，机会是巨大的。

田源：有请吴总，结合你的专业讲一讲。

吴劲梓：我是做新药创制的，以我的理解来说，发达国家像美国、瑞士等医药资源永远是缺乏的，一直存在怎么改变效率、提高质量、增加透明度的问题，所以，互联网医疗肯定是非常正确的方向。

我五六年前回来创业，当时全世界最好的创新药要先在欧美上市，中国要延缓5~8年。我们的想法就是在欧美研发新药的时候，我们在中国研究最好的创新药，把5~8年缩小到3年左右。另外，在中国，一种新药从上市的第一天到送到广大病人的手里需要5年，而美国只需要几个小时。在中国的医药系统中，特别是药，存在效率和质量的问题，互联网医疗则可以提高效率和质量。

昨天马云演讲时说，互联网医疗可以让医生失业，可以让药厂关门。对此，很多人有争议。我认为这有一定的道理，互联网医疗提高了治疗的效率和透明度，让我们把某种疾病给全面控制了、消灭了，那么自然地治疗这个疾病的医生也就失业了，药厂也就关门了。

田源：最近几年，中国的新药研发有很大的进步，其中国际公认的最显著的一个进步就是丙肝新药，吴总就是我们国家的科学家，他攻破了这个领域的堡垒，以一种新的思路和新的技术路线、新的专利研发了丙肝新药。这里想问一下刘总，你认为将来什么样的互联网医疗模式是最好的？很多企业都投入了这个领域，他们的机会在哪儿？

刘积仁： 我认为互联网和医疗的结合有光明的前景。很多行业都被大家看好的时候就是严重过剩的开始，不被大家看好的时候又遭到严重质疑。我从自己的体会说一下中国医疗的背景和现状。

首先说社保，东软拥有中国50%的社保支付方的数据库建设权利。这个社保覆盖了几大品种，其中一个是医疗保险，还有养老保险，这两个的相关性很大，现在很多城市已经开始借债来支付养老金了，而这几年我们社保管的钱大概有5000多亿元。什么概念？社保每年的增长都没有低于两位数，这跟经济周期一点关系都没有。无论经济怎么下降，社保费一直在涨，分诊医疗的过程中还不让药价上涨。所以，可以这样说，从现在开始到未来10年，政府将一直关注这些钱如何花，那么如何帮政府花这些钱、省这些钱是企业最大的机会。为什么要省这个钱？不省不行。社保的来源大部分是企业和个人，过去经济发展好，这些钱不是问题，现在经济情况不好了，它就会成为企业的一个负担。对此，我觉得我们国家挺有勇气的，美国这么多年都没有敢搞普遍的社会医疗。

另外，健康预防，改变生活方式。预防的过程中，存在大量的商业机

会，当然，这个商业机会必须跟支付方结合起来。我认为，在未来10年，健康教育、运动、饮食、生活管理，包括DNA测序、对疾病风险的控制会纳入商业保险的新品种里来。所以，并不是说跑步就不可能是医疗，跑步是医疗，睡觉也是医疗，滑雪也是医疗，开会也是医疗，问题是你一定要弄清楚谁支付，有没有人买单，我认为最应该买单的是保险公司。

田源：我讲个买单方式：2015年我去硅谷，硅谷有个搞健康的创业公司，他们在会员标准里规定，一天要做多少锻炼，做得不好的人要给做得好的人买单。

刘积仁：在美国，几个医疗机构养了6000多名医疗服务人员。商业保险公司阻止你进医院的过程，就是他们获得最大收入的过程。现在是个人协同医疗的时代，老百姓把医疗费用当成福利了，交了这个钱，不花都被别人花了，我得弄点事到医院住一下，要不太吃亏了。这种心理不改变，不会有进步。

另外，我特别相信基础医疗，包括个体医生、社区门诊、社区医疗，我认为这是一个巨大的市场。我们总说看病难、看病贵，比这两件事更难的是看病累、看病没尊严。在医院里，8个人一个屋，啥人都有，没有选择。所以，你会发现，社区医疗、多元化医疗、民营医疗在未来10年一定会蓬勃发展，而这个蓬勃发展的背后也是我们支付体系的变革。

大家知道免疫力水平低下是所有病的基础，那么我怎么样能精准地判断免疫力低下跟什么有关？怎么样把这种知识普及化？我们搞影像设备，其中很大的变化是融合。过去我们用设备一照就可以获得一个参数，现在能得到的参数越来越多了，对人体信息的了解也越来越多。设备之间的融合也有极大的空间，PET（Positron Emission Computed Tomography，正电子发射型计算机断层显像）和CT的结合，有了PET-CT。我们有了各种各样的数据，就能精准地判断它的风险吗？用什么样的方案能治疗？这个方案的成本是多少？如果在这方面逐步探索，中国搞统计学的人一定能在这个领域挣大钱。美国就有公司是专门研究医疗数据的，这也是一个大趋势。所以，我简单总结一下：我认为医疗的背后是有一个公式和一套逻辑的，只要在这个逻辑里找，机会无限。

田源：最后，留一个问题。

提问： 如何让中国的老百姓接受一种新的方式，包括建立信心？

李轩： 这个问题比较大，实际上，中国最大的问题是没有家庭医生制。你去任何医院看病，给你看病的医生可能是行业里最牛的医生，可能花3分钟给你看病，其中有15秒是看你的病例，我觉得这是资源的极大浪费。分诊制是很好的，一直有个医生看你的病情，有什么问题可以专家会诊，互联网确实能解决这个问题。比如，感冒了去301医院，这对整个社会资源来说都是浪费，如果还非要挂专家号，专家也不会开心。这就像我们滑雪一样，一定要到最高点才高兴，专家看普通的感冒对他的学术没有帮助。

在中国，医疗体检制可能会成为家庭分诊制的数据来源。大家每年都要去做体检，数据一年一年积攒下来，比如血压不停升高、血糖不停升高，通过大数据可以发给医生，这时候，你就知道你要去看哪类医生了。这靠政府行政手段是突破不了的。

田源： 今天我们讨论了互联网医疗的方方面面，大家认为这个市场巨大，都在通过各种方式探索。现在有一批互联网公司、医疗公司在融资，探索把医生的碎片时间进行放大的模式。虽然大家并不一定看好，但也不排除其中有一两家会成功。我们还有很多的细分市场，互联网医疗里面有巨大的机会。

健康与什么有关

　　人体是一架精密的机器，一刻不停地进行着复杂的生命活动，感知着五彩缤纷的世界。而生活的外部环境提供了人体生存的必要条件，但与此同时也存在许多有害因素。人与环境的关系不仅表现在适应能力上，更重要的是如何能动地学会与环境和谐相处，以求得生态的平衡，最终实现人类的健康与生态的健康。

　　在2016年亚布力年会上，就上述话题，远大科技集团董事长兼总裁张跃、华大股份CEO尹烨、东软集团董事长刘积仁做了深刻的阐述。

　　艾奎宇：有人说可能听完这一个小时，有些事情就想明白了：原来这就是生命和健康的质量和态度。下面有请华大基因股份有限公司总裁尹烨先生。尹先生2002年加入了华大基因，这是全球最大的基因组织中心、生物信息学中心。尹先生从事体外诊断实体研发，在《科学》杂志上发表了30多篇文章，我们把舞台交给尹先生。

　　尹烨：我相信21世纪会成为真正的生命科学的世纪。我今天说四个梦想，从基因的角度来看看我们能做些什么。

　　人是很奇怪的动物，从800万年前到500万年前的时间内，我们跟兽划清了界限，所有好的都可以归为人性，不好的事情都归为兽性。然而如果我们被扔到大自然中去，遇到一头狼，可能就没有什么好的办法了，这就是我们的人类。你可能颜值比我高一点，年龄比我大一点，但是我们的基因是一样的，有31对，大概6G，ATCG是你生命的基本牌。如果牌好，就长命百岁；如果牌不好，可能就会得罕见病，这是基因可能给大家带来的很多预测性或者预防性的东西。

　　草有17%的基因跟人一样，苍蝇有39%的基因跟人一样，鱼有63%的基因跟人一样，老鼠是80%，猴子是93%，猩猩是96%。我们把所有物种拿来对比，比如能喝酒的和不能喝酒之间差多少，南方汉子和北方汉子差多少，所以，从DNA角度来讲我们是同病相怜的。

　　尽管我们只有0.5%的基因差别，但是你可以长到2.6米，也可以长到不到半米，这都取决于人类生长激素的旺盛与否。在生命科学当中，不例外的定义就是例外，没有例外就没有移转、变异、演化的动力。中国有15%~30%的人存在不孕不育的问题，2015年中国生了1.6万个孩子，有100万个孩子天生患有残疾，甚至大部分遭受严重的歧视，也正因为229是罕见的数字，所以，2月29日也是世界罕见病日。如果大家愿意做公益和慈善，我倡议大家做一点和罕见病相关的事情，这样大的群体需要我们的帮助。因此，我许的第一个梦想就是让与生俱来的基因健康，许一个没有罕见病的未来。这是可以从孕前、产前、育儿时就开始预防的，希望我们的下一代越来越好。

　　第二个话题是肿瘤。中国癌症中心更新的数据显示，2015年我们发肿瘤病的人数是430万，每7秒就有一个肿瘤患者，新发肿瘤的一半患者都在中国。中国到底怎么了？是环境问题？食品安全问题？还是因为年龄越来越大？其实，所有肿瘤发生的共同原因都在于基因失控。如果说出生的缺陷是与生俱来的，那肿瘤就是与时俱进，疯狂繁衍，最后演变成癌症。

　　没有突然发生的肿瘤，只有突然发现的肿瘤，而且肿瘤一旦发现就是晚期。所以，我们必须通过一系列的检测方法，尽量在最早期就控制这些肿瘤。如果真正得了肿瘤，就要辨证治疗，一把钥匙开一把锁，靶向精准。我们必须明确一点，比如肺癌并不能代表所有的癌症，不是每种癌症都长在肺上，因为基因不一样，治疗方法就会有所不同。另一个是一癌同治，比如阿瓦斯汀，它能治肺癌和结直肠癌，是因为它们的肿瘤是一样的。中国把解剖学和化学用到了极致，却忽略了人作为整体需要系统性的治疗。2015年最让我振奋的一个案例是，英国一个3个月大的孩子患了急性白血病，医院对他进行了化疗、骨髓移植，结果都无济于事，但是我们的基因科学家通过基因编辑方式研究出一种细胞导弹，即免疫细胞。这种免疫细胞把自身的配型改成跟孩子的一样，这样打进去的药物不被身体排斥，还能杀肿瘤，还能躲过之前用过的其他药物，这样的事情在历史上我们认为只有神才能做到。然而在今天，这样一个生命的语言和上帝的密码被打开了。这个案例让我相信，只有暂时无法治愈的肿瘤，所有的肿瘤都会有一个代龄生存的状态。因此，我的第二个梦想，是让与时俱进的基因可控，许一个和肿瘤共同生存的时代。

第三个话题是三维生物，愿我们可以用温度控制住我们流逝的青春，这也是大家熟知的热点话题——干细胞。很多女性取了自己的干细胞以后，经过一定的诱导可以让时光倒流，这样就可以把女性更年期延后3~5个周期。我们每个人都是从一个受精卵成长起来的，因此，细胞的全能性是在进化中丢失的。我们只要可以恢复细胞进化过程中的全能性，就可以让不可能的事变为可能。我们可以把部分脂肪干细胞做成视网膜干细胞，培养3D打印的微型心脏，这些今后都不再只是梦想。目前的现实是大家都拼命存钱，不存命。我们在年轻的时候可以储存自己的卵子、精子、免疫细胞以及脂肪干细胞，3~5年之后等到技术成熟，就可以在临床应用。因此，我的第三个梦想是，让大家早早地储存生命。

人应该可以活到175岁，而且现在百岁老人也并不像之前一样罕见了。我们原来说人生七十古来稀，但现在日本老人的平均年龄已经超过了90岁。过去的150年间，我们的预期寿命在增加，大家也会觉得自己的寿命比以前延长了3年，我们可以比上一代人多活50个小时。这是我们大家都可以做到的，因此，我给的建议是：管住嘴，迈开腿。健康的本质是对人性的管理，是跟人的惰性作斗争，让每个人心里有正确的健康概念，不把自己生命的最后一分钟交给大医院的大医生，而是提前防备，这才是颠覆医疗的本质。许一个人人健康的大愿，这是我的第四个梦想。不忘初心，方得始终。

艾奎宇：非常感谢！我在听到第三个愿望——生命银行后就在想，我得存多少钱才能把生命银行这个事解决了。如果没有这样敢想、敢做的人，人类可能就看不到未来了。

接下来一位是50后，东软集团董事长刘积仁先生。他是东软集团的创始人，东软集团也是中国第一家上市软件公司，他推出了实践大健康的概念，今天给我们带来的分享主题是互联网医疗和商业机会，我们来听听两位科学家之间的交流。

刘积仁：我今天跟大家分享的是，互联网时代的医疗互联网以及医疗体系的变革对我们来讲是一个怎样的商机。

目前全世界医疗体系改革的现状是，美国这样一个发达的国家历经几届政府探索多年，至今仍面临巨大的挑战。所有国家正在讨论三个问题：第一，控制医疗费用的支出；第二，控制费用的同时要保证更高的医疗质量；第三，医疗的公平性。不仅仅是政府和商业机构，所有相关部门都在围绕这样几个目标进行探讨。而谈到商业模式的时候，有两个问题是我们在设计商业模式时不得不回答的。

第一，医疗资源的获取。这不仅是中国，乃至是全世界都必须面临并解决的一个问题——医疗资源的短缺。而这种短缺，过去如此，现在如此，将来还会如此。医疗资源的短缺不仅仅是医生多少的问题，而是所有人都希望得到最好的医疗资源。这里"最好的医疗资源"的定义，并非符合了我们心目中认定的某项标准，而是说在医生群体里专家占了最高的百分比。现在大家可以点名点姓地说出谁是这个领域的专家，长此以往，今后可能仅有一两个人是专家，其他人不再是专家，或者是永远逊色于专家，这被称为医疗短缺。或许当医生的治疗全面发生改变的时候，大家就不会再追求所谓的专家。

除了资格和能力，医疗资源还包含地区和分布。实际上，全世界最好的医生都居住在最好的城市。最好城市的医生和二级城市的医生差的不是一个数量级，而是因为他所服务的病例、解决的问题，以及他所拥有的经验都要比二级城市、三级城市的质量高得多。所以，医疗资源从各方面来讲都是极度缺乏的，是属于大城市的，而大城市优质的医生资源通过什么方式激励起来？答案就是互联网。任何一个顶级医生的收入水平与我们上市公司的高管收入相比相差无几。如果他依靠在手机上为你服务赚几块钱或者一两百，那么他肯定不是顶级的医生，这是我们对资源的理解。

第二，我们今天所有的模式都存在一个问题：谁来付钱？全世界的医疗体系支付方主要是两家，其一是政府提供的社会保障，其二是商业公司的商业保险。个人跟政府之间在某些方面是配比的关系，也就是说，个人的医疗费用社保报销一部分，剩余部分由个人支付，而且个人支付几乎没有议价权、讨论权和问责权。没有哪个人到医院里问医生为什么不打折，为什么这么贵，为什么不给我开这个药，因为不敢问。所以，医疗改革需要政府的力量，而政府改革一定需要通过社保改革。今天我们支付三方的结构已经形成了基本的逻辑，所以，单方面跟医生直接谈医疗付费问题的情况极其少见，如果有的话，大部分都是复诊，而且基本上都是代理，因而我们看病这件事情已经变成了代理模式。

有一个从出生到死亡都需要花钱的产业，那就是健康产业。年轻的时候穿得复杂，年龄大了就穿得相对简单；年轻的时候喜欢多吃，年老的时候基本都吃得少。所有这些变化里面，唯有医疗这件事不同，因为你生命的最后几个月时间可能会花掉全家人的积蓄。在人类追求生命质量的过程中，我们可以看到这个产业的巨大价值。东软承担了全中国50%的社会保险，2015年中国的GDP下降，医疗费用却在增长，而且一直保持高速增长。这个高速增长第一是因为慢性病，第二是我们现在乐意主动去医院看病，保险更是激励我们看病。另外就是老年病，现在技术快速发展，只要有钱，多维持一个月的寿命在这个时代也可以做到，但这个费用是无底的。

中国人爱财不爱命，所以在中国，最大的险种是财险，最弱的险是生命险。世界500强的巨头保险公司中，美国公司有很多，而健康险和意外伤残险的险种却少之又少。这个保险为什么不发达？是没有需要吗？这本质上是因为健康险风险的回避所涉及的过程比财险复杂得多，尤其是要涉及医疗过程，比如吃什么药，用什么方式看病，怎么看病，预防为主还是治疗为主，治病的时候多少钱用于检查、多少钱用于其他方面，等等。如果我们把它看成商业保险的风险控制，那么商业保险就必须控制整个医疗过程。

另外，我们发展商业保险健康险品种的时候有精算的步骤，因此需要知道一个医院看某个病的价位，如果不知道就没有办法开发相对应的保险。然而要怎么才能知道价位？我曾经跟国家卫生和计划生育委员会的领导们说，只要控制药片成本就行，这是最简单原始的方式。如果我们要对一家医院整个的医疗费用进行控制，首先需要进行规则控制，主要是反欺诈。我们现在很多的医疗过程由于不挣钱，也带来了欺诈。比如，一会儿扫描，一会儿核磁，一会儿CT，这方面重复、繁杂的步骤很多。这个该由谁来监控？这就是我们现在商业保险所占比重很小的重要原因。

商业保险是未来医疗改革很重要的一个方面，由于商业保险的利益驱动充足，所以在美国，健康险公司收入的30%~40%都来自帮助政府管理的社会保险，也就是社会保险交给了商业保险。中国现在也已经开始着手发展这种模式，所以，商业保险和社保在不断合作。

支付方现在在思考的第一个问题是控费，让所有医院通过卓越的管理和精准的运行挣钱。目前很多医院赚钱就是因为没有精细严格的管理。北京、上海90%的三甲医院的软件成本核算是我们进行的，我们发现挣钱的病种只有百分之三四十，其他的都不挣钱，但是盈利面补贴了亏损面。所以，总额控费、人头控费要走向知识控费，这会使医院医疗发生根本变化，最后就是分诊医疗、社区医疗的发展，就是在家养老。

目前平均一个病人要在医院住十几天，今后可以住四天就回家，然后派人到家里进行护理。这样，我们也会面临一些挑战，比如社区的质量。目前政府认为把医疗拿到社区能节省资金，这只是一个想象。如果没有精准的控制，社区医疗将会比大医院消耗更多的钱，尤其是治疗质量差将会导致病情越治越复杂，越治越严重。

基于这种情况，我们可以看到控费就像蝴蝶效应，未来会影响到医生、护士、手术、疾病管理的所有方面。医疗服务机构面临整个支付改革、医院变革，以及所有投资方面的压力。我相信，未来5年，所有医院都会面临这样的问题，因为我们每天都在做这样控费的软件，现在已经上了大量的知识库。当控费、反欺诈、减少重复实施后，今后任何一家医院都不会有对患者进行欺诈的机会。环环相扣，最终使得医院在一个好的生态下运行发展，让医生更有尊严。中国的医疗改革如果让医生挣不到钱，让医生不高兴，那么肯定不会有病人高兴的这一天。而现在的问题是大部分钱没有花在医疗上，而是消耗在了流通环节及其他相关环节，这就导致医院会重视院外收入，构造医联体。

我认为信息技术也是一种变革，那么通过信息技术对这个生态里的哪一块进行变革才是最恰当的方式？这大概有几个方面：第一，与控费相关；第二，与医疗质量相关；第三，医疗的公平性。互联网技术、信息技术在推动整个健康保险事业上，在这几个方面发挥作用。一是与保险公司如何整体控制未来的医疗交付过程相关，这也是风险控制最重要的环节。如果这个环节无法控制，一个人加入保险，全家吃药，医生猛开药，这之间的盈利就无法正常进行。二是与如何创造一些新的医疗保险品种相关。过去是出事之后才有保险，今后的保险一定是倒过来。比如，保你活100岁，你要买多少保险。现在你没到100岁就去世了，那么保险公司就要赔偿你，也就是反过来为了结果而保险。

另外，物联网会使得人们主动获取数据变得更加容易。我们每天带着手机，跟健康相关的数据可以随时获取。比如，你每天有多长时间坐着，多长时间躺着，你消耗的卡路里通过传感就可以获取。这些数据如果和DNA数据进行结合，将会有利于疾病的预防、评价和风险的控制。另外，医院未来最理想的结果是走向社区、走向家庭，这是老百姓最舒服的低成本投资的方式。而现在很多医院的成本也来自对固定资产的巨大投资，而这些投资后期会被摊薄转移到医疗费用上来。

在互联网的时代，机会很多，关键是我们如何科学地看待目前医疗体系的变革。在这样一个科学化的基础上，如果能找到属于自己的商业机会，即商业的持续性。

艾奎宇：谢谢，我们有请最后一位嘉宾——远大科技集团董事长张跃先生，他没有PPT（Microsoft Office PowerPoint），但是据说他带来了道具。

张跃：二氧化碳含量值室外正常的是400ppm。其实我们房间里常年缺氧，黄河以北，尤其是冬天。东北三省的居民身体不健康的情况非常严重，其主要原因就是窗户被贴死了。现在我们这个房间里的二氧化碳含量是3300ppm以上，等会儿大家打瞌睡，不是因为我讲得太闷，而是因为缺氧。长期生活在二氧化碳含量值2000ppm以上的人，血液循环会很差，末梢循环不通，皮肤容易苍老，西藏人显得苍老也与缺氧有关。

我们每天都面临四个伤害。第一个伤害是最显而易见的缺氧。第二个伤害是粉尘，即PM2.5。PM2.5跟平常厨房里的油烟不同，它的产品来源是石油、煤炭这些重金属。现在癌症患病率很高，跟PM2.5关系很大，而且不仅仅是肺癌，PM2.5的重金属如果被我们吸附进血液里面，最早遭受伤害的是肝，而不是肺，结果就可能导致肝癌，或者血癌、白血病这类伤害最大的癌症。第三个伤害是水，水的伤害其实很普遍。我们公司经过多年的验证发现，能喝的水只有反渗透水。我们平常喝的过滤水可以过滤掉重金属，是反渗透水，但是它同时过滤掉了所有的微量元素。我们大量的实验证明，吃一块白菜，吃半个鸡蛋，吃一口米饭，基本上能把一天喝的水里面的微量元素都吃到，所以，我们每天吃的东西所补充的微量元素远远超过我们从水里面获取的微量元素。第四个伤害是食物。我们公司在1998年开办了自己的农场，请农民帮我们种有机食品，绝对不放农药、化肥。目前的情况是，中国每个人用掉了30公斤农药，是印度的10倍、欧美的四五倍。70%的抗生素给动物吃了，也就是说，即使我们得病挺着，不吃抗生素，我们都逃不开抗生素，因为食品安全问题非常严重。

黑龙江省省长把有机食品当作未来黑龙江省经济增长的关键点，这是非常正确的。每个老百姓都要逐渐意识到，健康才应该是我们日常关注事情里的第一位。我们公司找几百位农民帮我们种粮食、种蔬菜，我们的干部每天紧盯食物来源、种养基地。我们在长沙、湘阴等不同地方有实验室，每天的工作就是检查食物。这是非常值得的，因为在目前巨大的物质满足的情况下，其实我们对生命最基本需求的满足仍旧欠缺。

前面两位都在讲高科技医学，其实我认为，人应该回到最普通的思想，就是我们要减少对医和药的依赖。尤其是对医药的管理问题，我个人的体会非常深刻。1987年我吃过两天抗生素，到现在28年了，我没有再吃过任何抗生素，不管多重的病，不管多严重的感冒，我甚至曾经一个礼拜感冒下不了床，但是都挺过来了。20多年来，我们一直在开发有机食品，我想告诉大家，减少对医疗的依赖、对医药的依赖是非常重要的。如果我们这个世界要消灭什么东西，目标最好是制药厂和一部分庸医，尤其是见到病人就开药的庸医。

我们像美国一样发展是没有任何意义的。据说美国GDP的近13%用于医疗或者和医疗相关的产业，这是30年以前的数据。而中国30年前的数据是2%，现在可能在增长。总之一句话，我们要具备返璞归真的意识，古人不吃药可以长寿，为什么我们现在要吃这么多药？古人生活里天然的好食物，我们要去追求。我们如果在高度繁荣、财富爆炸的时代还能真正享受自己的生活，那就必须关注这四件事——空气、水、食物、减少对药物的依赖，这是我的切身体会。

艾奎宇：最近我很纠结——给2岁的儿子吃不吃抗生素的药，为了这个一家人打得头破血流。我也希望大家能少吸一些PM2.5，少吃一些重金属元素，过得开心一点，希望每个人对自己好一点，因为对得起自己的生命和健康就是对得起整个国家的生命和健康。

创业背后的故事

阿里走到今天，要面临的问题很多。当初王石去爬山，而我没去爬。我问他为什么去爬山，他说爬到山顶上可以想得很清楚，但我自己坐在马桶上也都能想得很清楚。其实我每天都在爬山，我们所有的企业家天天都在想办法如何过雪山，如何跨过这个坎儿、那个坎儿。所以，我们面对未来，必须看清楚灾难，只有知道并看清楚灾难和困难的人才有资格乐观，否则只是盲目乐观。

阿里巴巴的坚持

文 | **马云** 阿里巴巴集团董事局主席

　　我第一次学滑雪是在亚布力，学完之后去了瑞士。我以为在亚布力学会了滑雪，在瑞士就可以滑雪，结果坐了15分钟的缆车爬到山顶一看，就把自己给吓坏了。我不知道15分钟可以爬得那么高，一看山的坡度，以及所有的滑雪道，根本找不到道，我不敢滑了，于是花了近2个半小时走了下来。

　　其实有时候，我们以为自己知道很多东西，以为自己都懂，但如果不对未来有敬畏之心，不对昨天有感恩之情，我们可能永远跌跌撞撞、磕磕绊绊。

　　在如今的环境中，很多企业可能碰到了困难，大部分人有的困难，我也都有，而且越来越大。我相信我碰到的很多困难，也许在座的很多企业可能还没碰到。怎么办？既然选择了做企业，选择了做阿里巴巴，选择了做互联网，选择了与一帮年轻人一起做这件事，那就只能坚持下去。有人说"忽悠不是让自己相信，而是让别人相信"，其实我们不在乎别人信不信，反正我是信了。

　　阿里走到今天，要面临的问题很多。当初王石去爬山，而我没去爬。我问他为什么去爬山，他说爬到山顶上可以想得很清楚，但我自己坐在马桶上也都能想得很清楚。其实我每天都在爬山，我们所有的企业家天天都在想办法如何过雪山，如何跨过这个坎儿、那个坎儿。所以，我们面对未来，必须看清楚灾难，只有知道并看清楚灾难和困难的人才有资格乐观，否则只是盲目乐观。

　　今天的中国经济形势对谁都不好，这就是好事；如果就只对你不好，那你的灾难就大了。更何况，经济的好坏跟你其实也没有多大关系。今天哪个国家的经济没有问题？都有问题。但是就我自己来看，今天我们对经济恐慌，这个问题本身要比经济问题来得更大。经济转型升级这么多年，说"中国经济不可持续"这么多年了，我们没有充分认识到2008年金融危机对中国有多么大的影响。金融危机爆发其实就像海啸一样，先是在美国，然后到了中国，这是一个过程。因为我们没有做好充分的思想准备，另外，我们对整个中国经济转型升级所需要付出的代价没有做好充分准备。人人都在喊转型升级，但转型升级付出的代价有多大，该怎么去做，我们也没做好准备。而今天来看，以能源、石油资源为支撑的整个经济发展速度在下滑，这已经是势在必行。

另一个判断经济好坏的标准跟GDP的关系其实不太大。判断一个国家经济是否健康、是否有希望，要看就业是否稳定，年轻人是否有就业机会。如果年轻人缺乏就业机会，哪怕GDP很高，经济也是不行的。今天中国年轻人的就业还没有出现问题，如果出现问题，就真是大家的灾难。

中国现在出现了三个新的增长点：第一，服务行业；第二，消费；第三，高科技。这是拉动中国经济的新"三驾马车"，如果把前面的传统与基础设施投资、出口导向、内需称为马车，那么消费、服务、高科技是三辆"奔驰轿车"。这也是美国、欧洲、日本经历过的，我们必须要思考的是，中国经济未来真正要做三驾不是"马车"档次的车，而是把消费做起来，把服务做起来，把高科技做起来，这才是我们要解决的问题。

第一，从"三驾老马车"中，我们要思考一个问题：我们国家的基础设施投资30年来投了这么多钱，我们是否应该从基础设施投资变成基础设施应用？我们投了那么多的设备，投了那么多的钱，但是应用能力之差是超乎大家想象的。也就是说，如果你有一个饭店，是交给专业的酒店运营更高效，还是自己运营更高效？我们国家如果把几十年的投资开放给民营企业，要求运营必须是专业的，就必须交给市场去运营。所以，我认为，这是一个巨大的机会所在。我们要把自己的资产盘活，把这个国家过去投资的东西做好。

第二，以出口为导向的经济不可能持续。进出口必须平衡发展，中国已经成为全世界巨大的市场，还必须成为全世界最大的买家市场。我非常同意要学会买其他国家的东西进中国，冲击中国市场，加速中国经济的转型升级。中国不是产能过剩，是落后的产能过剩。比如，中国不是不会生产马桶，是不会生产好的马桶、有创意性的马桶。所以，我们必须考虑到进出口平衡发展。

第三，内需市场。什么是内需？内需就是消费。"内需"这两个字的提法不对，内需是经济学家提的。为什么消费做不起来？因为投资和出口是政府导向，消费是市场导向、企业导向。政府有能力把银行的钱投资到基础设施，能通过各种方式刺激出口，但政府很难把老百姓口袋里的钱掏出来做点什么事。所以，把老百姓口袋的钱掏出来这件事是企业家的创新，是市场的行为。我们国家在市场经济的道路上应该加大力度，不断走下去。

我认为，对消费和内需这两个字要重新定义，实实在在地讲，其实就是拉动消费。像现在很多拍电影、电视的，你问他是干什么的，他说是搞文艺、搞文化的，你会傻在那儿。"文化"这个词放在国外应该怎么翻译？假如有个演员说自己是搞文化的，那么别人会认为他是在搞博物馆或者图书馆。如果直截了当地讲是搞娱乐的，这样多好，都能听明白。所以，今天什么是消费？"消费"的"消"是可以消耗的东西，所谓的"费"是可以浪费的东西。刺激消费也不是很难，优质消耗品是中国巨大的机会。什么叫浪费？我们以前以为汽车和房子是两个内需，汽车、房子一辈子可能也就买一到两次，但汽车和房子里的东西才是天天可以消费的，比如墙上挂一幅毕加索的画，根本就是浪费。然而只有这些东西能够消费起来，中国经济才会起来，所以，刺激消费是搞创新、搞市场行为。中国可以做的事情非常多，我们企业在迷茫中其实只存在一个问题，就是你的想象力不够。

在20多年前，美国如何把同样是以基础设施投资、出口为主的市场迅速发动为消费的市场？美国当时2亿多的人口，中产阶级可能有五六千万人，但他们以这个需求为主，拉动了世界经济。今天，中国中等收入人群有3亿，虽然我们是中等收入水平，但消费能力还是农民水平。如果我们不鼓励老百姓去消费，不鼓励年轻人花钱，那就是我们对未来没有信心。其实，我们对未来的信心也不是所谓的建立整套医疗保障，真正说明我们对未来有信心的是看中国的年轻人，是对年轻人有信心。今天，中国大量的年轻人加入了高科技行业、消费行业、服务性行业，这是我们的机会所在。

我对中国经济的长远发展一直充满信心，虽然短期来看有问题，但我们要忘掉短期。如果你做企业是为了明年、为了下个季度，那么你只是职业经理人，因为职业经理人考虑的是下个季度，作为企业要考虑的是5年、10年、20年。如果从20年的角度来讲，经济有几个轮回，只有经历了几个轮回的才是好企业。请问，哪一家大公司没经历过倒霉时期？没有经历过倒霉时期的企业绝对不能成为一个好企业。如同没有受过伤的女人哪叫女人，没有受过伤的男人哪叫男人？那是女孩、男孩。企业也是一样。

未来中国也只有这条路：以消费拉动经济，就是创意拉动、创造拉动、创新拉动，鼓励创造、创新，鼓励走向市场经济，这是我们的巨大机会。现在是勇者胜、智者胜、能者胜。反正我对未来充满信心，虽然我对今天、明天也有胆小、谨慎、如履薄冰之感，但总之一句话：以前这样，今天依旧是这样，今天很残酷，明天更残酷，后天很美好，绝大部分人会死在明天晚上，见不到后天的太阳，只要相信这个，你就会走出去。

蒋昌建：只要拥有年轻人，就拥有未来。接下来的问题跟年轻人有关：什么叫二次元？

马云：不知道。

蒋昌建：网上有个年轻人喜欢的剧，很多人不大愿意看，但网上播放率已超过30多亿次，这个网剧就是二次元的故事，你知道这个剧叫什么吗？

马云：不知道。不知道不丢人，不知道说自己知道才很丢人。最重要的是尊重年轻人做他自己的决定，但不等于说我一定要知道年轻人知道什么。我有我的麻烦，他们有他们的麻烦，我认为，只要是健康、快乐的，那就让他们去做。如果是我们都了解、知道的事情，还让别人去做，也未必是好的。我看电影、电视也比较多，但怎么看也看不过年轻人，所以要明白自己在什么方面不如他们。

蒋昌建：很多人都谈供给侧改革，从政府角度来讲有其理解，我更关心从企业家的角度来讲，你认为供给侧改革是什么样的？

马云：其实供给侧改革的核心思想就是以客户为中心，以市场为中心，改变自己，适应别人。供给侧的改变，不仅仅是对企业，还是对政府，如果政府改变自己的工作和流程，去真正适应社会发展，企业也一定能改变。我们原来的模式是B2C，企业自己想象客户需要什么，市场要什么，生产出来去找市场。未来的变革是消费需要什么，按需定制、柔性化定制，必须要改革自己去适应未来，而不是改变别人来适应自己。这其实是思想观念的问题。

在20世纪时，整个生产制造业的模式只有B2C，而21世纪最大的变革是C2B（Consumer to Business，消费者到企业的电子商务模式），一切按需定制，这就是供给侧在供应方面带来的改变，改变自己的流程、文化、组织，甚至改变自己的人才架构来适应外面的需求。这是对的。

蒋昌建：很多企业为适应客户需要，建立了自己的电商平台，这是C2B对他的要求。然而结合一位电商巨头的观点，建议企业砍掉自己的电商部门，因为电商部门并不能带来很大收益；但是，又有C2B等各种要求。那么企业究竟该怎么办？

马云：还有什么比砍部门更容易的事？如果做企业永远挑最容易的事情，企业如何做得好？今天客户不是不愿意去超市和百货商场，而是他们没有把客户体验做到淋漓尽致。中国的电子商务发展并不是因为电子商务企业做得有多好，而是原来的商业基础设施实在太差，原来的百货行业没有去思考，因为那时纯粹是粗放式发展，需求旺盛，所以，只要稍微聪明一点，谁都可以干。然而今天在考量客户体验感受时，就会出现问题。我认为，今天所有的企业都要记住：电商不是一个零售的渠道，不是一个销售的方式，而是一个思想观念的进步。就像电发明后，用电时要把原来火柴、煤的供应商改掉。企业内部的人才要改掉很复杂，但你坚持用煤烧，别人还是会用电的。用电一开始的成本是要高一点，因为你要有这样的设备。改革的关键在于你是否相信这是未来，如果相信这是未来，那就必须得改。所以我认为，不是要关掉电商部门，而是要思考如何把电商部门做得更加强大，真正以客户需求为主要导向。

企业大了，很多人都考虑外包，我们公司里有几个部门是永远不外包的：服务不外包，销售不外包，投诉（客服）绝对不能外包。因为如果你都不知道客户投诉什么、喜欢什么，你就等于一个人穿了10件衣服都不知道是冬天还是夏天。这里先来仔细看一下，当年把服务外包的公司有几家活得好？因为他们远离了客户的哭喊，远离了客户喜欢什么、恨什么。另外，销售也不能外包，销售是一线跟客户接触的地方，知道客户需要什么、需要在市场上竞争什么。如果这两件事情都外包，你还做什么企业？粗放式的发展就是搞一点产品坐在房间里自己设计，如果以后的供给侧改革、以后的C2B中没有消费者的需求、痛苦，没有消费者的眼泪和欢乐，你怎么去改革自己？凭什么改革自己？是为了老板的喜好还是为了成本？所以，我认为要想明白，什么是一定要的，什么是可以不要的。

蒋昌建：细化一点。

马云：对我们所有人来讲，销售是真正的服务，因为销售部门是直接面对客户的，销售不是要卖一个机器，销售是卖公司的理念和信誉、卖公司的价值体系、卖公司的使命感。在这个过程中，最终要拿回来的不是钱，而是客户的感受、客户的需求、客户的改变，这些才是销售最大的收入。

大家都知道，阿里巴巴有一支铁军叫中国供应商，我们所有人传递的不是中国供应商的产品，传递的是我们对互联网的理解、我们对互联网使命的价值体系。我们的收入不是每个产品卖多少钱，而是每个产品出去以后，客户如何看我们的产品和服务，这才是最大的收入。阿里巴巴在前3年没有利润，因为根本没有收入。前3年我们最大的收入和利润是什么？那就是成千上万的感谢信和投诉信，有了这些才有可能完善自己的服务。为什么给客户免费？免费的时候是我们对自己的产品没有信心的时候，就只能免费让客户参与，客户在用你这样的产品时也是要冒风险的，我们与客户共担风险，共同创造未来。

大家从思想观念上去思考，可以外包技术，甚至可以外包品牌，外包很多东西，但是销售部门、服务部门是不能外包的，因为外包就等于把自己的核心客户交给别人了。

蒋昌建：接下来，我们把问题留给在座的各位进行互动。

艾特·凯瑟克：互联网可能无法满足人们的全部需求，最后使得很多人回到传统行业——客户的利益和股东的利益是不一致的，比如，每个人都希望用便宜的价格买1瓶水且1小时内送到家，但从公司的成本来看不一定划得来。另外，关于税的问题，很多人认为在互联网上买卖就不用交税了。所以，如果把真正的成本和税务问题考虑进去，在互联网上提供的商品价格不一定是便宜的，这时会让一些客户回到门店吗？还是客户会因为他们对互联网的依赖，依然愿意用这样的价钱在互联网上购买？

马云：第一个问题，关于客户的利益和股东的利益。阿里巴巴从第一天成立、上市，到今天为止，16年来坚持客户第一、员工第二、股东第三。只有满足了客户的需求，员工才会快乐，才有可能创新；只有客户满意了，员工满意了，股东才一定会满意，我们是看长期效益。我要告诉大家，阿里巴巴坚定认为是客户付我们钱，只有服务好客户，我才有衣食父母；员工是创造价值的人，只有员工开心，股东才有可能开心，这是我们的定义。华尔街相信股东第一，股东第一的话问题就很大，今天要这个，明天要那个，这样，企业基本就完蛋了。因为绝大部分的股东不会明白你的战略，绝大部分的股东不明白你的痛苦，绝大部分的股东只是从数据上分析你，而你自己最了解自己。所以，我先告诉大家，不要认为股东总是对的，但尊重他们，最后的决定还得是你自己做。

八九年前，有个公司做电子商务，他说可以将任何东西在1小时之内送到北京城里，结果人家说我就买一瓶可乐，于是这个公司很快就破产了，因为他在错误的时机做了一件正确的事。而今天，你可能在网上销售所有的水。比如2015年，我们有一天光是帮加拿大卖龙虾，就卖了98000只龙虾，卖1只龙虾肯定是亏的。

至于互联网上是否交税的问题，那纯粹是误解。2015年，阿里巴巴仅在浙江就交了178亿元的税，我们公司一年不包括投资控股的公司，仅工作日每天就要交近8000万的税。大家可以调查一下，今天在全中国，在各个省市县里，前20家盈利的大户里有多少家是淘宝天猫店？中国正在诞生一种新的实体经济，人们在讲虚拟经济时总是和实体经济对立起来，其实，不是虚会赢，也不是实会赢，而是虚和实加在一起才会赢。有人说零售行业被互联网冲垮了，其实是你被互联网冲垮了。沃尔玛2015年上半年关了250家店，所有关店的老板都在关注一个问题：我为什么几年以前没关注互联网？人家说的都是自己没抓住这个机会。我可以大胆地讲，10年以后，整个中国纳税最多的企业就是今天能够使用好互联网、大数据、高科技，完全挖掘出消费和真正服务行业的这些企业。

过去谁会想过，2015年阿里巴巴可以纳税178多个亿？但是我们做到了，2016年我们还要做，我们只向百分之二点几的企业收了费用，有90%多的企业我们是不收费用的，是真正靠薄利、靠技术、靠产品去完善。

今天中国经济的主力部队是什么？以前中国经济靠政府驱动，有三支主要"部队"，第一是民企，第二是国企，第三是外企。改革开放前10年，民营企业迅速发展；后10年，外资企业进入；再后面的10年，是国有企业的发展期。现在，这三支"部队"全部被打掉了。现在来看，是以消费、服务、技术为支撑的企业的发展黄金期。"双十一"的900多亿元中，有百分之六七十的销售额来自那些企业，可能我们从来没有听说过这些企业的名字，5年前根本不存在这些公司。这才是我们这个国家和这个时代未来的希望——这帮"80后""70后"所创造的企业。他们用高科技的手段创造、创新，发现需求。为什么今天的零售业会疼痛？正如百货公司当年把小商、小贩全部打垮，因为他们当年发现了需求，创造了需求；而今天，他们停留在房地产上，互联网公司发现了需求，创造了需求，引领了需求，这就是时代的进步。

李小加：你刚才讲"客户第一，员工第二，股东第三"，这是一个普世价值，还是仅仅像阿里巴巴、腾讯这样的公司可以适用？对于一个传统企业或资本相对密集的企业来说，随时需要资本，因此，资本市场的价格直接决定了他们是否能够进一步取得资本去发展，如果那时他们也说股东利益是第三的话，会怎样？他们应该适用于怎样的道理？

马云：我认为，客户第一，员工第二，股东第三，这是21世纪企业的普世价值。如果想要考虑创意、创新和创造，就是以人为中心。20世纪是以机器、生产资料、能源为中心，所以毫无疑问，有钱就可以把机器、资源、能源买来，然后只要生产就行了。而这个世纪的创新、创意、创造，需要的是人的要素。

20世纪以IT为主的时代是什么概念？那就是把人当机器用。这个世纪以人为中心的时候，是把机器当作人用。这是巨大的差异变化。所以，人的要素将成为21世纪的核心要素。如果想把创新、创意、创造当作第一要素，那就要把人作为第一要素；如果把人作为第一要素，那就是客户第一、员工第二、股东第三。我不会投资一家只靠一些资本、机器、原料、能源就可以生产的企业。因为永远有人比你有更多的钱，比你的机器运转更迅速。

在20世纪，就房地产、制造业来讲，一定是股东第一；但是在21世纪，进入以人的创新为主的时候，必须也肯定是客户第一、员工第二、股东第三，不管他们是否愿意，反正我是这样坚持的。

阎焱：目前在中国整个大的互联网领域，基本上形成了BAT三大家的垄断，很多年轻人也问，他们在当前环境下还有没有机会。从长期来讲，BAT的垄断对互联网的创新是否会起扼杀作用？

马云：第一，BAT不是垄断，是暂时领先。BAT中到底哪一家会下去？今天你听到的问题，20年以前我都碰到了，20年以前听到比尔·盖茨、IBM就搓火，估计天下没有人翻得了他，那时我也是这样的心态。我总是希望成为比尔·盖茨，成为IBM，最后发现隔壁老王都比我好。

慢慢地，我们发现世界在变化，只要抓住机会，只要坚持，只要不断学习，还是有机会的。另外，今天的年轻人进行"双创"，动不动就想成为下一个BAT。我们是抓住了历史的机遇，又有很好的时代、很好的行业，加上很好的员工，坚持着使命才走到今天。但请问，互联网公司有几家能够坚持5年或10年？又有几个能忍到垄断未来的时候？所以，另一点，虽然有"三座大山"的垄断，就像村里面有地主一样，但并不是把地主灭了你就能富起来的。

吴鹰：回到客户第一的话题，中国目前的互联网公司，无论是讲三大家或者五大家，也都碰到了成长的瓶颈。第一个问题是，三大互联网公司之间，有没有给客户提供更方便的服务？如果你认为这是必要的，你个人是否愿意做这样的事？从阿里巴巴的角度，是否愿意把大家绑在一起，把市场的生产链条做大，更好地服务于市场？

马云：第一，如果三家真合起来做一件事情，那就真变成垄断了。我们三家一定要竞争，竞争的目的是能够让市场更健康，让自己更健康，对用户更加公平。第二，我们必须联合起来一起做这件事情，能够完善这样的服务，对此我完全同意，并且阿里或其他公司都在进行这样的努力。所以，我跟马化腾先从公益上联手做起，一步步达成共识。但是，要想清楚一点，我们不能幼稚——别看三家企业这么大，"泰森有泰森的痛苦"，在上层的时候其实难度更大，每个人都是如履薄冰。别看现在的现金收入很好、利润很好，当年的微软是多么强大，当年的摩托罗拉也厉害得几乎让人望而却步，但当前的形势呢？10年来，变化得多快！所以，三大家10年以后是否还是BAT？阿里巴巴是否还依然存在，是否还能引领未来、创造未来？对于这些问题，我们更应该去思考。

今天人家说BAT太大了，阿里巴巴太大了，大到不可倒，但其实没有一家企业是不可倒的。今天，中国作为世界第二大经济体，美国这个第一大经济体有多少像BAT这样规模的企业？欧洲有多少像BAT这样规模的企业？第三大经济体日本有多少像我们这样规模的企业？中国就这么几个而已。中国已经习惯了让国有企业做大，如果民营企业真正做强做大，就被吓坏了，好像只有国有企业才能做这么大，民营企业不应该做这么大。这么大的经济体，中国不是需要一个BAT，中国需要几十个BAT、几百个BAT，这才会使得我们国家的经济繁荣起来。

陈琦伟：马云现在是大家公认的最有思想力的企业家。你这么旺盛的思想力的源泉是什么？你的常识从哪里来？

马云：我都不知道二次元，但是我尊重年轻人，我敬重年轻人。

我是怎么去思考的？很多年以前，我刚开始做企业的时候，我也去学日本，后来学美国，再后来学韩国，因为我们永远在边上学人家，我们永远在历史上学，我们从来没有针对未来去学。中国文化很好，尊老爱幼，但如果我们改为尊幼爱老，那会怎样？我特别欣赏金庸，可是唯一看不懂的是为什么年纪越大武功越高。

我发现欧美思想的整个体系是基督教体系，而中国的儒释道思想中亦有很多关于创新的理论。对两者研究七八年之后，我觉得将儒家思想、佛家思想、道家思想与基督教教义结合起来，然后运用太极的竞争理论取长补短是一件其乐无穷的事情。

李亦非： 你是个很聪明的人。人都会考虑死亡，请你分享一下，如果你离开了这个世界，你希望阿里巴巴一直生存下去吗？你对自己的财富如何处置？

马云： 我肯定是不聪明的，人类在21世纪要跟机器人比谁聪明是不可能的，我们可以跟机器人比的是智慧，但我自己不觉得我是智慧的。智慧实际上是一个道德的担当，智慧是对别人有用，聪明是对自己有用，请记住这一点。智慧是帮助别人，但我不觉得我到了这样的地步。可是，我想明白了一个道理，我们不能控制自己出生在哪户人家、出生在哪里，但是我们能够控制自己怎么死，我们知道自己怎么可以不进监狱，我们必须明白自己，如果不想被老虎咬死就别上山，如果不想被淹死就别到河里去。

阿里巴巴最少要活102年，前面10年、20年的发展，我从基因及整个体系上保障了阿里巴巴的存在和发展，但它的未来会怎么样，我没办法控制。至于我有没有考虑过自己的死亡，我考虑得非常清楚，我们都会有离开的一天，尤其到了我这个年龄，我经历过的事情让我想明白了死亡并不可怕然而死亡之后，这个公司会怎样？这是我现在花最多精力去做的事情，就是如何让这个公司在我不在、我们不在的时候，依然能够有一批比我们更厉害的人起来，于是发现人才，建立文化，建立机制，变得更为重要了。所以，如果你要找接班人，就趁你年盛力强的时候找，不要等到七八十岁再找，因为七八十岁再"生儿子"就太晚了。

汪潮涌： 阿里巴巴作为电商，最高市值已达2800亿美金。今天如果蚂蚁金服上市，马云毫无疑问会成为世界首富，财富将超过千亿美金，后面还有阿里健康、阿里体育、阿里游戏等。当"阿里系"成立100年，每年以10%的速度增长时，阿里的市值可能比世界500强加起来还要大。那么我要问，企业边界在哪里？就像阿甘一样，大家都在跑，阿甘说我感到累了，不跑了，这是不是一个边界？

马云： 边界是什么？我认为，第一，首富有钱；第二，首富是最大的负债者；第三，首富是最大的负责任者。反正我肯定不是中国首富，我也没想过。我刚创业的时候就跟老婆说，你想不想我成为杭州的首富？杭州下城区的首富？她说，算了吧，别瞎扯了，你怎么可能当首富呢？我说，那你希望我将来很有钱，还是受人尊重？当然是受人尊重。

我认为"首富"的"Fu"是"负责任"的"负"，最重要的边界我认为是"守福"，有福气，有家庭、有朋友的幸福，这是最大的福气，我们没办法做到首富，但是一定能成为守福气的人，所以，最大的边界是我自己觉得快乐。今天我是不快乐的，因为我没想到我可以做那么多的事情。如果你不去做，这事儿不理想；如果你去做了，这事儿可能更不理想了。然而今天社会给了我这么多的资源、这么大的市值、这么多的利润、这么多的年轻人、这么多的数据、这么多的技术，假设我今天不能努力，不能为这个社会做点贡献，我认为是不对的。所以，我不是因为贪婪，不是因为追求市值。说实在一点，2000多亿美金已经造成了这么大的混乱，如果上万亿美金，我马云这点小身板是扛不下去的。什么是边界？无边界。只要对社会有利，对自己有利，对员工、股东、未来有利的事情，你又有足够的能力，就可以去做，今后是跨界才能赢。

张树新：阿里巴巴与腾讯，有两个直面竞争，第一是社交媒体，第二是支付。第一，关于社交媒体，阿里巴巴现在已拥有新浪微博，也做过雅虎、来往，以后是否还要坚持自己做社交媒体？第二，大家春节都在吐槽支付宝抢红包的事情，这其中的复杂性是在为客户考虑吗？

马云：第一个问题，是关于跟微信的竞争。如果问马化腾会不会跟马云竞争，他说不会那是假话。如果问阿里巴巴会不会，我以前没想过，但现在我开始想了。以前我是嘴巴上硬，但下手不够狠。商场如战场，在商场上绝对不是消灭对手你就能活了；我已经放弃"你死我活"了，但我们必须防患于未然，我们必须把竞争放在一个重视的高度上。因为我们今天必须参与全世界的竞争，而不仅是国内竞争。腾讯做的是社交，我们未来发展的是社区。社交和社区有巨大的差异，社交做的是分享，社区做的是共享。如何打造一个更加广泛的社区活动，这是我们希望去做的。因为互联网很快会成为一个社会，在这个社会里，如何共建共创、如何持久地创新是我们感兴趣的。无论是来往也好，钉钉也好，我们都不会放弃。我们不认为阿里巴巴是电商的大头，超越阿里巴巴只是时间问题，只是理念、组织、人才上面不一样；我不认为微信今天已经是大佬，超越微信不是模仿微信，而是在微信的概念、理念上继续对未来进行探索，这是阿里巴巴必须对未来进行的探索。今天的天猫、淘宝不是我们复制出来的，也是对超越未来的探索。

第二，支付的问题。大家讲到红包关于"敬业福"的事情是不是对客户体验的考虑。这件事"公说公有理，婆说婆有理"，阿里巴巴的出发点纯粹就是希望大家过一个好年。我不在乎一战不兴，更不在乎今天没人说你好，就特别小心，我们没有人说得那么坏，我们肯定也没有人说得那么好，我们就是这样。

蒋昌建：怎么看苹果支付？

马云：有一个这样的公司进中国，这是好事。市场是大的，一家公司做市场做不大，几家公司进行竞争才是正确的。苹果支付和支付宝、微信支付一样，是对传统银行金融的改良。21世纪进入大数据时代，如何保证80%的企业能够发展？如果利用低成本技术，利用大数据和云计算去改良金融，是否会更好？所以，我们的支付体系是想做一个能够支撑21世纪经济发展的金融体系，而不是纯粹做一个赚钱的金融工具。我对赚钱真没兴趣。

蒋昌建：这句话是真的吗？

马云：是。你看我能花多少钱？这都是淘宝上买的。

蒋昌建：这叫腔调。

胡祖六：21世纪中国真正需要引领未来的更多行业、更多BAT，你给清华、北大的最大建议是什么？如果跟习大大说一句话，你会说什么？

马云：如果跟北大、清华、复旦说，那就是用欣赏的眼光看看杭州师范大学的学生。如果跟杭州师范大学的学生说，那就是用欣赏的眼光看看自己。支撑中国经济不是靠说，而是靠实干，靠真正一点一滴做出来的。我是比较会说，但是阿里巴巴不是我说出来的，而是无数的年轻人一点一滴做出来的。

如果碰到习大大，那就说一句话：别太辛苦了。他太辛苦了。

施静书：第一个问题，你之前提到，作为一个合格的企业家应该看企业的长期发展；那么从短期来说，季度性的报表制度是否应有所改进？第二个问题，如果你有一个机会与世界上任何一个人一起喝茶，不管在世与否，你希望是谁？

马云： 如果董事长没有10年、20年的思考，董事会没有30年、50年的计划，这就是错的。一个董事会必须有30年、50年的思考，一个CEO必须有5~10年的思考，一个副总裁必须有3年的思考，总裁以下的经理必须是下个礼拜的思考，一个员工必须有明天的思考，这是一个体系。另外，不能因为员工讨厌KPI，就取消KPI。每个人的KPI指数不一样，这不是数字的分解，而是数字背后的东西，设计KPI是门艺术。管理公司是一门科学，这与企业家的长远思考之间，有巨大差异。第二个问题，我挺希望和邓小平喝茶。

蒋昌建： 为什么？

马云： 他勇于改革，他很有勇气，他的决策和他一往直前的动作都很值得我学习。

蒋昌建： 最后一个问题，如果再有世界顶级财经媒体把你作为封面，你希望封面的导语是什么？

马云： 第一，我不能成为封面，如果真成为《时代》杂志封面，就跟做大众电影一样，是娱乐。第二，因为我知道自己的出身，就是杭州的一个平凡人家出身，我只是个杭州人，只是时代给了我一次机会，让我折腾了一下，直到我折腾不动，坐下来。我感谢一个时代，感谢大家的信任。当然，很多人对我表示不高兴，我没办法让大家高兴，我认为你如果要想有真正的朋友，就必须不要被别人左右。

蒋昌建： 不管是封面也好，墓志铭也好，马云说"我就是一个杭州人"，但大家别忘了，"上有天堂，下有苏杭"。

我与联想27年——杨元庆的几道坎

　　1984年，在中科院计算所的一个小传达室里，联想成立。2013年，联想成为全球PC第一。1988年，杨元庆入职联想；2001年，杨元庆成为联想集团总裁兼CEO；2015年，杨元庆带领联想极力拓张移动业务、海外业务。近30年，联想成为真正的国际性公司；近30年，杨元庆从毛头小伙变成行业翘楚。期间的故事不一而足，但通过这些故事，我们能看见企业的发展脉络与个人的成长经验。

　　李亦非：下面，有请今天最重要的嘉宾——联想集团总裁杨元庆先生。听说早上杨总征战了一下雪道，是单板还是双板？

　　杨元庆：双板。

　　李亦非：哪个雪道？

　　杨元庆：9号道。

　　李亦非：9号道是最难滑的雪道，顺利滑下来确实不容易。

　　杨元庆：以前是田溯宁把我拉下来，这次基本上是自己滑下来，而且还比较顺利。

　　李亦非：来亚布力之前，我就在想，此次亚布力年会应该有三个男人会备受关注——王石、郭广昌、杨元庆，因为这三个人最近都非常有故事。今天有机会和杨总畅谈，那么我想问的第一个问题是：最近方兴东写

了一篇你与联想的文章，你怎么看文章中的一些观点？

杨元庆：真的没想到，新年刚开始我就红了。首先，我非常感谢这些人。这说明还有很多人关心联想和我，我们都没有被完全边缘化，所以，这也是让我比较高兴的事情，而且我觉得其中有很多很好的忠告值得我们认真反省、思考。其次，我们可能需要跟媒体、大众进行更多的沟通，把联想的战略、愿景说得更清楚，把这个过程中可能会遇到的风险也提前告知，这对大家理解我们的执行、我们的业绩会更有帮助。其他的建议，我们也都会认真听取。

我们关心三件事。一是客户，我们需要考虑我们的产品和服务是否能满足客户的需要，他们的反馈意见是什么。二是股东，我们需要掌握我们是否把愿景、战略跟他们说清楚了。三是员工，我们也需要把战略和愿景跟他们说清楚，除此之外还需要明了如何让他们更有热情地去"打仗"。这些是我们应该更关注、更多地去做的事情。

李亦非：你已在联想27年，在这27年中，你做得最让自己觉得骄傲的三件事情是什么？

杨元庆：我觉得第一件事是使联想的个人电脑从无到有，进而成为PC冠军。我从1994年开始接手联想个人电脑业务，当年联想个人电脑大概卖了2万台，采用的是直销模式。我上任以后，将联想电脑的直销方式改变为分销，到2000年左右联想个人电脑卖到了100万~200万台，成为中国市场的老大。并购IBM的个人电脑业务后，联想从全球第三、第四的位置爬升到了2003年全球第一的位置。

第二件事是带领联想成为全球化、国际化的公司。在这方面，联想走在前面，这里面有非常多的故事值得与有志向走出去的企业一起分享。

第三件事是并购IBM个人电脑业务后，实现联想与其的成功整合，进而推进IBM个人电脑的成功。被并购之前，IBM的个人电脑业务一年要亏损2亿~3亿美元；被并购之后，其一年可以盈利10亿美元。

李亦非：你觉得这个买贵了吗？

杨元庆：当时我们花了十几亿美元买了一个亏损了2亿多美元的业务，这在很多人看来是不划算的，都觉得太贵了，但现在这个业务一年能赚10亿美元，大家还说贵吗？

李亦非：这个数字说明了一切。这27年里，你碰到的比较让你记忆深刻的坎儿是什么？

杨元庆：第一个坎儿出现在2001年，当时我刚上任联想CEO，有点雄心壮志，制定了联想新的发展战略，包括成为互联网门户，为金融、电信提供IT服务，发展手机业务，把我们生产制造的能力发挥出来，给别人做代工等六七项新业务。但实际上，我们自己的能力、资源有限，也因为中国当时已经加入WTO，我们几乎在每一个领域都遇到了国际上的强手。在这样的情况下，一两年之后，我们立刻意识到这样的战略不可行，2003年我们开始反省，也开始专注一些领域，只留下我们擅长做和能够做的——个人电脑和手机。

李亦非：对于这样的取舍，你有没有遗憾？有些事情会不会像马云说的是正确的，但是因为当初放弃了，所以已经错过了发展的时间？

杨元庆：当然有遗憾。比如联想的FM365，除了新浪、搜狐，我们大概是第三家。当时，我们能够和美国的一家公司联手起来发展，这个方向也不错，只是可惜我们选错了合作对象，如果选择雅虎作为合作伙伴，也许今天我们已经成为互联网领域的巨头。然而当时雅虎选择了方正，所以，我们只好选择美国在线（AOL）。合作后，我们发现两个问题：一是它本身在美国有自身的发展需求；二是它不懂如何与中国进行合作，这就给我们带来了很大的挑战，最后不得已我们只能把这个业务关掉。对于这件事，我们有一些遗憾，但也正是通过这件事，我们知道自己的竞争优势是在硬件方面，而且这个优势不仅存在于中国市场，还存在于全球市场。2005年我们并购IBM的个人电脑业务，背后的故事大家可能不知道，其实这是他们第二次找我们，希望我们接手IBM的个人电脑业务。他们第一次找我们洽谈是在2001年，当时我们觉得这个项目太大，我们做不了，于是拒绝了。2003年联想重新调整战略，我们在中国的电脑市场也做得更加好了，这种情况下考虑并购也就顺理成章。所以，我们在2004年签了协议，2005年正式并购，从此，联想走上了一条全球化的道路。

李亦非：并购之后，有没有碰到什么坎儿？

杨元庆：当然，我们的整合过程也不是一帆风顺。整合初期，我们就面临一个确定CEO的问题，当时让我做CEO有一定的困难，因为我们完全不懂国际化的运营，于是，我们只能请老外担任CEO；但老外做CEO有一个问题，那就是他们对待中国团队的时候只看能力，而且两方的整合在文化、组织、人才上都遇到了很大的挑战。

2008年，金融危机爆发，在这种情况下，我们不得不把老外CEO换掉，由柳董（柳传志）做董事长，我又坐到CEO的位置上。那时候，我们对国际化运营已经比较了解，对整合过程中遇到的困难和挑战也都有了全面的了解，所以能比较自如地应对。比如，在对待人才上，我们不仅要善待中国管理团队，而且要更好地善待并购时IBM原有的这些老外的团队。我们定了一个规矩，最高管理层必须保持中外管理团队的平衡，8人的团队，中外双方各4人，当然，加上我是9个人，所以，我们还是有控股权的。这样，联想就取得了高速的发展。并购的时候联想的营业额是30亿美元，IBM PC是150亿美元，中间停滞了4年；2009—2013年，PC业务一路高歌猛进，市场份额从7%~8%增加到20%，现在仅PC就增长到了350亿美元。

李亦非：这是市场本身的成长带来的吗？

杨元庆：市场份额的增长说明我们的增长要比市场快得多。大概从2009年第一季度到上个季度，我们的增长都比市场增长快，我们不断地获得市场份额，在短短的5年时间里由150亿美元增长到350亿美元。

李亦非：担任CEO的时候，董事会有百分之百对你授权吗？你有单独做出裁决的权利吗？

杨元庆：柳董做董事长的时候，我们很默契，他也放权，在业务上以我们的判断为主，我们也非常尊重董事长。

李亦非：你做CEO的时候，和柳传志先生发生过争吵吗？

杨元庆：没有到最后不能统一的意见。关于柳总与我的争吵，媒体报道得比较多的应该是当初并购IBM个人电脑业务这件事。的确，这个并购项目是我提出来的，或者说是我们的管理班子经过反复研究后提出来的。我们第一次把这个方案在联想控股的董事会上提出来了，我们非常坚持，也争取到了第二次的程序。第二次我们也经过了认真的准备，而且还召集了支持团队，包括麦肯锡、高盛，尤其是有一家投资公司愿意用钞票来支持这个项目。在这种情况下，我们得到了联想控股董事会的支持。

李亦非：这么多年，你从柳传志先生身上获得的最受益的一个教诲是什么？

杨元庆：从柳董身上，我们可以学到很多，最大的一点我觉得是，我们太固执，而柳董教会我们该妥协的时候要妥协，该软一点的时候要软一点。柳董还有一句话让我记忆很深：一只小鸡看一只大鸡也没觉得有什么，因为都是鸡类，小鸡并不觉得大鸡高人一等；但是小鸡看火鸡可能就不一样，因为它们属于不同的群体。这句话的意思是，在成长过程中，我们一定要向上看，目光要更远一些。

李亦非：英特尔前CEO写了一篇文章叫《焦虑者生存》，你焦虑吗？

杨元庆：我想，做企业的人，尤其是做大企业的人，恐怕没人不焦虑。

李亦非：有没有一件事情让你整夜睡不着觉？

杨元庆：简直太多了。

李亦非：郭广昌在昨天的发言中说了一句话，企业家需要理性，也需要热爱。这句话，我觉得是矛盾的，理性的时候我们就需要放弃一点热爱，在特别热爱的时候可能就会失去一点理性。在联想，什么时候你比较理性，什么时候你比较热爱？

杨元庆：谈愿景、谈未来、激励员工的时候，我们需要热情，如果自己都没有热情，我们如何把别人的激情激发出来？在这方面，我非常佩服马云，他能够将自己远大的志向描述清楚，并且让人相信。然而将这些愿景落实，我们就一定需要理性，一步一步认真地去做。

李亦非：联想的未来是什么样？

杨元庆：未来我们把自己定位为智能设备的提供商、云基础设施、设备的提供商。

李亦非：你是公认的销售奇才，有无特别的销售技巧可以跟大家分享？

杨元庆：我觉得就是两点：第一，对产品、对业务有很深的了解和很深的热爱；第二，对客户有很深的了解。

李亦非：在管理上，你有什么特别的手段？

杨元庆：在联想做销售的时候，我是一个全能型人才，20年前销售需要什么都管，从找客户，到带客户去付款，去提货，验机，安装，售后服务。后面我们从国外学会了分工，销售主要的精力就集中在客户身上，财务就是开票、结算等，上门服务、售后服务是另外的部门。在这个过程中，管理最重要的是把规则、组织、体系建立起来，使业务流程更加顺畅。

李亦非：马云说他爱女人，你爱女人吗？

杨元庆：大概没有男人不爱女人。

李亦非：太好了，你们公司的高管中，有多少是女性？

杨元庆：这一点做得还不错，最高级别的10位高管里有2位女性。

李亦非：20%。想问下马云，你们公司的高管里有多少是女性？

马云：30%，CEO、CFO（Chief Financial Officer，首席财务官）、COO（Chief Operating Officer，首席运营官）都是女性。

李亦非：企业家精神最重要的是洞察力、韧性和冒险精神，如果要给这三个特质排序，你的排序是什么？

杨元庆：先是韧性，然后是冒险精神，再就是洞察力。

李亦非：如果现在联想有用不完的钱，你会投资哪个行业？

杨元庆：肯定开银行了。

李亦非：所以就转型了，不再做专业化的PC业务了？

杨元庆：如果有用不完的钱，你们说开不开银行？

李亦非：昨天当马云被问到希望跟谁喝茶时，他说是邓小平。如果要你找一个人一起去喝咖啡，你会跟谁去？

杨元庆：马云，跟他多喝喝咖啡会很有效应，他可以把与邓小平喝茶的情况跟我分享。

李亦非：你跟马云做事的风格有什么不同？你们都是1964年出生的。

杨元庆：你前面提到的三个特质中，在马云身上，我觉得洞察力可能排在最前面。

李亦非：我认为是冒险精神。

杨元庆：如果有一天跟马云合作，我们应该会很痛苦。

李亦非：最后，请跟大家分享一句你最希望跟大家分享的话。

杨元庆：要认真，要知足。

【互动环节】

提问1：30年以后的联想，在你想象中是一个什么样子？

杨元庆：30年以后的联想我不知道，我想象不到30年之后，但是我们希望把联想办成一家百年老店，所以，在我任上一定要把联想的基础打好。30年以后联想会做什么我不知道，但是只要我们有很好的管理基础、很好的文化基础、很好的接班人，我相信30年以后的联想依然会存在。

陈启宗：我想问元庆两个问题：第一，你当CEO时只有35~36岁，柳传志为什么会找到你？第二，在海外并购方面，联想做得比较早，也比较成功，你觉得什么类型的公司应该走海外并购的路？在国际上，你们应该扮演什么角色？

杨元庆：先回答你的第一个问题。你可能对联想的历史不是很了解，我从1994年接手联想的个人电脑业务，在那之前联想基本是分销，我们慢慢地把个人电脑业务做了起来。2000年，由于发展需要，联想集团对业务进行了拆分，分成了两家公司：第一家是神州数码，由郭为领导；第二家是我领导的联想集团。当然，郭为把"联想"的品牌给了我，这里我们是占了点便宜的。至于柳董为何选我当CEO，这个问题需要去问柳董。

关于国际化的问题，我觉得国际化是中国企业的大势所趋。昨天我在发言中有提到，中国企业未来的发展还有很大的潜力，这个潜力一方面体现在国内内需上，另一方面体现在"走出去"上，用中国创造去赚国外的钱。联想就是一个非常好的例子，我们是70%的员工在中国，30%的在海外；但是我们的业务是反过来的，30%的业务在中国，70%的业务在海外。

我觉得联想购买摩托罗拉手机业务，很好地填补了我们的空白。我们没有专利，平常需要多付20%给第三方作为专利使用费，这样的情况下，我们产品的核心竞争力在哪？我们又如何谈走出去？我们下定决心要走出去，所以，我们需要购买有专利的品牌。当然，在整合的过程中，我们遇到了一些小挫折，但这些都有所预料。2015年第二季度联想发生亏损，很多人觉得是摩托罗拉的手机业务造成了这种情况。对此，大家需要知道的是，这次的亏损并不是我们核心业务经营的亏损，而是一次性亏损，是对摩托罗拉进行购买、整合、调整付出的成本。如果我们继续按照原来的方式运营摩托罗拉，它怎么会扭亏为盈呢？在整合的过程中，我们保留了摩托罗拉在芝加哥、硅谷的核心部分，把供应链、服务等迁移到中国，这就表示需要在美国裁员，也就需要花钱。2015年第三季度财报显示，整个公司盈利3亿美元。在购买摩托罗拉的时候，我们承诺在4~6个季度内使摩托罗拉扭亏为盈，我认为这完全可以做到，我们正在智能手机领域重复联想在PC领域走过的成功道路，我们现在正在打基础，正在做准备。这是一个必然的过程，好比我们登上一座山峰后想攀登另一座高峰，从这座山峰到那座山峰，我们不能飞过去，而必须先走下山峰，然后再攀登另一座高峰。

郭广昌：问一个非常轻松的问题，跟马云相比，你长得比较帅，同时你也很成功，肯定面临了很多诱惑，你怎么管理这些诱惑呢？另外，请说出联想里你最喜欢的3位女性。

杨元庆：我相信现在马云的拥趸比我多。刚才讲到，联想的高管团队里有2位女性，这是我最喜欢的3位女性中的2位，第3位是我老婆。

郭为：如果是我，我可不会告诉你们我喜欢的3个女人是谁。元庆在联想工作了27年，我是17年，对联想也有很深的感情。最近，媒体上出现了一些与联想有关的信息，我在这里想说几句话。

第一，联想是1984年成立的公司，今天的企业有20世纪80年代、90年代成立的，也有2000年成立的，如果我们用2000年成立的企业与80年代、90年代成立的企业特别是80年代初的企业做比较，我认为这不太公平。为什么？就如60后和80后、90后的相比较一样，大家的知识结构很不一样，这样的情况下做对比没有任何意义，也不公平。这是企业成长必然会带来的一种现象。

第二，在我们的成长过程中，确实经历了很多第一次，而今天回过头去看这种第一次，肯定有很多毛病、很多错误。用完美去要求企业和企业家，我觉得也是不公平的。

郭广昌： 你们两个人都被柳董选中了，各负责一块，你觉得当时柳董这样分家公平吗？你们之间是怎么学习、怎么竞争的？暗中捅过刀子吗？

郭为： 我们在1988年进入联想，当时联想里跟我们年龄最相近的同事都比我们大19岁，所以，我们一进公司，柳董就把培养年轻人放在第一位。当时，不仅仅是我们两个人，还有很多其他的年轻人。我记得海尔张瑞敏讲过一句话：赛马不相马。作为联想事业的接班人，只有第一，没有第二。

郭广昌： 你是今天这么想，还是以前就这么想？

郭为： 神州数码从联想拆出来之前，我就是这么想的。拆出来之前，我还想跟杨元庆PK一下，当时柳董问我：杨元庆做总经理，你做副总经理，是否同意？我说，第一，我同意；第二，为什么不是我？

郭广昌： 如果当初柳董选你，你会做得更好，还是会做得差一些？

郭为： 这是一个假命题，生了的孩子不可以调换。

郭广昌： 这个回答很好。

郭为： 前面亦非也提到，最近有3个男人比较有故事——王石、元庆和广昌。其中，王石也是20世纪80年代创办企业的，在体制上也遇到了一些问题，这些问题需要逐步解决，这是事实，我们无法逃避。社会为什么要尊重企业家？因为他们是用生命在推动改革。

王石：我非常同意郭为说的话。实际上，今天上午讨论的时候，冯仑说我们的企业制度让我们存在原罪，因为做什么都是错，但是我们又必须这样做下去，而也恰恰是错才能慢慢把正确的东西引导出来。

做制度性的破坏、颠覆性的破坏，这是企业家扮演的角色。我想应该为郭为鼓掌，这是郭为与元庆之间一种兄弟情的真情流露。

李亦非：请郭为上场。

杨元庆：首先，非常感谢我的兄弟，在我非常困难的时候给予了我鼓励。其次，如果当初是由郭为接管联想个人电脑，我相信他也能做得很好。只不过当时我比较幸运，由我早一点来做了联想的电脑产品。再次，关于当时联想的分拆，我是比较主张的，我觉得这不是接班人的问题，而是业务的问题。因为当时联想已经开始做自己的品牌，但同时我们又帮东芝、惠普等品牌做分销，这让联想自由品牌如何能发展呢？业务分开，各有各的发展空间。

田源：你们拥抱一下，柳董用这样的方式培养了接班人，你们两个人各自发展，相互扶持。我也想问一个问题：未来你们如何选接班人？

杨元庆：考虑接班人的问题是一个现任董事长或者CEO应该做的事，如果你有主人翁精神，你就必须随时考虑这个事情。具体的解决方案要根据公司的业务情况和公司的发展情况来定，随时在变化。

郭为：互联网时代，企业的变化会非常快，所以，我觉得应该用跑马的方式决定接班人。其实企业家在对待自己的财富时并不是一个守财奴，而是希望明确自己的财富将来的用途。第一，要体现我们的价值；第二，要为社会做出贡献。把这个文化精神传承下去，应该是我们选择接班人的一个标准。

田源：2002年，《英才》杂志把元庆和郭为评为"十大职业经理人"。对此，在第2届亚布力年会上，柳董说："我不认为他们是职业经理人，他们两个人是企业家。"我当时就觉得，用职业经理人来定义当时的你们似乎还过得去，因为你们当时都没有股份，但是现在你们两位应该说都是这个公司的大股东。联想的这种模式，你们觉得是否具有普遍意义？你们怎么理解柳总设计的这种模式？

杨元庆：我完全赞成柳总说的话，因为这是跟中国的时代发展相吻合的。1984年的时候，中国没有民营经济，没有私人公司，产权不清，联想、海尔、万科都是这样的情况。在那样的情况下，即使是柳董都不能叫企业的主人。这一问题需要在发展的过程中慢慢解决，联想在柳总的带领下，通过将分红权转化为股权的方式比较好地解决了这个问题，让很多联想的管理者，包括我和郭为成了拥有公司股份的主人。

李亦非：请问王石一个问题，你觉得自己是企业家还是职业经理人？

王石：我们强调混合所有制，所以，在我身上既体现了企业家精神，也体现了职业经理人精神。

郭广昌：马云想说几句话，关于接班人的问题。

马云：这里分享一下我的看法。接班人是所有企业现在都必须考虑的问题，要非常慎重地对待。传统跑马选帅地选择接班人的方式，今天已经被证实了对公司的伤害超过了大家的想象。因为只要选出两名将，两名将要成功就必须有两批团队，最后总会有一个团队胜利而另一个团队死亡。在我看来，当上CEO三个月以后，我们就必须把选接班人作为公司内部的主要考核指标，不能等到我们老了再考虑。因为选接班人就像生儿子，不能等到七八十岁再生。

另外，我个人觉得，选帅不是老板选，而是让团队找出他们心目中的领袖，老板只是肯定而已。因为"六人之中有人杰，七人之中有混蛋"是一个社会学的概念，将六个人关在房间里，两个小时以后你会发现中间一

定会出现一个领导者；将七个人关在一个房间里，两个小时以后中间一定会出现一个坏蛋。作为一个企业的CEO，你一定要观察员工心目中的领袖是谁，然后刻意给他机会，对他进行培养和训练。

杨元庆： 我想问马云一个问题：更换CEO是随时都可能会发生的事情。如果想在一个月或者两个月以后换CEO，按照你所说的机制，这个人选是否一定能够选出来？

马云： 第一，选CEO是一件非常严肃的事情，不是今天想让他当就让他上，明天不想让他当了就换掉。我和阎焱曾经探讨过这个问题，风险投资一进入，首先就想换一个领导，不要说换脑袋，就是换一只手，不管机器多么灵活，零件还是原装的好，所以尽量不要动CEO，而是花时间去培养，对这个CEO进行足够的培训、足够的辅导，使得一支团队围绕他，有人可以补充他的不足。所以，选接班人是选一个接班的班子，他们再从中间找出一个令自己钦佩的人。比如，今天我们让陈东升做我的接班人，我跟陈东升讲清楚，三个月以后你必须告诉我哪三个人能成为你的接班人。同时，我还会问一个重要的问题：你是怎么培养这三个人的，花了哪些钱，花了哪些时间？如果不这么去思考，那么一旦陈东升突然甩开我单干，我就傻在那儿了。当然，对于陈东升提出的那三个人，我不一定认同。

杨元庆： 这不又是在PK了吗？

马云：我可能没表达清楚，如果陈东升已经被确定为CEO，我会给陈东升一个很重要的考核指标，那就是三个月最迟一年以后，他必须告诉我如果他今天出任何事情谁可以取代他，有三个人选。董事会会与他一起共同培养这三个人，但我并不是说让这三个人PK，只是说如果陈东升出问题，CEO必须有接班人，最终是不是这三个人接班，董事会也需要进行考查。

阎焱：2000年正值中国互联网创业的高峰期，软银投了一批海归互联网公司，而且当时都很信奉硅谷模式，投了项目就找从海外回来的CEO、CFO、CIO（Chief Information Officer，首席信息官），结果到2001年、2002年互联网风暴过去后，"嫁接"回来的所有海归几乎全军覆没。面对这样的情况，我当时跟马云沟通，换一个CEO也改变不了局面。所以，我们不换人，要么撤出来，要么在公司内部培养，因为从外面嫁接来的东西在中国这块土地上几乎没有成功过。

李亦非：非常感谢杨元庆跟我们分享了他过去27年所做的事情，也非常感谢在座各位企业家的脑力激荡、思想碰撞，希望在这里诞生更多的奇迹和创新、idea，感谢你们。

当 "84派" 遇到 "92派"

　　"92派" 是泰康董事长陈东升的原创，指1992年前后受邓小平南方谈话感召下海的一批企业家；"84派" 则更早。"84派" "92派" 是改革开放后的第一代和第二代企业家，他们的相遇、相知见证了中国工商制度从无到有的整个历程。

　　在2016年亚布力年会上，"84派" 与 "92派" 展开了对话，万科企业股份有限公司董事会主席王石、TCL集团董事长兼CEO李东生、泰康人寿保险股份有限公司董事长兼CEO陈东升、万通投资控股股份有限公司董事长冯仑参与了对话，高风咨询公司董事长谢祖墀主持了该场对话。

　　谢祖墀： 各位下午好，欢迎各位来参加这一场的讨论，我们今天这个讨论题目是当 "'84派'遇到'92派'"，我有一点时光倒流的感觉，因为我们先认识 "92派"，也比较熟，"84派" 好像是最近提出来的一个说法。邓小平两次到深圳去，1992年大家都知道，1992年年初在南方谈话的时候就激励了很多 "92派" 下海；1984年大家可能不太熟悉，但正是20世纪80年代的机遇创造了很多企业家，创造了企业家精神。现在我国大力倡导 "双创"，也有一批年轻人加入创业大潮。回顾我国几十年来的企业家发展之路我们发现，创业精神、创业家精神弥漫在中国整个社会里面，但是它的缘起是什么？大家都知道，我们过来的这条路并不容易，因此，1984年也被称为企业家归来的元年。

　　陈东升： 对，因为过去是计划经济，没有企业家。

　　谢祖墀： 所以，这是很关键的一年。请王石董事长讲一下，作为 "84派"，邓小平第一次到南方谈话时你个人的感受以及企业家精神的发展历程。

王石：邓小平是1984年去深圳视察，当时觉得和我关系不是很大，事后再看是很重要的。海尔、联想等一批企业是1984年前后成立的，万科也是1984年成立的，整个时间是重叠的。所以，我、柳传志、张瑞敏、任正非被归到"84派"。

那时我特别年轻，年轻到什么程度？有一次到北京开会，人都到齐了，但大家都坐着，就是不开始会议，我一问才知道,他们在等万科的老总，原来是因为我看着太年轻，不像老总。因此，后来只要到北京开会，我就一定留胡子，这样会显得老成一些。不想30多年一下就过去了，我现在已经是快要被淘汰的人了。从某种程度上讲，今天不应该是我坐在这里，应该是郁亮，或者是郁亮之后的下一代。

谢祖墀：李董事长，其实我们还不太清楚你是"84派"还是"92派"，因为你是"84派"出现过，"92派"也出现过。

陈东升：定位不清。

李东生：这个定位确实不太清楚。我参与企业比"84派"还要早一点，我是77级大学生，毕业以后就参与了TCL集团的创立，我加入时是第43个报到的，工号是43。

陈东升：为什么到TCL这样一个小厂？

李东生：当时学士毕业算很牛的，1982年毕业后，我回到惠州市，人事局给我安排了职位，一个是地区科委，另一个是公安局通信科，还有一

个是电视转播台。这三个职位我都不想去，想去企业看看，但人事局的回复是如果要去企业，就必须自己联系。我就跑了一圈，其实当时惠州市只有两三家电子厂，最大的就是惠州无线电厂，还有一个新办的企业是中外合资的，叫TTK（TCL的前身）。我看那里挺有活力的，薪水也比较高，于是就去了。当时我爸是科级，一个月才72元，我一参加工作就是100元，比我爸的工资还高。当然，我考虑的不只是薪水，我自己是学工科的，因此一定要到工厂、企业去，机关喝茶、看报的生活不是我想要的。我是TCL的第43个员工，但是第2个大学应届毕业生，我们一个搞机械，一个搞电子，到了工厂被当成了宝。

多年下来，我发现这个选择是对的，做企业是我特别喜欢的事情。现在大家都觉得做实业很艰难，对我会有些钦佩或者同情，觉得我做了30年实业企业不容易，感觉我像受苦一样。实际上，我没有这种感觉，虽然也会遇到艰难困苦，但路是自己选的，只有乐在其中才能坚持下去。这些乐趣包括成功带来的乐趣、和企业团队一起实现目标的乐趣、给客户和股东创造价值的乐趣等。

1997年，我曾有一个回到公务员系统的机会。当时政府换届，省组织部正式找我谈，想推荐我当贵阳市副市长候选人，我考虑了一天，觉得我不具备当公务员的能力，于是就拒绝了。在这之后，我就再没有动摇过。

谢祖墀： 昨天王董来说万科迷茫了一段时间，开始是做玉米饲料，摸索了一段时间后决定做地产，而李总第一次就知道自己要做什么。每个人走的路可以不一样，也不一定是有一条绝对对的路或者是绝对不对的路，要选择适合自己发展的路。作为"92派"的代表，想请问陈董，"84派"是否给了你们一些启发？

陈东升：我们几个名字叫dongsheng的——王东生、陈东升、李东生照过一次相，他们都做实业，我不是，我还是很惭愧，敬重实业家。我认为实业家更不容易，李东生起家于"84派"，成就于"92派"，是双跨。"84派"怎么来的？柳传志有次跟我们讲，你们是"92派"，我比你们还早，邓小平有两次南方谈话，1984年的南方谈话促生了"84派"，我们是"84派"。

改革开放之前我国没有现代企业制度，当时诞生的一批企业家最后形成了四个模式。第一，鲁冠球模式，创立的乡镇企业最后成功变成了自己的。第二，柳传志模式，成立的时候是国有企业，把企业做好后获得了股权，变成了"资本家"。第三，张瑞敏模式，海尔集团今天还是集体企业，不管下面的子公司是谁的，母公司还是集体企业，没有动。第四，王石模式。为什么我一直推崇王石大哥？因为万科是国有企业，但是在王石的带领下，万科变成了中国乃至世界最大的房地产企业。期间，王石有各种机会将万科变成自己的公司，这样的想法他可能有过，也可能从来没有过，我可能比他庸俗，我老想他是不是有过这样的想法，但最后的结果是高尚的。

王石：我一直很庸俗，这是冯仑的阴谋，把我挂到了墙上。

陈东升：1992年之前创办的企业真有很多模式，其中我觉得最成功的模式是鲁冠球，第二是东生和柳传志，第三是张瑞敏，第四是王石。其实王石挺屌的，"屌"用湖北话就是很傲，所以他越傲我越喜欢他。这里还有两个不成功的模式。第一，仰融模式。自己把企业做起来了，但自己戴了一个红帽子，不清不白的。在西方，国家给了一个红帽子，但是一个空壳，最后如果被企业家做成功了，带来的财富是谈判制、分享制。第二，褚时建模式。我对褚时健很佩服的是什么？当时的国烟是云烟，云南卷烟厂是国有企业，玉溪卷烟厂是地方企业。如果按照现代的企业奖励制度，褚时健做出的成绩奖励10个亿都没有问题，但是他老先生拿了1500万美金跟兄弟们分了就是犯罪。这就变成了中国民营企业的一个巨大的伤，就是

从法律上该惩办，从道德上会获得所有人的同情。

　　"84派"是一个混沌，他们是第一代企业家，但是他们没有制度的保障。"92派"是现代企业的试水者，1992年我国出台了两个条例——股份公司条例、有限公司条例，1993年又推出了《中华人民共和国公司法》（以下简称《公司法》）。因此我觉得，"92派"的成功是用计划经济的余威抢占了市场经济的滩头。很多人批判我们"92派"，说我们有资源，也能对相关人员行贿。其实外界不了解当时的情况，当时办企业，我们顶多给领导送几条烟，不敢给现金。另外，我们也没有钱。

　　这里给大家讲个历史。其实，1987年，股份公司条例、有限公司条例这两个文件就已经做好了，但1992年才拿出来。当年我国农村改革之后的第二个改革就是城市改革，城市改革的核心是国有企业改革，国有企业改革当年采用的是承包制，实际运行后发现承包带来了巨大的问题。承包制走不通，国家就考虑走股份制。1987年，有一天在国务院会议上，袁宝华（原中顾委委员、中国企业联合会名誉会长）和当年的总理说，股份制是好东西，这个事情很新。国务院会议结束之后，总理说你们留下来研究股份制。因此严格来讲，股份制应该是1987年就做好了，但随后，总理当了总书记，新任总理就将这件事搁置了。1992年邓小平南方谈话提出要改革，当年的常务副总理听说相关文件早就做好了，就直接把文件拿了出来。于是，1992年国家体改委颁布了《股份公司试行条例》。

这两个文件出来后，我的眼睛瞪得大大的，像学习毛主席红宝书一样揣在我的皮兜里。其实当时根本看不懂，什么企业的分拆、关闭，稀里糊涂的。田源、我、毛振华拿着这两个文件，用半年时间创建了三个带"中国"字头的公司——中国嘉德拍卖公司、中国国际期货公司、中国诚信证券评估公司。

关于中国企业的发展，我从企业产权的角度提出了中国改革开放后的"三波"创业潮："84派""92派"和海归派。海归派的伟大在哪儿？那就是比我们更进步，因为人家有founder，只要我有好的idea，5万就能变成1000万。你拿200万，占20%；我出5万，占80%。海归派对中国改革开放最伟大的贡献就是引进了创始人制度和团队的期权制度。后来看到马云、张朝阳发展企业的情况，我就在想，如果当时有这么个制度，我创办3个企业的时候自己都可以不出钱，只出idea。所以我认为，冯仑说的原罪是伪命题，如果按照期权制度我就亏了，王石亏得更大，但是历史不能重演。

从这个意义上讲，"84派"厚重、悲怆，"92派"责任、成功，海归派新锐、阳光。这是三代企业家。

冯仑：讲企业和企业家的历史，我们还是着力看进步。东升讲得非常清楚，在这几十年中，产权在逐渐清晰。但我们是先有公司，后有《公司法》，这是我们的一个困难地方。所以，对"84派"这批人来说，和"92

派"很大的不同就是，他们是在没有制度支持的环境下去创业的，所以基本上个人都做了很大的牺牲。没有产权概念，这些企业家基本上是事业导向，另外是个人成就导向，不是财富导向。当时，也不知道现代公司制度会成型，所以熬到今天的人也比较少，很不容易。

1992年还没有《公司法》，有了股份公司条例。当时，我们之所以创业，无非是我们识字，没事就看书，拿到股份公司条例后就在北京成立了股份公司。当时我们的公司还发行股票，差点被抓起来。这个时候，大家对公司如何管理、如何运营都没有概念，海南的情况就是一个例子。当时，海南的公司管理基本上靠两类人：一是兄弟，二是女朋友。兄弟管公司，女朋友管印章。如果一家公司里的这两个人一起跑掉了，那这个公司就散了。不要以为这是假的，2015年就有一个这样的兄弟回来找我。当年，他带着"女朋友"和钱一起跑去了南美，公司垮掉了，被通缉。后来，当地公安局收到一个传真，说此人车祸横死在街头，公安认为这肯定是诈死，如果真死了，那谁会知道他们公安局的传真号。正常流程应该是驻外使馆报到外交部，最后到海南省公安厅，海南省公安厅到公安局。这个兄弟2015年回来了，发了一条短信给我，说："哥们，我还活着。"当时公司更多的是江湖，所以我比东升有更多江湖的、流氓的无产阶级习气。

而1993年我们有了《公司法》，自此民营企业有了法律上的保护，我们也开始慢慢了解如何治理公司。在此之前，谁当法人很重要，总是吵架，所有公司纠纷都是这些事。但有了《公司法》后，《公司法》规定法人当董事长，公司的治理变成大家可以预见的一个结果，这很重要。有预期，这样大家就可以博弈了，如何开董事会、股东会，如何分红，这些界定得越来越清楚了。到了1997年，海归们对我们确实是很大的刺激。我们自以为是暴发户，1994年哥几个（"万通六君子"）送我去美国，说多带点钱，别让别人看不起我们，于是我带了4万美金。去了美国以后，担心现金在美国不好使，就把钱存在了一个朋友的信用卡里，这个朋友就是田溯宁的合作伙伴刘亚东。刘亚东的卡里突然有这么多钱，于是他使劲刷，以致刷到银行不断打电话，认为他要自杀，因为信用卡消费平时都很正常，现在突然乱消费。我问田溯宁我能不能去美国投资，于是我们大概投了30万美金给田溯宁、刘亚东，这是我们第一次知道现代公司。

田溯宁他们回国后，开始在国内拿到一些项目。忙活了一通说要再融资，变成了18.5元/股，我们的股份就被稀释了。我们哥几个就觉得这行为太不仗义了，按我们自己的土说法，我投钱再少也是精子，最后长多大都是靠精子，不能说个儿长大了就欺负我们精子。最后田溯宁说，高级投资人一进来，看你们几个土鳖在这儿搅和，他们就退出了。最后，他们给了我们不错的价格，我们退出了。而亚信也成了留学生回国创业、上市的公司。后来计算了一下，我们选择提前退出，损失了大概1亿美金。我们当时都不懂市盈率、PE、估值、团队，海归回来以后，我们的企业制度有了很大的进步，我们也知道了现代企业制度、市场和公司的关系。

我们怎么看待企业家群体？从1984年到现在，坐在这儿更年轻的企业家实际上是从中国主流人群当中分离出来的一部分人，他们取代了1984年之前甚至是更早的社会边缘人口做生意的局面，这是一个转折。然而"84派""92派"就是社会的主流，而不是边缘人，比如大学生、干部，王石以前算是干部，都是受过比较好的教育且在旧体制下有比较好工作的人出来办企业，这是很重要的。在这之前，企业家谈不上，都是个体户、小买卖；这以后，社会积极的、主流的人口当中走出一部分出来创业。到现在更是这样，年轻人都不用谈这个问题。中国企业和企业家使这个市场经济变成了现代市场经济，而且更多的服务业、律师、投行都裹了进来，这就使得企业变得非常具有竞争活力。

我们回顾这些改革是最重要的，改革的目的是建立法治基础上的市场经济体系，只有在这样的体制中才会有最优秀的企业家跳出来。比如，奥运会的标准非常清楚，这个标准是没人挑战的，结果是不能嘴硬的，比如刘翔跑得快，他就是快。好的市场经济就是奥运会赛场，改革到今天就是要形成一个经济的奥运会，这样马云才能出来。如果没有这个规则，再牛也不一定能出来。

谢祖墀：在大时代背景下出现的一批企业家都有能力，但他们也不能超越时代给予他们的限制。你们创业之初就在尽量处理好与市场的关系，在这个过程中不断摸索，不断学习。我记得陈董讲过一句话，模仿是创新的起点。

陈东升：现在不管用了，20年前非常重要。

谢祖墀：那就是跟随。现在很多人说，中国是山寨，没有创新精神，其实每件事情都有缘起，关键是刚才冯董所说的要不断改善、不断建立"奥运会"。我听王董讲过很多次，这实际上要看怎么去建立好的企业家制度、企业制度。

王石：我首先就原罪的话题谈谈我的看法。冯仑是最早谈论原罪的企业家。"原罪"本身是西方的基督教文化，人生出来就是一种罪，这是一种含义。再一种含义，在欧洲、美国的发展过程中，资本家显得更有创造力，对各方面环境的破坏也更多。按照马克思主义学说，企业家里面渗透着剥削的基因。相对于中国来说，这种情况可能更严重一些，因为中国人本身就瞧不起商人。商人就是坏蛋，赚钱就是不法。对商人的指控就是行贿，对企业的指控就是偷税。然而我可以在这里说，从创业到现在，我们以交税为荣，交税是一种能力。万科所交税额在民营企业当中的排名，2014年是第9位，2013年是第2位。我把交税当成我的一个能力，但是绝对没人相信，就像我说没有行贿也没人相信一样。假定你就是偷税，一治一个准，这是中国的传统问题。

日本为什么成功？江户时代对日本的发展非常重要。因为在江户时代，日本的商人地位已经非常明确，他们进行了类似于西方的新教精神和资本主义文明的鉴定。过去在日本，商人比在中国的地位还要低，但是整个江户时代之后，商人的职责就非常明确了，商人要赚钱，如果不赚钱就

不称职。然而直到现在，我们不赚钱是不称职，但是赚钱也有罪。如果我们不从哲学层面、意识形态层面解决这个问题，中国民营企业家阶层的崛起就会遇到很大的困难。

企业在发展过程中有违法现象、不择手段，这对企业家群体来讲确实是负面的东西，这就需要企业家们自身做检讨，约束自己，自我更新。我们"84派""92派"已经成立了像阿拉善这样的环保组织，那么我们能不能再成立一个类似于阿拉善的基金来专门针对贫困群体？

冯仑：我最早谈的原罪是制度原罪，而不是企业家原罪。很早我就在研究这个事，为什么民营企业从创业开始就这么困难？这其实都是外部制度、设计的问题。最初像国务院发展研究中心、体改委都在研究企业制度，当第一次企业改制的时候我就发现，按照他们原来的那套制度设计根本不管用，所以，我们提出了原罪的说法。我们要更加注重制度建设、法律建设，应该创造更有利于企业家创造、发展的环境，只有这样才能消除制度上的原罪，提升企业家发展的水平；同时，也能让社会公众和企业家之间建立一个良好的、理性的互动关系。我也非常赞成王石刚才讲的创意，在亚布力的平台上建立一个基金来做扶贫。

谢祖墀：《84派》这本书里面提到了"企业公民"，李董，你对此有什么看法？中国企业如何成为有社会责任感的企业？

李东生：衣食足而知廉耻，这几年，随着中国经济的发展，有些人开始主动关注社会责任。从改革开放30多年中国制造企业成长的历程来讲，我跟大家分享一下TCL的变化。

最早我们在广东惠州成立，当时没有钱，没有技术，没有市场，所以一开始是以中外合资的形式注册，对方出钱，我们出厂房。而厂房也不是我们的，是从另外一个国有企业那里租来的，当时，由于法规不健全，也没人追究我们。我们当时是第一个有打卡机的公司，上班要打卡，哪个迟到了自动跳红字，我们厂长是中国香港人，没什么人情可讲，三个红字就扣一天工资。1987年我第一次访问欧洲，去飞利浦参观。飞利浦是做灯泡出身的，后来成了全球高山仰止的企业。当时去看了他的研发中心，飞利浦和索尼两家在联合开发CD，当时我们都不知道CD是什么，看完之后，我就想我什么时候可以在中国做这样一个企业。人总是要有理想的。今天，TCL有了很多创新的东西，我们在拉斯维加斯的电子展有1200平方米，是中国企业中参展面积最大的。很多技术是我们自己原创的，而且在某些方面超越了三星和索尼。今天，我们申请的国际发明专利数量在中国企业中排第3位，第1位是华为。

现在讲服务、讲创新没有错，但是实业一定是中国经济的基础。中国是一个拥有13亿人口的大国，如果不直接创造财富和产品，就很难在消费、服务、科技里面获得发展。我们选择的这条路虽然很艰难，但非常有意义，虽然目前实业赚钱不多，但不代表未来实业不能赚钱。全世界最赚钱的10家公司里面，有3家电子企业，分别是苹果、三星、微软。这个排名中出现了中国的实业公司，这才是中国经济强大的一个标志。

谢祖墀：我们要对实业经济的领导者给予最高的尊敬。

我为什么创业

　　"大众创新、万众创业"的口号在社会上广泛流传，亚布力青年论坛就拥有一批有思想、敢拼搏的年轻人。他们用青春开辟了另一番战场，用学识打拼在创业前沿。我们专门邀请他们当中的优秀代表，与大家分享、交流他们创业的心路历程，为我们讲述他们的别样经历。

　　在2016年亚布力年会上，重庆江小白酒业有限公司董事长陶石泉、许鲜创始人兼CEO徐晗、知新资本创始人闵昂、Little Freddie（小皮）婴幼儿有机食品联合创始人何虹、eGenesis生物技术公司联合创始人杨璐菡、美位私人生活管家创始人兼CEO蒋逸雯就各自的创业经历做了分享；亚布力中国企业家论坛理事、卓尔控股有限公司董事长阎志做了致辞；亚布力青年论坛轮值主席、PEER毅恒挚友理事长陈奕伦主持了该场活动；亚商集团董事长陈琦伟，道同资本创始合伙人张醒生，正略集团创始人、董事长赵民，怡和控股有限公司副行政总裁艾特·凯瑟克，亚洲协会主席施静书做了点评。

陈奕伦：有请亚布力中国企业家论坛理事、卓尔控股有限公司董事长阎志先生上台为青年论坛致辞。

阎志：我们谈论创业就会谈到梦想，我们被马云、雷军等成功人士激励着，不断放大着我们的梦想。周星驰的电影里有句台词："人没有梦想，跟咸鱼就没有区别。"但我总在想，如果年轻人能把梦想缩小一点，把梦想制定成通过一年、两年的努力就可以实现的目标，那么我们的快乐和幸福感也许就会多一些。当然，梦想无论是大是小，都需要我们的坚

持，能够唾手可得的绝对不是梦想。在创业的时候，我们每天都会遇到困难，每年都要爬坡过坎儿，这个时候我们更需要坚持。当我们坚持到连老天爷都看不过去的时候，我们离实现梦想可能就更近了一步。

20年前，我在24岁时创业，当时创业是为了生存，如果我不创业是买不起房子、娶不上老婆的。我认为如今年轻人的创业目的更倾向于让自己的人生更加精彩，你们是为了自己的发展而创业的。你们的创业起点是我们当年不敢想象的，你们有如此高的起点，而且你们做了如此多的准备，再加上一些坚持，我相信你们一定会取得比上一代更大的成功。在这里，祝福所有的年轻人，祝你们能够更快地成功，更早地享受幸福，谢谢。

陈奕伦：谢谢阎总的发言，不知道在座的各位朋友有多少人参加了2015年亚布力论坛重庆的夏季高峰会。我们在重庆吃火锅时突然发现了一款非常有意思的酒，叫江小白。这款酒颠覆了我们对传统白酒的刻板印象，它拥有非常年轻化的品牌形象。接下来，我们用掌声欢迎第一位演讲嘉宾——重庆江小白酒业有限公司董事长陶石泉。

陶石泉：谢谢主持人。各位亚布力的朋友，大家上午好。我来自重庆，江小白这个企业也来自重庆，是一个创新型的重庆高粱酒品牌。对于今天的演讲主题"我为什么创业？"，我可以用一句话来描述："我们对于白酒这个传统行业的熟悉程度，让我们感觉到在这个行业里面可以产生想象力，并且我们希望验证这个想象力。"这是我创业的一个初衷，也是

驱动我前进的力量。

众所周知，中国有四大国粹——京剧、陶瓷、中药、白酒，这是具有中国符号、具有中国标签的四大国粹。当我们谈论到中国的白酒时，我们自然而然地会想到这是一个年龄偏高的群体会消费的酒精品种。中国文化当中的酒桌文化很严谨，大家坐在一起要分清主宾是谁、主陪是谁，需要有非常严谨的排序，位置不能坐错。如果有个别不懂这种文化的年轻人坐错位子，就会被说成是不懂规矩。也许正是这种饱含传统文化烙印的白酒文化，让年轻人畏惧了。如今的年轻人，在酒吧休闲娱乐时都喜欢喝啤酒，喝进口的其他酒种，而不愿意喝老祖宗留下来的白酒。

传统的白酒行业只是单一地希望把品牌越做越高端，我和我的团队尝试对这种营销模式进行改变，赋予白酒行业更多的想象力。这种想法一直驱动着我和我的团队。我们对白酒行业十分熟悉，我们认为现有时机比较成熟，能够让我们做一些改变行业的事情。江小白这个品牌所做的工作是使白酒在人们的印象中颠倒过来，我们不是颠覆，只是寻找另一种可能。这种策略深刻地体现了我对创业的理解，创业是在原有的行业里用新的方法、新的思路创立一个事业。

我们做了消费人群和市场的调查后，产生了与传统行业相反的思路，摒弃了豪华的包装，着手做了一款简单朴素的白酒产品。我们做100毫升2两装的小瓶白酒，选择这种容量的包装是为了与休闲类的餐饮市场相匹配，令产品的消费量与产品的小容量包装更匹配。

目前中国白酒行业在品牌运营方面的能力不够强，与其他行业相比薄弱许多。白酒市场上现有的品种，几乎都不能彰显当代年轻人的主张。我们希望在白酒行业做到"去阶层"，我们将打造新时代、符合年轻人文化的白酒品牌形象。酒是一种"情绪饮料"，需要与消费者的情绪相匹配，遵循精神主张。我们的品牌主张是"我是江小白，生活很简单"。

我们希望抓住年青一代的消费群体，打造年轻化的产品，因为这将是白酒行业的希望。如今的80后、90后对产品和品牌的认知已经与上一代人不同了，他们有自己的消费主张，有自己的"品牌民主"。他们要按照自己的喜好去选择，而不是简单地跟随。我们希望满足年轻人的需求，尽管这件事情进行起来非常困难，但我们仍旧需要尝试，我们相信，通过对品牌时尚化、年轻化的运营一定可以吸引年轻受众。以凉茶品牌为例，凉茶是中国的传统产品，但是通过品牌运营，重新培育品牌，凉茶也成了年轻人喜爱的饮品。再以唐装为例，在某一届APEC（The Asia-Pacific Economic Cooperation，亚太经合组织）会议上，很多人都着唐装出席，唐装是具有中国传统文化特色的服饰，但是品牌运营将它打造成了一种时尚文化，得到了年轻人甚至是全世界的喜爱。

白酒行业在世界上属于市场较大的一个行业，我们对未来充满信心。全球市场上有1.6万亿美金是属于蒸馏酒市场的，目前中国企业在里面只占800亿美金的份额，也就是5%，但是中国人口在全球占比远远不止5%。这是由于中国市场的产品没有"走出去"，不但产品没有走出去，甚至都有可能会失去我们年青一代的消费群体。面对这种情况，我们希望通过争取年轻消费群体和国际化的尝试，使我们未来在世界蒸馏酒市场的份额能与中国人口在世界上的份额持平。

我们希望在2016年做到1亿人次的消费业绩，培养年轻群体的消费习惯。对于这样一个传统行业，我们抱有想象力，并且希望能够用时间验证我们的想象力。

陈奕伦： 各位点评嘉宾有没有提问？

郑博仁： 我做的是高科技投资，与白酒行业关联不大；但是我在硅谷与一群创业家投资了一家葡萄酒企业，我们的定位是社会企业，我们将红酒盈利的30%都捐出去了。从创业者的角度来看，这种做法是销售渠道的一个突破。我认为，新品牌刚推入市场的时候，销售渠道也需要有一些新的改变，在这方面，你们是否有一些有趣的想法？

陶石泉：红酒行业和白酒行业都同属于酒精市场，渠道非常重要。我刚才重点强调了品牌的重要性，品牌能够解决消费者认知，渠道解决的是让消费者能够买到产品。首先，我们在渠道方面做了一些优化工作，摒弃了传统渠道层级过多的缺点，利用互联网工具，做好渠道的优化和管理，使渠道扁平化，将原来三四级、四五级的渠道减少到一二级。

其次，电商的发展为我们带来了机会，我们正在大力拓展电商渠道。

最后，中国市场的独特渠道是社群，我们会参与到网络社群中，从而拓宽销售渠道。

陈奕伦：谢谢陶石泉。虽然江小白好，但是酒喝多了仍旧伤身。我们接下来的嘉宾从事的是水果行业，下面有请许鲜网创始人兼CEO徐晗。

徐晗：我在创立"许鲜"的时候，希望能够涉足一个牌面较大的领域，在这个领域里，我的业务即使再小也不会很差。

我2005年毕业后开始进入互联网行业，到2016年已经11年了。因此，我对这个行业比较熟悉，创业也是往互联网方向考虑。互联网在中国已经发展20年了，在互联网1.0时代，平台的机会很大，这已经持续了10多年。如今BAT的布局已经很成熟，我想要和他们抗衡是不可能的。互联

网2.0时代发展起了一批可以让生活变得更有趣的平台，例如优酷、土豆、美丽说和蘑菇街等，这类平台也已经发展得比较成熟，我再进入这个领域也不太可能了。因此，我一直在思考互联网3.0时代存在什么机会，我认为互联网3.0时代会是用互联网优化传统行业的时代。

打车、外卖等平台只用3年时间就发展起来了，随着互联网在传统行业的渗透越来越深入，这类平台发展的时间窗口就会越来越短。这两年，华为和OPPO在学习小米互联网营销模式的进程中走得非常快，随着越来越多的传统行业进入互联网，我们的机会变得越来越少。所以，我希望抓住每一个时间窗口，用我们在互联网上的优势去改变和改造传统经济模式。

我把传统行业分为了九大类：衣、食、住、行、医疗、能源、教育、耐性消费品和快销品。我对前面四个行业——衣、食、住、行很感兴趣。我在"住"和"行"这两个行业没有优势，创业就不在这两个行业里面选择了。于是，我在"吃"和"穿"这两个行业里面选择，但我发现只有水果能够在从原材料生产出来后直接送到用户手里，中间不需要任何人力加工，也难以受人为因素的影响。在水果行业里，我们做的事情会更简单，用互联网改造这个行业的机会也就更大，所以，我选择了这个行业。

2014年，中国城镇化人口是7.6亿，平均每人一年的水果消耗量是55公斤，每公斤水果的市场零售价格大概是8元人民币，那么水果市场的规模就是3000亿元人民币。随着生活水平的提高，我们越来越追求健康饮食，水果市场一定会越来越繁荣，我预估几年后的水果市场能够达到5000亿元人民币。

互联网是平台，平台分了三个类目，分别是海量的商品信息和商品对应的类目索引、海量的关于人的信息和类目索引、全站信息和全站信息的类目索引。平台的发展会形成人、技术和资源的积累，国外有Google、亚马逊、Facebook，国内有百度、阿里巴巴和腾讯，对于这种成熟且积累深厚的领域，我无法进入。2015年的时候，我和永辉的张老板聊天时谈到，所有成功的企业都是历史的产物。现在也没有人能够复制淘宝、永辉、万科那样的成功企业，我们只能在对的时间做对的事情，活下来，坚持下去，长期积累，形成规模，建立足够高的门槛，最后发展成一个大经济体。

对于水果行业，我们只有在区域零售产生规模化以后才能掌控标准化和半标准化的市场。例如，在北京望京的许鲜分店，望京区域大概拥有4万~5万人口，每天有1000人使用许鲜APP买水果，我们的对手如果想要抢我们的市场和用户，就需要消耗很大的精力。他们如果想要抢占我们一个城市甚至一个省市的市场份额就更难。这就是规模化经济在零售行业里建立起来的门槛。

零售业存在两个核心：物业成本和周转率。京东很厉害，京东把SKU（库存量单位）和物流结合起来。以前传统公司只知道物流是什么，不知道SKU是什么。京东知晓SKU和包裹，通过数据知道如何建仓，以及哪些地方有哪些消费。我们也在做同样的事情，许鲜通过C2B的模式，先收取用户的费用，然后把水果通过产地、品类和重量3个核心指标建成半标品，12个小时内在一个城市里面进行周转。我们在前端不用重复建设冷链，所以可以节省冷链成本；我们不用管理和培训每个门店的员工如何打包和销售水果，所以门店的管理成本很低；我们只做12个小时以内的周转，所以我们的周转率很低，成本也很低。同时，每天门店里面的水果进多少就出多少，损耗是可以掌控的，损耗成本也被我们控制下来了。我们为用户提供的是对时间和新鲜度要求较高的商品，等许鲜的规模发展更大后，我们的周转率一定是最高的。这就是许鲜的价值，也是我们看到的一个市场机会。

我们对自己很有信心。《三体》里面有句话——"我毁灭你，与你无关"，市场出现了新的模式、新的经济，主要是因为消费升级以后用户的需求变了。例如，以前大家买东西要去百货公司，做衣服要去裁缝店。后来，大家买东西基本都是去超市，买衣服才去百货公司或是商场。百货公司面对这种形式也转变了，销售更新鲜、更有趣、更高端的商品。这种现象的产生不是因为超市毁灭了百货公司和商场，只是用户需求的变化产生了不同的市场变化。超市只是把原来百货公司里面的一部分东西拿出来，使它产生了新的价值。

用户使用许鲜，只是购买水果。因为他们到超市购买水果，需要在结账的时候排队；到水果店去购买，价格很高，许鲜比水果店的价格便宜30％。因此，我们的周转率和使用频率都能够比传统商店高出很多。许鲜已经经营了一年半，已经拥有1000名员工。许鲜有很多员工都是在城市里面无依无靠的新人，我们会有越来越大的责任和压力，要对我们的员工负责，也要对我们的供应商负责。

我有一个更大的目标，年前我和我们的水果供应商开会，我对这个会议十分重视，专门理了发，换了新衣服。会议开完，我们公司的采购告诉我，这些供应商从来没有与任何一家生鲜电商的CEO见过面、聊过天。这些供应商其实在行业里面影响力很大，但是从来没有得到过应有的尊重。电商行业所依托的小商贩、运输人员、物流人员以及这个行业里面千千万万的人员都没有得到过尊重，我希望我能为这些人多做奉献。

我们的口号是："许多鲜果，许诺新鲜。""许诺新鲜"是我们的美好理想，要想实现这个理想还存在很多风险和困难。我们每天都兢兢业业，我每天都去每个门店里面采购水果，我也到各种我们建立的微信群里面看用户的反馈。用户一开始在微信群里对我们吐槽和谩骂，但通过我们一年的努力，用户慢慢清楚了许鲜在做什么。用户知道我们在不断提供良好的售后服务，不断提高我们的质量和管理品质。用户开始帮我们解决问题，比如，有用户遇到水果出现磕碰、烂斑的情况，其他用户就会告诉他不用担心，直接找客服就解决了。新的用户加到微信群里，老用户就会向他推荐水果，告诉他许鲜哪些产品很棒，这让我很感动，也感谢有这么多用户支持我们。

最后给大家分享一件好玩的事情，我来参加亚布力年会的路上，还在配合公安调查一家公司被盗的事情。春节前，一家公司的CEO购买了一批许鲜的充值卡，却遭到了盗窃，小偷没有偷手机、电脑、钱包等物品，只偷走了许鲜的充值卡，看来许鲜的吸引力还是很大的。

陈琦伟： 会不会是许鲜的员工拿走了储值卡？

徐晗： 这个我倒不担心。

陈琦伟： 你的演讲很精彩，阎志刚才的致辞也很精彩，他为大家坚定了创业信心，告诉大家创业是一件快乐的事情，而且现在的时代适合创业。我的观点有些不同，我认为创业是非常痛苦的事情，而且"九死一生"。然而听了徐晗的演讲，我们看到他从始至终都是乐呵呵的。我想问你一个问题，你说你在决定创业的时候对创业领域进行了选择，其他领域都有人在做，水果这个领域相对被大家忽略了。这说明你一直拥有一颗想要创业的心，孤注一掷，你是认准创业这件事了？

徐晗：其实我毕业以后一直在互联网行业工作，我跟韩坤一起创立了秒拍、小咖秀，有了新浪的投资后，我就出来单做了，我一直在思考我要不要创业，因为我家里人是浙商，我在家待不住。

陈琦伟：你老爸比较有钱？

徐晗：我老爸没什么钱，我们家里人从1976年开始就从事棉纺生意。

陈琦伟：那你在家里待一年问题不大。

徐晗：我以前也倒卖过柴油，也卖过上海淮海路上的一块地，赚了一点钱，在经济方面确实没有很大的压力。

陈琦伟：你在创立许鲜之前也有过和别人合伙创业的经历，你认为现在能够支撑你自主创业的理由是什么？有什么特质可以支持你创业到成功？

徐晗：可能受家庭环境的熏陶，小时候我就有一个特别大的爱好，喜欢卖东西给别人。赚钱多少对我来说不是最重要的，但赚到钱很关键。所以，我创立许鲜很开心，能够卖水果给别人，每天都特别高兴。

赵民：你第一次卖东西给别人是在什么时候？

徐晗：我从大学开始做小生意。那时候，韩国明星刚刚进入中国，大家迷恋韩版服饰，但是内地没有破洞、亮片的牛仔裤。于是，我跑到广东去批发牛仔裤，进价为9~19元，然后在武汉找人把牛仔裤样式按照韩国图片里的样式做改进，最后以1300~1700元的价格出售，最贵的时候卖到了3300元。

陈奕伦：谢谢徐晗，他刚才有一句话说得特别好，"创业的人就是要在对的时间做对的事情，努力生存下去"。2015年开始，大家一直在提一个词——"资本寒冬"，其实不仅是对于创业者，对于投资者和很多中介机构来讲，"资本寒冬"也是一个难关。我们很有兴趣听接下来的演讲嘉宾对"资本寒冬"的看法，接下来有请知新资本创始人闵昂。

闵昂：我是知新资本的创始人闵昂。我平时最喜欢做的事情是研究，几天之前还在芝加哥大学经济系做学术研究。知新资本是一家初创型的投资企业，我们希望借助科技的力量，使我们的社会更高效、更节省成本、

更美好。我们给予"知新"两层含义：一方面是温故而知新，通过扎实地研究历史来推演未来；另一方面，我们希望能够了解、读懂正在创新的人们在拥抱这个世界时发生的变化。

昨天在论坛上听了很多大佬们关于"供给侧改革"的发言，我认为这一改革对中国来讲会存在一些困难，因为"供给侧改革"的核心是人力资本是否匹配，但是人力资本对发展中国家来讲是不容易匹配的。尖端人才总是会向发达国家聚集和靠拢，那么中国怎么办？中国会没办法吗？不会的。中国是大国，内部的行业差异非常大。知新所做的是用科学的办法将优质人才聚拢到匹配的行业里面，使得社会劳动力市场拥有更好的激励机制，提升生产力和购买力，解决短期的需求不足问题。

我们接触资本定价市场的时间比较早，算是比较幸运。如果说过去10年全球资本涌入中国是希望分享中国10年高速成长的成果，那么未来10年会不会是中国到海外寻求全球资产配置的时代？我认为，未来的中国需要更多的拥有全球资金配置管理能力的管理人才。

随着经济的进一步发展，社会代与代之间的流动性在下滑。我们认为这是一个非常严峻的现象，因为它会让社会的潜在生产力消失，很多国家都面临相似的问题。2015年10月，我们向高礼研究院捐赠了1100万元并成立了奖学金和创业创新基金，我们坚定地相信"大众创业，万众创新"是改善社会代际流动的一个可行途径，能够改变社会环境及年轻人的观念。只有社会资源充分流动才能让更多的人获得机会，迸发出无限的社会生产力和创造力。新技术、新科技的大幅发展容易导致社会资源在短期内向某一个领域或行业高速倾斜，当这个倾斜的速率达到一定程度后，这个行业里面的人的行为就会发生变化。这与互联网泡沫一样，在到达顶峰后理性回归，理性回归之后仍旧会深刻地改变我们的生活内容。

知新资本有3名小伙伴来自高礼研究院。高礼研究院已经招收了五批学生，共计几百人。大家可以互帮互助，资源共享，定期进行研究、实践、价值投资等工作。如果有人找到自己真正热爱的领域去创新创业，那一定是出于内心的真实想法，希望通过创业验证自己的想法。

最后，我想用高礼研究院的院训作为结尾："同行的人比要去远方的更为重要，年轻人首先要选对自己的战场，不忘初心，不要忘记自己最初的理想，方得始终，所有的扎实付出，时间会背书。"

施静书： 我想向你提一个问题，我对你的差异化商业模式有些疑惑，你们希望鼓励哪种类型的公司进行发展？

闵昂： 创业公司有几部分业务，包括二级市场、海外资金和股权。我们其实算是走一步看一步，发展到了一定程度之后，发现二级市场还不错，股权的投资我们现在也在研究，我们投了互联网教育公司，去帮助二三线的英语老师、口语的公司，以及为风险定价的公司，创始人都是美国的一些PHD（学术研究型博士学位）、美国的团队以及Google的工程师。

陈琦伟： 你是知新资本的创始人，日常做哪些工作？

闵昂： 签字，研究，交易。

艾特·凯瑟克： 我认为创业的人是一直存在机会的，我们的家族企业——怡和已经有250年历史了，我们希望能够有优秀的年轻人加入我们的企业。对于传统企业来讲，一方面要实现个人利润，另一方面要实现股东利润，能够做到这点也是十分有成就感的事情。因此，并不一定只有做互联网行业才算是真正的创业。

陈奕伦： 我们接下来有请下一位演讲嘉宾，欢迎小皮婴幼儿有机食品联合创始人何虹。

何虹： 大家好，我是何虹。在网上大家都叫我米皮妈——小米和小皮

的妈妈。认识何虹的人可能不到1000人，但网上超过120万人都认识米皮妈。我和我先生皮尔斯——也被我称作老皮，都在金融行业工作，算是高薪一族。我们俩的年薪加在一起超过百万美金。然而上有四个老人、下有两个年幼孩子的我们却决定辞去我们的工作，投入我们所有的积蓄开始了有机婴幼儿食品的创业。

真正熟悉我们的朋友对这个决定一点都不感到惊奇。我先生特别喜欢下厨，从我们的孩子两岁半起，他就带着孩子进厨房帮忙，去农场种菜。我们住在中国香港地区，在香港和深圳的交界我们租了半亩地，种植各种各样我们喜欢的蔬菜、水果。我们的农场里面拥有四种不同品种的番茄，种子都是皮尔斯从法国、澳大利亚背回来的。对于皮尔斯而言，食物是他的热情所在，而研究孩子的美食就成了我的兴趣。

我想问一下在座有多少人已经身为父母，可以举个手吗？既然有这么多父母，那么大家应该可以理解，没有什么比看到自己孩子大口吃着健康、美味、安全的食物更能让我们感到高兴的。然而在超市的货架前面，我和皮尔斯曾经感到非常茫然，因为超市货架上婴儿和幼儿的食物总是有许多不必要的添加剂，口味也不够好。我们就总在思考：为什么不能给孩子真正纯粹、无添加的食物呢？

我们的初衷很简单，希望孩子从小能够吃到大自然最真实的味道，而不是过于工业化的食物。目前市场上的产品都说自己"无添加"，可是当你翻看配料表时，总能看到里面有这样那样的化学成分。无添加的标准是什么呢？那就是食品的成分表里面只有一个妈妈为自己孩子准备食物的时候愿意添加的成分。"无添加"说来很简单，要想做到却很不容易。

作为一个妈妈，你愿意给孩子的食物添加防腐剂、食品香精、香料这些成分吗？不会。我们的产品里面也不会有这些成分，我们对食材的要求非常高。因此，热爱食物的皮尔斯在近两年的时间里，拜访了超过150多个欧盟的有机农场，品尝了上千个不同的食谱。我们的牛肉一定是来自散养食草的牛，而不是用饲料喂养的。我们的苹果都来自意大利阿尔卑斯山脚下，我们只选择一种叫"粉红佳人"的品种，因为这个品种的苹果最清甜。我们的西兰花来自英国的一家拥有120年历史的农场。所有的这些细节，无论消费者是否知道，都是我和皮尔斯不断坚持的东西，因为我们知道，爱才是最严苛的标准。我们是全球唯一一个能够做到如此高级别的食品安全检测的品牌，我们品牌的名字是Little Freddie（小皮），这也是我孩子的名字，同时代表我们像爱自己孩子一样热爱食品。

在创业之初，我们遇到的最大难点是一个新的品牌如何得到妈妈们的信任。经历过国内各种食品安全事件以后，中国的妈妈们都变得非常敏感、多疑，甚至有点神经质。我非常能够理解这种心态，我希望能够通过真实的人和事，以及对食物、对自然的真实态度去建立品牌与妈妈之间的信任。2014年年底，我建立了微信公众号"米皮妈"，在这个公众号上面，大家可以看到我们家中西结合的育儿经，看到小米、小皮在农场里面慢慢长大的身影，看到我们一家在收获农作物时的那份欣喜，看着我们的孩子在皮尔斯的带领下从种子开始了解食物、爱上食物、爱上土地、爱上大自然。我把这些内容都做成有趣的视频、有趣的手绘，单个视频最高浏览量达到17万。我慢慢地告诉大家，米皮一家还在做有机婴幼儿食品，并且开始拍摄老皮去欧洲农场的小视频、让大家跟着我们一起踏上舌尖上的欧洲之旅。通过这些视频，我还获得了很多领袖妈妈们的认可，在2015年"双十一"之前，有30个微博大V妈妈在网上通过不同的方式推荐小皮，阅读量超过120万。这些妈妈们有些是儿童营养学专家，有些是儿童睡眠专家，但是更重要的身份是：她们都是妈妈。而真正打动她们的是我们的产品、我们的生活理念以及为孩子带来更健康、更有营养的食物的共同心愿。

我们的产品于2015年11月进入内地市场，短短的3个月内我们已经在淘宝上成为该品类的第1名，线上、线下共计40个销售渠道，每个月的销售增长都超过100%。我想表达的是，真正的食物是不需要用模棱两可的词汇粉饰的，只需要你对食物有着天生的热爱和对大自然的敬仰。真正的食物，也是父母能够带给孩子最美好的礼物。

施静书：我想赞扬一下你，作为一名母亲和一位企业家，你做得非常棒。我想了解的是，5年之后，你的公司会经营到哪种阶段？你认为在实现目标的道路上最大的障碍是什么？

何虹：我的目标是希望每一个妈妈只要了解到我们的品牌就会产生信任，只要想到我们的品牌就会不加思考地选择我们。我还希望能够一直给孩子们带来更多的无添加、健康有机的产品。

我认为实现这个目标的障碍有两个。第一，信任。任何一个新的品牌进入市场，能够得到消费者信任都不是一夜之间的事情，需要产品持续保持优质品质。第二，人才。企业要想做大不能只靠我和我先生的力量，我们需要建立属于自己的企业文化，让员工热爱食物，对细节有追求。

张醒生：首先祝贺小皮妈妈，当你在演讲的时候我在天猫上搜索了一下你的小店，看起来正如你所言，这家店是一个高端的有机品牌。我认为你创业的出发点非常好，以自己的需求为基础找到了一个社会的痛点。

我的第一个问题是，目前你所有的产品都来自欧盟，距离十分遥远，你如何在不添加任何保鲜剂和防腐剂的情况下保障有机食品的有效期和新鲜度？第二个问题是，你的品牌是准备走小众路线，还是希望做成大品牌？挑战是什么？

何虹：我们希望将品牌经营成大众品牌，因为如今妈妈们为了获取健康食物所付出的成本是很大的，很多商家都会通过层层的经销商、分销商再销售到妈妈们手上。我们在淘宝的价格可能有人会认为较高，但是同类产品在海淘的价格比我们高50%左右。我们从农场环节开始的整条产业链都希望能够控制成本，将产品以最优惠的价格带到妈妈们的手中。

关于产品保鲜问题，食物变坏主要是两个原因造成的：第一是氧气，第二是细菌。我们的产品在生产和打泥的过程中都是不接触氧气的，罐装之后隔着袋子，还有巴氏杀菌的过程。因此，在没有氧气和细菌的情况下，我们就能够不使用任何防腐剂和添加剂而达到保鲜效果，但这也是有时效的。

陈奕伦：谢谢米皮妈的精彩演讲。半年多前，亚布力论坛在美国访问的时候，有这样一条消息在微博、微信上刷屏——一个中国科学家团队，在基因编辑技术上取得了突破性的进展。这次我们把主人公请到了亚布力，我们有请有"基因剪刀手"之称的eGenesis生物技术公司联合创始人杨璐菡。

杨璐菡：我叫杨璐菡，2013年我们发现，天然的蛋白可以作为工具应用到新一代的基因编辑上，这是在现代医学史上我们第一次能够精确、高效且程序化地修改动植物及人类的基因。当时我作为哈佛大学研究生幸运地参与了这项研究，我领导我的团队第一次证明了这个工具可以在基因编码中起到作用。我们工作了短短两年后，这项技术就被世界上的生物实验室以及药厂广泛应用。这两年里，百万的基因被修改，而我们的工作被2013年《科学》杂志评为本年度重大科学发现，而我很荣幸地作为一名非美国公民被美国福布斯杂志评为30岁以下的医疗领域30位领军人物之一。

技术的产生标志着我们已经从基因测序、读写基因迈入了编辑基因的新时代。2003年我们有了人类第一个基因主，在过去的13年里，我们的测序成本降低，数据量增大，但是拥有数据并不代表我们掌握了数据。今天

在座的每一位身上都拥有300万个个性化的基因序列，这些序列是如何决定我们拥有不同的样貌、性格及体质的还不为人所知。基因序列的到来，让我们有机会更深入地理解生命和改善生命，我们可以用基因编码的工具修改遗传的密码，通过观察生命的变化确定基因的功能。我们还可以通过这个工具修复人类遗传病的缺陷，为治疗某些疾病提出一个全新的方案。基因修改工具在农业生产和工业生产中也会有巨大的作用，我们可以用这个工具改善农作物和动植物的形状、体积产量、质量及安全性。

2014年，我和我的导师创立了eGenesis生物技术公司，我们致力于把这个基因测序的工具转化为生产力。我们的重心是修改猪的基因组，让猪能够产生可以给人移植的器官，拯救千千万万需要移植的病人。这件事并不是异想天开，从古希腊时期开始，人们就不断尝试用动物的器官给人移植。20世纪90年代早期，欧美大药厂推广基因移植，其中有10名病人得到了显著的症状缓解。然而当时有两个技术问题无法得到解决：第一，猪和人有强烈的排斥反应，需要对猪的基因组中的一些原件进行调整，但是当时没有合适的工具；第二，在猪的基因组里发现了类似于艾滋病的病毒，而且这些病毒可能会转入人体，从而造成新的问题。因为这些危患，世界卫生组织叫停了所有的实验，这项实验从此一蹶不振，消沉了16年。正是基因编码的产生让我们对这个工作产生了希望，我们可以用这个工具来解决这两个问题。于是，我们决定用这个工具来武装自己，从别人跌倒的地方爬起来，全力以赴地开展这项工作。2014年，我找到了一个前辈，经过12个月日日夜夜的努力，我们删除了基因组里所有的病毒，消除了所有遗传病的风险，我们的工作再一次受到了医疗界的瞩目。基因编辑的通量比现有的水平高出了100倍，让基因编辑的想象空间大大提高，最重要的是，我们的工作让大家重新审视了异种器官移植作为一个安全治病救人方法的临床可能性，我们的工作再次被《科学》杂志评为2015年最大科学技术成就。

今天我们正在紧锣密鼓地培养我们的"猪二代"，让它带有和人免疫系统兼容的器官。接下来，我们会在灵长类动物身上做实验，如果这个实验可以在动物的身上停留半年，那么我们就很有希望很快地把这个流程运用到人体临床上。我希望在不久的将来，我们可以制造出可以移植的角膜，让所有缺失角膜的眼疾病人能够重新看到世界；我希望在不久的将来，我们可以制造出可以移植的肾脏，让那些透析的病人不在漫长的等待中饱受煎熬；我希望有一天，我们能够制造出可以移植的肝脏，让所有晚期的肝衰竭病人有生存的希望。我很幸运生活在生命科学最激动人心的时代，亲身参与了这场革命。我有一个梦想，我想用基因编辑的工具制造出可以给人移植器官，去拯救千千万万的病人。我深知这是一个登月的梦想，但这是值得我付出一生的事业。站在科技的最前端与最尖端的科技团队一起努力，我有信心，也有责任来实现这个梦想。

陈琦伟：你们的公司在中国有分支机构吗？

杨璐菡：目前没有，我们在美国波士顿，我们预计在做出"猪二代"之后会进入国内。

陈琦伟：希望你们尽快到中国开公司。

陈奕伦：大家应该会注意到亚布力论坛现场有很多志愿者来担任小助手的角色，如果在生活中每天都有一个小助手在身边帮助我们，为我们安排各种事情，那将会是怎么样的体验呢？接下来，有请最后一位演讲嘉宾——美位私人生活管家创始人兼CEO蒋逸雯。

蒋逸雯：我简单介绍一下自己，我在美国读了本科后，非常顺利地去了华尔街的顶级投行做分析师。别人都认为我应该老老实实地工作，安安分分地结婚生子，但是我觉得这些事情并不是我想做的。我内心深处是一个非常懒的人，其实我说的懒并不是指无所事事，我指的懒是：我不想打

扫卫生，就找一个保洁阿姨替我打扫。我们都是聪明人，如果我花一个小时的时间打扫卫生，我的价值只有40块。但是如果我花一个小时去做别的事情，比如我去炒股票，我的价值会更高一些。因此，我所说的懒是更精明地运用时间的方式。富人非常懒，但是他们不笨，他们很聪明，因为他们知道最宝贵的就是时间。

我对懒人经济做过一些调研，发现除了懒，大家还有奇奇怪怪的需求，会希望自己身边能够有一个私人小助理帮我们解决各种各样的问题。因此，2012年，我从美国回到中国，创立了私人管家平台——美位，这是最初的名字，名字的含义是希望我们的平台能够服务每一位。2016年我们正式改名了——JO+，我们希望为用户提供更贴心的服务。我们没有在大众市场经营，我们只附着在10%的高端人群当中，为什么？原因很简单，在现有人力和技术都有限的情况下，我们希望能够服务那些对时间价值理解得更深入的人群，这群人就是10%的高端人群。

我们目前服务了15万左右的会员，未来我们将着力打造一个私人管家的生态圈。除了我们自有的私人管家的主品牌之外，我们也投资孵化垂直领域的一些单个创业项目。比如，我们有一个吃喝玩乐的生活方式平台，叫带头。此外，我们还有专门做二手票交易的APP，叫玩票，这些都能够辅助管家解决用户需求。

郑博仁：你们服务高端人群的主要业务是什么？另外，你未来将怎样

搭建你的那些独立平台，这些平台长期的竞争优势是什么？

蒋逸雯：目前用户的需求主要是预订餐厅，我们能够达到热门火爆餐厅不等位的效果；还为用户解决热门演出票买不到的问题。关于我们的APP，我认为当我们的业务做到一定大以后，我们会掌握大量数据，这会帮助我们更好地服务用户。我认为我们的优势是：如果别人做不到，我们可能可以做到；但是如果我们做不到，别人一定做不到。

施静书：你如何测试用户对你们的信任度，如何让用户信任管家？

蒋逸雯：我们有服务供应商，这些供应商都会受到我们的严格审查。在供应商初次服务用户的时候，我们都会有专人监督。同时，我们的服务人员会佩戴远程设备，帮你记录他的服务过程，你也可以通过远程遥控看到整个过程。

创业麻辣烫

    伴随着互联网的兴起、全球化时代的到来以及社会经济的飞速发展，"创业"过程中的激情洋溢和放眼未来的无限可能始终引领着新兴创业者们"前赴后继"，热血澎湃地创造全新的商业模式和产品内容。在竞争激烈、危与机并存的这碗创业麻辣烫中，他们又是如何凭借独到的经营模式和产品来获得用户的呢？

    在2016年亚布力年会上，就创业过程中遇到的困难及应对方法，韩后Hanhoo集团创始人兼董事长王国安、拉扎斯网络科技有限公司（饿了么）创始人兼CEO张旭豪、万合天宜CEO范钧、一下科技（小咖秀）CEO韩坤发表了自己的看法，道同资本创始合伙人张醒生主持了该场活动。

张醒生：在座四位都代表了中国最年轻一代的创业精神和创业视野，是中国时代的象征。下面，有请四位给我们分享自己的创业心得和经营理念。

王国安：在中国，化妆品是一个还没有被解放的役区。为什么这么说？很多国外代购的产品都是化妆品，也基本上没有人用国内化妆品。现在我们需要做的就是使化妆品行业从役区走向解放区，其中最关键的一个字是"敢"。"敢"是懂规则而不守规则的一个行为。在化妆品行业，企业不会因为有一个批文就可以做好，也不会因为是国企就可以做好，我们要做的就是突破、创新、"不守规则"。很多人认为，中国企业只有做大了才能国际化，但鉴于化妆品行业的现状：第一，没解放，还是一个役区；第二，产能过剩，我觉得化妆品行业从今天开始就要国际化。

    大家知道，过去互联网并不创造价值，只是修了一条高速公路，把所有的东西都连接起来了，真正创造价值的是传统行业。现在所有的基础设

施都修建好了，互联网的作用也进一步反映出来了，在大家眼中，这些都是互联网的功劳，都是互联网行业发展的成果。然而我认为，这是互联网"打劫"传统行业。

很多人认为韩后来自韩国，这或许也是我们成长的一个原因。现在中国消费者对韩国产品非常热衷，中国企业如果宣布成为韩国某家化妆品企业的第一大股东，他的股价马上会大涨。这种情况不是说韩国企业多么厉害，而是说明中国太厉害了。2016年我们要做大，为了解放我们要直捣老巢，我们必须"打劫"。中国最大的优势是拥有任何国家都无可比拟的市场，我们要用世界的市场"打劫"世界的技术。2016年我们准备接受韩国5亿~10亿元的投资，用韩国资本撬动最好的技术、最好的人才。

敢是一种信仰，它拥有无穷力量，存在于人的基因里，流淌在我们的血液里。无论痛，无论苦，无论累，它都伴随着我，激励我永远向前。它是一把利剑，是一匹战马，是一种精神，更是一种信仰。它就是敢，敢说，敢做，敢想。敢改变了我的人生，敢给了我无穷的力量，敢让韩后变得更加强大，有了更大的梦想。

张旭豪：我们创业比较早，我们几个兄弟在上海交通大学读研究生的时候就想创业。2008年国家出台了一项很有意思的政策，允许零注册资本成立公司。以前我们觉得注册公司是一件很神圣的事情，要花很多钱，要有很多注册资本，而现在可以零注册资本成立一家公司，做自己想做的事情。于是，我们就成立了一家公司，但当时不知道公司应该做什么，当时公司的名字也不叫拉扎斯。

年轻者无知，无知者无畏，老一辈创业家只要敢做，只要有冲劲，就可以拿下市场。而21世纪会有新的玩法，我们希望用一些高科技、新技术来解决一些问题，颠覆老一辈创业者。当时我们没有资金，只有10万块钱，其中一部分是我们的学费，另一部分是利用支付宝刚上线存在的漏洞做的信用卡套现。启动资金有了，但我们不知道具体该干什么，有段时间甚至还想去陕西挖煤。有一天，我们几个人聚在一起讨论做什么，聊着聊着肚子饿了，但又不想出去吃。这个时候，我们突然想到或许可以从送外卖开始创业。

我们几个人的执行力很强，第二天就买了电动车，然后和餐厅谈。当时没有网站，我们就在学校里派发自己印的小册子，把业务做了起来。做了一年左右，我们发现靠发册子送外卖没有什么科技含量，这与我们当时说的通过高科技、互联网方式改变传统行业的初衷不一致，于是我们决定做自己的东西。然而我们四个人所学的专业是建筑、节能，和互联网没有丝毫关系，对互联网也一窍不通，于是我们开始招聘上海交通大学互联网专业的学生，开始开发自己的网站。截至现在，饿了么在全国覆盖了250多个城市，每天有300多万人使用我们的服务。

今天最值得我骄傲的不是饿了么估值多少、我的财富有多少，而是我们确实创造了城市里新的生活方式。当时我们几个年轻人创业，就是希望通过互联网的方式影响到周边的人，因为这让我们感觉到最骄傲的事情不是赚了多少钱，当时也根本没想过这件事情能做多大，我们只想通过影响上海交通大学的学生从而影响到更多的人。我每天心情的好坏都与我看到马路上有多少饿了么的配送员有关系，如果半小时没有看到饿了么的配送员，我就很恐慌，会马上打电话问出了什么事情。而今天令我开心的是，我们确实改变了更多人的生活方式和商户的经营方式。

外卖现在已经成了一种新的生活方式，同时外卖使用场景也越来越多，不一定是午餐、晚餐，还可以是下午茶、咖啡、早餐，甚至一些用户在我们平台上买药、买水，买各种各样的生活用品，基本足不出户就可以享受到美好的生活，这是一种全新生活方式的诞生。

对商户而言，饿了么是服务商户。我们帮助商户解决了什么问题？刚创业的时候，我们的办公室就在宿舍，宿舍被盗以后就把办公室迁到了我们一家商户的厨房，他们在自己的厨房里收拾出一块地方给我们。虽然这个地方很吵，但是至少我们有地方可以继续创业。那一年多的时间里，我们每时每刻都和餐厅在一起，因此，我们知道了中小型餐厅存在的困难和问题，而这些都帮助我们在创业时能准确地找到痛点，并且以最快速的方式去解决。最早的时候，所有的外卖网站和平台都在用户下完订单以后，通过电话或者短信的形式通知餐厅，但是餐厅忙的时候不能立刻接单。这样，接单就是问题所在。对此，我们很早就开发了餐厅客户端软件，帮助餐厅老板从繁忙中解放出来。如今我们极大地改变了餐厅的成本结构，使餐厅不再需要很大的店面，只要餐厅提供的食物味道好、卫生，而且能提供更多的外送服务，就可以盈利。所以，我们最大的成就就是帮助很多中小型商户改变了经营方式。

范钧：确定性和不确定性是我多年来创业过程中的一个挑战。大家可能知道，文艺创作有着巨大的不确定性：三个月出一个剧本，如果完全是原创的，剧本还未必能出来；三个月后，即使剧本写出来了，字数也一个不少，但是也可能不能用，因为写的东西不够好，或者超出预算，或者存在时间无法控制等各种各样的不确定性。而商业要求有极高的确定性，要

求每个季度、每年有固定的利润率，有固定的增长。而如何在确定性和不确定性之间找到平衡，这是我这几年一直在探索的问题。

我从小就喜欢不确定性。大学毕业后，我在IBM做了10年的IT男。在IBM，一切工作都按照流程进行，那时候我也感觉特别舒服，也甘愿在这样的体系当中做一颗螺丝钉。然而第10年的时候我发现，如果继续沿着这条路往下走，我都能看到10年后我的样子。这种巨大的确定性让我觉得生活和人生将会无比单调。我希望改变，可能我都不知道这种改变最终会停留在哪里，但是我知道我必须越轨，跳过轨道。于是，2002年我读了MBA，并将之作为跳跃的开始。MBA结束是2003年，当时所有的公司都不招人，于是我又回到IBM。一年以后，我觉得自己必须出来了，因为我要去做一些我自己想做的事。

我特别喜欢音乐，所以那时候做了音乐网站。现在看来，这个方向的选择是极其错误的，因为到现在国内音乐都还没有找到特别好的商业模式，但那时候我并不知道。我对家里人说我要先做一个事，虽然不知道自己会不会游泳，但是总觉得能游就游起来，不能游就赶紧上岸，再看下一步怎么做。当时招不到合适的人，无奈我只能自己写代码。写好方案并设计出网站的大致框架后，我把材料拿给以前IBM的一个同事看，他那时已转而做投资，问他是否能投资，结果他从此不接我的电话。这件事给了我一个教训：所有的VC都只会锦上添花，而不会雪中送炭。如果你的产品不在他的视野中，这就说明你做得还不够好，因此你也不用找VC。当我们把自己的产品做好，抓住了用户，他们自然就会来找到你。

土豆网创始人是我的校友，一次校友会上他问我在干什么，我说准备冬眠。他说，你不用冬眠，你过来吧。于是，2006年我到了土豆网，看着土豆网从50人到100人，看着土豆网从第一笔单子5万元到我离开时销售额5亿多元，我亲身经历了整个行业5年中的巨大变化。

离开的时候，我觉得视频网站商业模式的创意已经都结束了，现在市场需要的是内容。所以，我开始着手做内容，将公司取名为"万和天宜"，是希望万物符合天意的规律，追求的是顺势而为。我们现在做出来的内容就是我们的产品，而我们最重要的产品是人。我们把培养年轻的创造型人才当作我们的使命和任务，而我们的内容是要给观众带来快乐和思考。

在这个过程中，我的任务是创造并维护良好的创作环境。第一，保证每个人做自己喜欢做的事。影视创作会在身体、心理和体力上折磨人，如果不是做自己喜欢做的事，一定坚持不下去。我们以前做喜剧，2016年我们会相继推出悬疑剧和偶像剧，培养不同的人。作为管理者，我必须克制住自己想帮年轻人做事的冲动，因为这是他们的事，要放心大胆地让年轻人去做，相信他们的能力和热情，让他们在实战中历练。我们提供土壤，风吹雨打得他们自己承受。同时，我们鼓励犯错，因为创意来自往前冲，而往前冲肯定会有失败。我们鼓励员工犯错，但不允许员工犯同样的错误。比如《万万没想到》，1.5万元一集的拍摄成本，最开始我们是在互联网推广和销售，受欢迎就继续往下拍，不受欢迎就停止。最后，我们可能还会拍大电影，无论票房多少，我们在电影上映之前已经赚了很多，电影上线后回报会更高。因此，我们要做到互联网上小规模试错，小成本试错，一旦成功就聚集放大。

我觉得，不确定性带来的就是机会，而我们要进一步通过确定性把机会变成现实。

韩坤：我们公司有两个产品，一个是秒拍，另一个是小咖秀。这两天我收获很大，但同时也非常沮丧，因为我看到参会的企业家基本上都是60后、70后，我就在思考我该如何告诉他们小咖秀和秒拍到底是什么。

303

就创业经验分享来说，我个人认为就是坚持和熬得住。

最早的时候，我是一个月收入100万的个人站长，后来将网站卖给了百度，因为我在想：为什么不能做一个成熟的、可以在纳斯达克敲钟上市的个人网站？后来，我在搜狐网待了4年，从一名普通的夜班编辑一直做到总编辑。搜狐社区有一个巨大的音乐版块，里面有很多视频，但当你点击其中的视频时，页面上经常会显示"视频不存在"，即便可以播放也非常卡。于是我就在想，搜狐能不能做一个原创平台，让大家把自己拍摄的内容放到这个平台上，这样搜狐也拥有了原创的内容。不久之后，我们的第一个视频产品"我印我秀"上线了，比土豆还早。只不过我没想到这个视频产品的开发成本这么高，发展方向也与公司的价值观背离，搜狐没有办法支持这类产品走下去，因此我决定出来创业。

我创业的第一家公司是酷6网。酷6网是第一个在纳斯达克上市的网站，但是说实话，酷6网没有实现我人生的愿望。我当时的愿望是做中国最大的UGC（User Generated Content，用户原创内容）平台。以前，我将这个希望寄托在土豆和优酷上，但随着土豆和优酷的发展，两者最后都做成了电影网站。而我想做的是用户上传视频，自己产生内容，把好的内容呈现出来，让大家看到。

2009年，酷6网在美国纳斯达克上市的时候，我赚了一笔钱。当时我一方面打算回家做绿色农业，另一方面想加入VC机构学习投资。那个时候恒隆集团主席陈启宗找到我，说国外有一种商业模式非常适合在中国发展，因为中国的智能手机要爆发。他说的就是UGC，而过去我们的UGC没做起来是受限于设备的发展，那时候我国DV一年的销量只有100万台，是有钱人才玩得起的设备。当时酷6中的内容80%是重复的，原创的很少。小咖秀2011年成立，当时中国智能手机的销量是2.8亿部，而且每部手机都有摄像头，每部手机都可以上网。中国没有经历DV家庭上网的时代，直接跳到了手机时代，我觉得我们大好的时代到来了，于是生产出了第一个产品——秒拍。

从做酷6开始，再到2011年小咖秀成立，2013年12月秒拍诞生，这中间有数十家企业跟我一样做平台，而今天他们有的已经转行，有的已经消失，但是我一直在坚持。如果对手没有坚持住，那我们就会成为最大的赢家。现在秒拍每天的播放量达到了5亿次，这5亿次播放量带来的广告收益就足够我们盈利了。秒拍爆发之后，我发现中国人还是缺乏创新、创意，很多人拿着手机不知道该拍什么。于是，我就想能不能简化技术，让用户多一些创意。后来，我们就想出把剧本、创意、台词都给他，让他照着演。在这个基础上，小咖秀诞生了。小咖秀几乎一夜爆红，这出乎我的意料。

总而言之，创业贵在坚持。如果不坚持，我不会有今天。小咖秀坚持到今天，已经有四五百名员工，也进行了多轮融资，市值是酷6网的20多倍。当然，创业也非常不容易，创业是九死一生，如果期间有一道坎没有迈过去可能就失败了，但是只要我们选对方向，并且坚持做下去，就一定能成功。

张醒生：韩坤讲出创业的真谛是坚持，大家的分享有敢打敢想，亦有欢乐。而创业不仅是欢乐，也充满艰辛。

提问1：我想请教王国安先生，第一，韩后和其他化妆品相比有什么核心竞争力，比如使用、成分、配方等方面，科研主体在哪里？第二，经常有人说，亚洲的化妆品比较适合亚洲人的肤质，这个有没有科学依据？

王国安：化妆品就像男人，不可轻信，不可全信。化妆品技术是基本的门槛，但并非决胜门槛。化妆品不是技术驱动型，而是技术应用型，只要敢投资，就一定可以做出好的产品，就像手机一样。一些品牌宣传自己的产品适合亚洲人的肤质，这还是谁的地位高，谁说的话就让大家相信。

当你强大了，消费者就愿意相信你的产品和理念。中国是先大了才会强。

提问2：我想问张旭豪先生，饿了么最近刚完成新一轮的融资，但是饿了么现在的对手在体量上比你大至少10倍。在这样的赛道里，以我们现在的融资规模和发展趋势，饿了么如何成为"独角兽"当中更闪亮的一颗？

张旭豪：创业不是竞争，不是完全竞合的游戏。我们创业的初心是希望通过互联网方式解决线下的诸多问题，从而影响更多的人。今天我们已经慢慢实现了这一点，饿了么是整个行业的鼻祖。但在这个过程中，我总结出一条经验，那就是千万不能PR（Public Relation，公关）。我记得我们的服务第一次做到一天10万单，完成一轮融资后，做了一个PR。但在此之后，大大小小的竞争对手都出现了，行业也变得丰富起来，市场也被做大了。今天全国几百万人使用外送服务，我们相信未来5年这个数字会有5~10倍的成长。我们平台的核心竞争力一直都是专注，我们专注于到家的O2O基础建设，无论是交易平台、物流平台还是供应链平台，这些平台使我们的服务做得越来越好。今天大家可以看到O2O的补贴很多，但是未来竞争不仅仅是在补贴层面，更多地会在品类上，这是第一。第二，物流。如何在全国300多个城市都有配送网络，同时使得效率和成本达到最优，这是我们未来需要解决的问题。第三，供应链的整合能力。如何帮助本地的商户更好地把产品卖到全国，这也需要着重关注。有一个词叫"重度垂直"，我们要把和吃有关的事情做深做透，这样才能形成长期的竞争力。

老友记

　　一位是"84派"企业家，另一位是"92派"企业家；一位当过兵，当过工人，在深圳创业，喜好登山、滑雪、赛艇等各种运动，年过60又开始游学；另一位是武汉大学的经济学博士，毕业后在北京迈入仕途，又在"偶然"的机遇下下海经商，创办了嘉德、泰康、宅急送三个完全不同领域的企业。王石和陈东升，两位老友在亚布力将各自的人生经历娓娓道来。

王石&陈东升：奋勇向前，不忘初心

　　一位是"84派"企业家，另一位是"92派"企业家；一位当过兵，当过工人，在深圳创业，喜好登山、滑雪、赛艇等各种运动，年过60又开始游学；另一位是武汉大学的经济学博士，毕业后在北京迈入仕途，又在"偶然"的机遇下下海经商，创办了嘉德、泰康、宅急送三个完全不同领域的企业。王石和陈东升，两位老友在亚布力将各自的人生经历娓娓道来。

　　敬一丹：原本的老友记是王石和汪建，大家和我一样意外为什么最后更换为陈东升。东升，你先说说和王石之间曾经有过什么样的交集。

　　陈东升：汪建有事来不了，王石说东升吧，王石把我作为老友，我感到很高兴。我不敢攀老友，今天以王石为主，我做陪衬。

　　关于我们之间的关系，亚布力论坛刚出了一本书——《一九八四：企

业家归来》，之前还有一本是《九二派："新士大夫"企业家的商道与理想》。我算是92派，真正的企业家归来是1984年，王石就是其中一颗闪亮的明星。

我最欣赏王石的地方是他有一种中国企业家的"硬派"形象，硬派是指在各方面王石都属第一。只有两个人被我称为大哥，王石是其中之一，我一贯很敬重他。

我与王石的关系源自亚布力。2016年是第16届亚布力年会了，第1届年会时我们晚上的对话就像发生在昨天一样，我依然印象深刻。后来每年相聚、交流，结下了很深的情谊。

敬一丹：这算是对老友的解释，王石呢？这场老友记用东北话说，应该叫"二人转"。

王石："老"有两种，一种是小孩小时候喜欢用"老"，老恰恰是不老。我在这里不强调老，有点矫情。什么叫"老"，是年龄上吗？

敬一丹：老友记不仅是年龄，还有打交道的深厚程度。

王石：那就是角度问题。一般说老，60岁应该算老，老友记得60多岁。从年龄角度来讲，今天东升坐在这里有一点委屈，因为他还很年轻。在企业界有三个人可以互相称"老"友，一个是我，另一个是高西庆，再有是汪建。三个人的共同特点是：第一，都是60岁以上；第二，我们三个人都很有味道，气味相投，都喜欢滑雪，都因为滑雪断过腿；第三，相貌上我们三个人很像。像到什么程度？我一到亚布力滑雪场来，有人说"昨天你哥刚走"，我就想那肯定是高西庆。其实那是我弟，他比我小4岁。另外还有汪建，也被看成比我大。三个人在一起，我成小弟了。

从年龄、气味，以及从中国企业家的关系上，我和东升的关系还是比较密切的。表面上看，我不和关系打交道。某次见一个省委书记，他第一句话就问"你为什么见我"，我愣住了，我为什么不能见你？他说，报道上从来没看到你和哪个省领导或部委领导见面。我说，不公开报道并不等于不见面。我和东升也是如此，我们经常见面，但不是公开亮相。

我和东升非常相投，虽然相貌上差距非常大。东升很儒雅，是武大博士。武汉大学的男儿郎简称"武大郎"，亚布力曾经是"武大郎"，他总是能娓娓道来。对此，我非常佩服。他学问做得好，搞企业也非常有章法，无论是嘉德拍卖、泰康人寿保险，还是宅急送。我们在做生意上也互相欣赏。

我在社会上比较孤独，因为一直以来，社会上对我的误解比理解多。比如，2008年捐款门把我打翻在地，狗血淋头地被骂了几年。严格来讲，我属于不被理解的人。理解我的人中，东升算是一个，理解得比较深。我们之间比较欣赏，这是对老友记的解释，虽然东升年龄上不够老。

第2届亚布力年会，易纲、周其仁到这里来滑雪，下来后一个个腰酸腿疼，恨不得趴在地上，我就讥笑他们说："中国传统文化是君子动口不动手，你们总不运动。"一晃，15年过去了。

亚布力被称为中国的达沃斯，达沃斯聚集了全球的精英企业家、政治家、学术家，亚布力在这里要体现一种精神，就是我们面对环境和风雪，我们应该运动。15年过去了，企业家的队伍和能力都有很大增长，但企业家的滑雪队伍还是那么几个人。经济发展了，国民生活水平提高了，中国在转型当中，我们在亚布力应该反思：在大自然和运动面前，我们应该是什么角色？

东北是重工业基地，也有非常好的自然环境，我想强调，现在是工业后时代的转型。黑龙江是老工业基地，东北已完全工业化，其转型应该相对容易。我对东北的转型非常有信心，因此借助老友记谈一点感慨。

敬一丹：这既谈了"老"，也谈了"友"。我也在想我最初跟亚布力接触是什么时候，我与东升在亚布力论坛的接触很多；我第一次采访王石是1992年在深圳。

王石：当时你感冒了，我记得非常清楚。

敬一丹：王石还记得，我却不记得了。当时做经济半小时100分钟的特别专题节目，采访的都是对中国股份制经济有最早认识和实践的人士。这么多年过去了，片子还在，我们可以看到1992年王石的形象，他没怎么变样。让我感慨的是，当时采访了很多人，这么多年风云际会，有些人消失了，有些人进去又出来了，沉沉浮浮，而王石依然坐在我们身边。

我们三个人坐在台上，其实有点老，都是20世纪50年代出生，年龄加在一起有180岁了。但其实我们更看重的不是年龄的老，也不仅是经历的岁月，而是通过老友记的方式产生新的碰撞，结交新友。我非常欣赏这种设置，老友记是第一次出现在亚布力年会上的议题。之前已经进行的老友记中，他们之间一定是有一种关系。比如，《老友记1》是任志强和刘晓光。《老友记2》是吴鹰、田溯宁、丁健。《老友记3》是我们，1984年王石创业，当时东升大学刚毕业，是否像今天亚布力论坛的志愿者一样，在想怎么创业？

陈东升：我1983年刚到经贸部，那是个中青年改革最活跃的时代。武大毕业的人中，田源当时在国务院价格研究中心，卢建在财经领导小组，他们把武汉大学团结在一起。因此，我一到北京，就参与到改革的大潮和洪流中。农村改革、城市改革、国有企业改革那时都非常热门，我们做世界经济和国际贸易研究的却被边缘化，就总想往里钻，也很活跃。当初，从没想要经商下海。王石他们在深圳，是改革开放的第一批弄潮儿，是创立企业的先行者和践行者。

那时候的信息完全不对称，中央机关的年轻人有某种信息的垄断权，因此，我们去地方特别受欢迎，我们可以讲中央、讲邓小平改革的思路。20世纪80年代，北京有个中青年的概念，这个群体超级活跃。那时我们想的是在国际上访问一个东西，回来后影响决策。我下海的经历也是巧合。我从经贸部到国务院发展研究中心管理室做副总编后，我启发部下，《幸福》杂志（《财富》杂志，20世纪80年代初常被翻译为《幸福》杂志）有世界500强企业名单，那我们也搞出中国的500家企业。这从此改变了我的人生。

年轻时写文章经常写"中华民族要屹立于世界民族之林"，但不知其真正的含义，大学毕业后才真正理解。我们还反复讨论如何救中国，是科学、教育还是实业，也反复研究中国为什么贫穷。我很坚定地认为是经济问题，记得在1986年的学术研讨会上，我说如果哪一天10亿中国人都想发财的时候，中国就会成功。然而当时，所有人都不认可我的假设。

我们这批人的变化也挺有意思，最初是同学中有在海南创业的，后来社会有越来越多做生意的。那时认为我们是国家的主人，要推动国家的改革就要去做企业，于是就下海从商了。

1988年世界500强销售额的最后一名是4亿美金，中国大概有5~6家企业可以达到，而且都是国企。美国最多，其次是日本，之后是德国、英国、法国。今天的格局完全被打破，中国成为第2名。

我借老友记也谈一点当年如何走向创业的路，因此，我把王石作为我的学习榜样。

敬一丹：无论是84派还是92派，你们创业时会经常想到"信心"这个词吗？

王石：我回应一下东升，以及一丹说的信心问题。实际上，更早的是年广久、冯根生等人；联想、万科也很有意思，他们不是被边缘化，虽然当时什么都不了解，但都想在基层做一番事业。上山下乡时期，我当兵去了；当兵回来后做了工人，当时没有恢复高考，成为工农兵学员也很难得，但我一直感觉很压抑，因为完全是被社会选择的，不是自己的选择。因此，改革开放给我最深刻的体会是，它带来了人性的大解放、能力的抒发，只要遵守法律，你想做什么事情都不用担心没有机会，只要选择了，而且有能力，就可以去做。

我们近几年提到中国梦，我一直感觉在梦里。1988年，万科尝试改造，那时非常难。没想到几十年以后，中央电视台名牌主持人来采访我。是否有种在梦里的感觉？再看剑桥是什么地方？我在中学课本里读到过，那是牛顿、达尔文等这些研究学术、影响人类进程的大科学家的摇篮，现在的科学家霍金也就读于剑桥。我这个曾经的小战士、工人，后来做企业的人，去剑桥只不过是看看而已。现在，我天天骑着自行车，作为中国学者在这里访问学习，我和牛顿、达尔文、霍金成为"邻居"。这是不是像做梦一样？我就像艾丽斯在仙境梦游一样。我过去没想到世界500强和我有什么关系，今天万科是世界500强。

一切都像在梦里，一切又都不是在梦里。

过去，我怎么也没想到，我会到纽约和基辛格一起对话，去回忆当年的中美关系。基辛格从巴基斯坦坐飞机进入中国时，我最先感觉到他的到来，那时我在新疆当兵。当时中国的核武实验场就在新疆，我们部队为核武服务。我和基辛格的对话，也是亚布力论坛的安排。当时的中美商业领袖圆桌会议上，基辛格和我都作为发言嘉宾，我们用英文聊天，就聊到了1971年，我告诉基辛格，我当时是一个士兵，就在新疆。基辛格记得非常清楚，当初前苏联驻美国大使馆找到美国，说准备对中国的核武动手，问美国是否在意，基辛格说美国在意。前苏联的意思是如果美国不在意就动手了，如果当初基辛格说不在意，可能我没有今天。你说，这样的经历是不是像做梦一样？

虽然尤其是现在，中国的改革开放往前走会有一些困难或一些变动，以及一些形势变化，但回忆从过去到现在的经历，我没道理对中国的今天没有信心。

敬一丹：这次亚布力年会的关键词就是信心，亚布力论坛发布的企业家信心指数已降到5年以来的最低值。如何看待这个现象？现在整个企业家群体如何面对"信心"和信心指数的降低？

陈东升：信心包括两个概念。一是对宏观经济环境的认识，由于处于经济结构调整时期，经济形势和企业很困难，这是现实。这种经济形势是一种判断，但企业家的信心没有动摇。就像王石讲自己的经历像是梦中的人生经历，郭广昌也在亚布力讲了什么叫信心，信心就是你的心，是否爱你的企业、事业和国家。真正的、有毅力的企业家不存在是否有信心的问题，因为企业家的内心世界都很强大。

二是对市场的看法，是应对市场形势和困难的信心，对市场的信心和对自身的信心是两个概念。就像广昌说的，哪怕有一时光明且动力还在，我们内心的信心就不会动摇。我们对信心的讨论，实际上是对社会和市场的看法。"信心与动力"的主题，反过来讲，其实是企业家精神、企业家力量的表现。

王石：中国的改革开放是人性的一次解放。东升更多从宏观上看，我则是非常微观。我一直认为，一个社会的稳定平衡发展需要三种力量：一是政府力量；二是企业力量；三是NGO（Non-Governmental Organizations,

非政府组织）力量。现在，中国政府力量非常强；NGO的力量有限，但政府鼓励其发展；企业包括国有、民营、混合所有制，我认为中国企业的未来一定是混合所有制经济占主导。

几年前大家顾虑"国进民退"，也是在亚布力论坛上，有这样一段话：中国的改革开放就是波浪式向前走，一段时间是"国进民退"，一段时间是"民进国退"。我问"中国民营企业做好准备了吗？资金准备好了吗？经验准备好了吗？人员管理能力准备好了吗？"如果没有准备好，把国企资源给了你就是灾难，也许会发生类似于俄罗斯的"寡头垄断"，只是财产的重新分配，而没有产生新的生产力。这几年，在不抱怨"国进民退"的情况下，企业的发展退步了吗？我发现并没有，中国企业还是一直在发展，民营企业越来越壮大。

黄金时代才刚刚开始，中央政策可以确定的是鼓励混合所有制。如果我对这点没有理解错，那么我们有什么道理悲观？有什么道理不认为这是新的开始呢？比如目前成长为国际品牌的企业，联想的国际化进程，这是不是像在梦里一样？这曾经都是在梦里想的事情，如今都成为现实。

我们还要因为宏观调控、世界经济形势不好、中国经济增长速度下滑就悲观吗？经济高速增长时代是过去了，但不像也不是日本泡沫经济破灭时的情况。作为有能力、有经验、有资源整理的企业来讲，现在才仅仅是开始。我们要相信自己的力量，相信互联网带来的机会。

也许目前中小企业非常困难，但万科也是从中小企业过来的，我谈一下我是怎么过来的。11年前，万科的整个经营规模不到80亿元，也经历了很多困难，与我们现在面临的困难完全不同。

在大家都创业的时候，还是要慎重一些。中央政策能否给更多的大型企业一些鼓励，而不是全民创业——我担心资源会被浪费。中小企业今天面临的问题和困难比我们那时候好多了。心态的问题不是经济发展速度保持在两位数就能改变，我们要看到我们的国力和处理能力已经大有不同。你没有信心是你自己的问题，无论你的企业规模如何，机会仍然是给有信心、有准备的人。信心非常重要。

敬一丹：中国企业家信心指数发布时，我在想，信心指数为什么达到5年来的最低数值？但听了这些话，我们仍然有信心，面对数字，我们仍然有积极的声音，这就是亚布力论坛的作用。

王石：这几年我在国外的时间比较多，常谈到环保。我们知道，中国的环境、食品安全问题似乎令人非常没信心。然而我这几年参加气候变化大会得知，中国过去多年在国际上赢得了荣誉，因为中国主动承担了环境责任，并采取措施面对气候变化，起到了重要作用。

我为什么在环保方面非常积极乐观？2007年，建设部推动绿色三星建筑认证。现在的政策非常明确，就是鼓励绿色建筑。为什么我之前说机会是给有准备的企业的？因为万科已经制定了很多绿色三星行业硬性规定，必须达到标准才有资格参与投标，但现在一些企业没这个能力也硬来参与投标。整个房地产的竞争优势已经变化了，不是拿到地就能赚钱。因此，对有准备的企业来说，竞争才刚刚开始。

从国内外形势来看，现在中国转型很困难，房地产行业也不像以前那么好，媒体经常提到"鬼城"。我在接受国际专访时，采访的主题都是房地产"泡沫"，很有意思的是，他们最后都采访不下去了，因为他们希望我会说出类似"中国房地产不行了"的观点，但我说不是这样的。中国虽然有"鬼城"，但鬼城所占比重是少数，这不意味着中国房地产形势不好。万科2015年的销售额为2614.7亿元，现金回笼了95%，2016年形势一定会非常好。有人说我吹牛，我吹什么牛？房地产向来都是今年结算明年。无论大企业还是中小企业，以什么姿态面对形势非常重要。

什么是企业家？那就是在人家不看好的时候找到商机，而且商机是规律性的，不是投机性的。

敬一丹：和王石聊天的时候无龄感，你不会在意他的年龄，和这样的人可以谈未来。

王石：今天早上滑雪有人把我认出来了，他说，在哥伦比亚大学听到过我演讲，他当时在华为美国公司，现在开始创业搞机器人。然后，他开始大谈机器人。我告诉他，万科的机器人巡逻保安4月就投放市场了。他一听愣了，他问巡逻时的移动如何解决，我说机器人巡逻首先是无人驾驶汽车。他说房地产公司怎么搞机器人，我说我是用户，不是要转行。

未来10年，我们的物管人员预计达到100万，其中30万人要被机器人取代。目前万科的保安流失率是40%，同行的保安流失率是65%。因为年轻人不愿安心做保安、服务人员，更不用说10年后。在这种情况下，只有三种选择：第一，把物业管理交出去；第二，从南亚、北非引进劳动力；第三种选择是引进机器人。面对这一情况，我们该怎么做？首先，我们不能因此不做，总要有人去做；其次，是否有劳动力引进的政策不是由我们决定，我们能决定的就是引进机器人。

谷歌在洛杉矶进行无人驾驶汽车实验的时候，万科和上海交大已经做了三年无人驾驶汽车的实验。这次在亚布力年会，万科也给大家展示了很好玩的宝宝，那就是万科的机器人。

面对未来，万科是机器人大用户。如果不出意外，2017年机器人酒店就会在深圳出现，后台是人工操作，结算、打扫卫生都是机器人。

王石：既然谈到未来，我再说一说未来。我很高兴在这里见到北大国家发展研究院的姚院长，可以谈谈如何与万科合作建立体育运动学院的事。体育学院的选址已经选好，一个是东北，另一个是意大利的米兰，建学院是国际化的事情。

敬一丹：凡是有办学念头和举动的人，都是心里有未来的人。为什么首先办体育专业？

王石：从中国传统意识形态来看，搞运动的人是四肢发达、头脑简单，做知识的人就是"秀才不出门，便知天下事"，像徐霞客这样的人非常少。但在西方来讲，古希腊、古罗马一定是知识和运动相结合的。虽然现在国外有300万中国留学生，但在剑桥和哈佛，留学生的学习成绩非常好，运动却非常少。

首先看专业运动员，他们更多的是体能训练，知识少，他们在转型中要为知识补课；企业家、知识分子要为运动补课。你们有没有感觉到，我就是这方面最好的样板，又有知识，运动又很好。我与东升，在知识上没法和他比，但在运动方面，我还是很有自信的。

敬一丹：这种办学的心思、专业的设置可以体现出一种信念，王石引导的可能是一种生活方式。

敬一丹：这次亚布力年会有很多志愿者，他们特别期待能够听自己所喜欢的企业家声音，但由于志愿者身份只能在场外，他们委托我带了几个问题请教，有个男生说：请王石给今天环境下希望创业的年轻人一些建议。

王石：年轻人刚毕业，不要急于干一番事业。我创业前当过兵，当过工人，当过机关干部。到深圳创业之后，我也做了很多生意，1984年成立万科，1994年确定专业做房地产，用了10年时间确立真正要做什么，而热爱房地产是在55岁。

敬一丹：在不热爱的情况下，你在万科坚持了这么多年，你的动力是什么？

王石：动力是把企业搞好，就可以做我热爱的事情。比如东升，热爱艺术，所以搞拍卖，后来又做保险。我也想做，但是我拿不到执照，因为那时不是你想做什么就能做的。

敬一丹：你的意思是恰好遇到房地产。

王石：之前做了十几种行业，我要比较哪一个行业可以把企业做大。我才发现，在非垄断的行业当中，非许可证进入的只有房地产。房地产的发展前景非常好，没有许可证限制，没有行政垄断，所以我选择它，而不关乎热爱。郁亮跟我说，董事长你不热爱就不热爱，但不要公开说了，这样怎么教育万科团队热爱房地产呢。我说好，就不再说了。不热爱不等于不好好做，后来直到55岁才开始热爱，开始研究城市发展史，研究了古印度、古罗马、古中国之后，我发现房地产和城市发展息息相关，城市发展又涉及知识领域的各个方面，比其他领域更丰富。这时，我才感觉自己如此有幸地选择了房地产行业，现在我对它热爱得不得了。

我要告诉年轻的小伙伴，第一，对毕业后的第一个职业不用斤斤计较，对于真正想不通的富二代，可以先做一年义工；第二，如果你没有想好，可以去滑雪、划赛艇，做登山向导也可以赚钱。刚开始做事不要太功利，无论是否有钱都不要想着与一辈子结合起来，未来谁能预料呢？我55岁才开始热爱自己从事的行业，我到深圳创业时已经30多岁了。

一毕业就创业，我对此要打个问号。现在每个人都想成为马云，成为马云的成功率是1/2500，你们愿意承担风险吗？如果不愿意承担风险，就先找工作，不要太计较工作是什么。我从部队复员的时候，给了我三个选择：第一，到市委给领导开车；第二还是开车，就是辛苦点，跑长途货运，货运司机那时也非常吃香；第三，当锅炉大修工。燕雀安知鸿鹄之志？就当锅炉大修工又会怎样？年轻人要多去感受，不要急着和终身职业结合起来。

敬一丹：王石，你还记得吗？前年亚布力论坛派给你的志愿者，现在已经完成了哈佛的学业成为建筑师，他说在王石和其他企业家身上感受到一种精神力量。我在想，如果我们发出的声音能够让更多年轻人听到，这也是亚布力论坛的另一层意义。

王石：你说的志愿者，他是北京人，小学在新加坡读的，在新加坡大学毕业后考到哈佛大学设计研究生院，我在那里给他上过课。我动员了他们到亚布力来当志愿者。后来，他因为女朋友在西雅图，就到了西雅图的设计公司，之后考上了博士生。哈佛的学生到亚布力接触企业家当义工，为了爱情到西雅图，最后又为了他的专业考上博士生。他是非常好的孩子。

敬一丹：志愿者同学们听到这样的声音，也会引发自己更多的思考，也许过些年他们就是这里的主讲嘉宾。

王石：2016年我的志愿者是黑龙江大学的，他的本科、研究生都在这里，我认为北方人应该到南方去上大学，南方人应该到北方上大学，可以适应不同的环境、人文。他说，家里亲人身体不好，要照顾家人。这个回答很让我感动。

【互动环节】

敬一丹：不知不觉《老友记》已经谈了一个多小时，现场朋友们，有谁想和老友对话？

提问：我是老兵，在部队开了8年车。2016年有30万退伍老兵，我对老兵做了一些调查，他们很迷惘，我想代表老兵提问。大学毕业生毕业后可以打工，不着急。然而老兵不一样，转业干部已经40~50岁了，四级士官也都是30岁以上，如何让他们快速找到自己的定位？

王石：我当了5年兵，对转业干部没有经验。当兵5年对我意味着什么呢？当兵第2年我就想复员，因为我感觉承受不了部队的约束和要求。但10年之后到深圳，我突然发现自己作为企业家的很多成功因素都源自这5年的当兵经历。至今，别人看到我就说，一看就像部队出来的。团队意识、集体奉献、纪律性在我身上体现得非常多。部队生活给了我正能量。

现在是和平时期，整体裁军，国家政策应该对裁军进行教育拨款。对此，我也非常愿尽微薄之力。比如，我们正在进行的体育产业中，让退伍老兵学习滑雪、赛艇，做教练员。部队的训练非常好，但教育、技能方面不够。东北的转型中很重要的一点就是体育转型，东北人的先天条件也很适合搞大运动产业。我们要在中国的体育运动产业链中培养出更多的人才。老兵的军人经历就是财富，将来在转型当中也前景无限。

提问：我向陈东升提问，你做了拍卖、保险、宅急送三个很不相关的行业，选择做这些的逻辑是什么？

陈东升：我一直把创新、分享、公平作为我做企业的原则。

当初改变我人生的，就是前面提到的评中国500强企业。我的理想是今后为国家做大事、官学结合，但为什么走上做企业的道路？那是因为后来我发现，一个国家的强大靠企业、实业救国最重要，后来就想自己能否做出一家500强企业。记得当初我说500强梦想的时候，王石还批判过我，我也接受。每个人所处的环境、角度不同，我下海的原因就是基于这样的理想。

今天，泰康作为中国第四大人寿保险公司，虽然今天还不是世界500强，但就像非洲兄弟把中国抬到联合国一样，13亿中国人民肯定能把我们抬至世界500强企业，这只是一个时间问题。

王石刚才讲，55岁前当万科是生意，55岁以后当事业，才开始真正热爱，他有创事业的想法。我觉得，可以随心而走，其实大学毕业也可以创业，比如比尔·盖茨、扎克伯格等，也有很多这样成功经历的人。

我创办嘉德是在35岁，创办泰康人寿是在39岁，相对于今天的年轻人来说，我们创业都太晚了。每个人每天都在选择，其实所谓"92派"企业家选择在什么领域创业，其逻辑就是去选择空白产业，选择中国当时没有或少有的行业。

20世界80年代后期，我们了解世界只有两个渠道：一是《参考消息》，二是《新闻联播》最后3~5分钟的国际新闻。"伦敦索斯比拍卖行，对梵高的《向日葵》进行拍卖，拍出了3000多万英镑的天价，听说这位神秘买家来自日本……"。有一天，电视画面上，一位50岁以上的人，站在拍卖台前，穿着晚礼服叫价。这个画面对我来说，那么神秘、遥远、刺激、高贵。我就在想，什么时候我们能做这样的事情，所以我们后来就做了艺术品拍卖。

很多人觉得我们做好拍卖就行，为什么又去拿保险牌照？其实，我从1992年就开始申请保险牌照，那时没有别人申请，直到1995年也仍然没有人申请，那些年只有我一个人在坚持。我最开始不懂做保险，我就去学，就像王石去哈佛、剑桥学习一样。我把保险牌照拿下来之后，访问了世界上的20几个保险公司，就像前方的销售人员一样，所有的东西，事无巨细，都去学。

再谈宅急送。当年我弟弟从日本回来，说日本有一个宅急便，我们两兄弟兴奋了两天两夜，想着哪天大街上跑着我们家的物流车辆就很牛。

其实"92派"企业家，是20世界80年代、90年代初的一批有理想的人，愿意为中国民族的复兴在进行改革，那时候大家没有任何私利的想法。今天，社会完全变化了，当然我并不认为这是退步。其实，我们做企业，也有很多阴差阳错的机缘。

如今，泰康已经20周年了。嘉德、泰康、宅急送这三个企业依然存在，只要企业存活下来了，就有希望。

韩家寰：我去过汪建的办公室，垂着两个吊环，他把基因存在华大基因里天天监控，他说自己体力比王石好，是这样吗？

王石：老友记环节之前是安排我和汪建。他不在这里，我当然要说好话，他身体肯定比我好。他的身体怎么变好的？2008年，我们一起登山，在大本营，华大基因测试我们在极端情况下的身体情况，一共进行了5次测试。结果非常明显，我抽出的血清亮半透明，他的血是浑浊的。这对他刺激非常大。因为我在饮食上非常注意，他是胡吃海喝。但那次之后，他改变了饮食习惯。所以，曾经我的身体比他好，而他现在比我好，这应该要感谢我。

另外，当时还测验了我们是否适应高山。结果发现，我的基因证明我不适应登高山。那么我是怎么上去的？因为"意志"。

再谈汪建的意志。2010年，我们一起登珠峰，按我的测算方式，汪建应该被淘汰掉，因为他对冷空气有敏感性，出现支气管炎症状；另外，他滑雪的腿伤发作了。他训练时就走得特别慢，差不多比我慢40分钟到1个小时。要登顶之前有一天，老汪找到我说："老王，我跟你商量个事，登顶的时候让我20分钟。"我听明白了，我2003年创造了中国人登顶最大年龄52岁的纪录。2010年时，我59岁，他56岁，如果让他20分钟，至少他能有20分钟破我纪录的欣喜。他说了之后，我没表态，心里计算着，如果让他20分钟，再加上他的速度比我慢40~60分钟，那就是让我在登珠峰过程中等他80分钟，那我等不了，我不能让。我就没吭气，我就挣扎，毕竟是老友，人家也想过把瘾，要求也不过分。

那天半夜11点出发，我一路都在挣扎，一直回头看，想让他快点，20分钟或30分钟都没问题，80分钟肯定不行。一路挣扎，到登顶时我回头还看不到他的影子，我只好自己先登顶。结果一看，这家伙已站在顶峰了，

他比我早到20分钟。

敬一丹：他怎么做到的呢？

王石：我就纳闷，因为没看见他超过我，我也没让他。到了大本营我问他，你什么时候超过我的，我怎么没看见？他说："我比你早出发1个小时。"这就是汪建的意志，比我更有意志。

敬一丹：这简直是电影题材，所以人不能一直往后看，要往前看看，万一人家早出发了呢。

提问：我来自北京大学国家发展研究院，陈总，您的博士学习对做成事业有什么帮助？王石主席，您已功成名就，为什么还要到哈佛、剑桥学习？

陈东升：我学的是政治经济学，学过《资本论》，马克思主义经济学方法论的训练让我一辈子受用，一辈子欣赏逻辑美、理论美，追求有结构。我是成功从学者转换为企业家的好案例，我做生意从来不说赚多少钱，而是一切在我的框架结构里。我常讲愿景、结构、组织、动态这四个词，我做生意就像写文章一样，在谋篇、布局、讲结构。愿景、结构、组织动态化就是创新的过程。马克思主义政治经济学的学习，令我终身受益。

敬一丹：可以把东升当成案例研究。

王石：东升已经间接回答了问题。我60岁才开始完成东升他们30年前的学习过程，我要跟着学习，从系统理论、系统逻辑训练自己，虽然晚了点，但是还要做。

提问：作为志愿者，谢谢一丹阿姨给我的提问机会。我每天早上6点起床送王石先生去滑雪，滑雪是高危险运动。以运动为例，当代青年应该一步一个脚印往前走好，还是利用自己的技术，爬到高山滑下，用高速度、高刺激、高欢乐的方式去成长更好？另外，请问陈博士，是知识储备更重要，还是经验积累更重要？还是像冯仑先生说的，好朋友、好兄弟最重要？

王石：我很幸运自己是男人，这当然并没有歧视女性的意思。作为男人要有起码的底线，我的初心、底线就是做好人，做男人要有事业心。现在功成名就，或在成功的路上，都始终没忘初心。至于你说的一步一步还是高速的方式，那是个人喜好问题，是技巧问题。无论哪种都没有对错，只要追寻内心想法，不要因为目的而不择手段，就是不忘初心。

在你前进中遇到挫折的时候，才是对你的考验。我属于后知后觉的人，很多时候会不小心说错话，但我做的一番事业现在还在路上，我没忘初心。年轻时要做一个好人，比如，过去大庆提出的"三老四严"对我来讲是初心，现在还没忘，就是"要当老实人，说老实话，办老实事；对待工作，要有严格的要求、严密的组织、严肃的态度、严明的纪律"。

陈东升：这里还有一句话，大学要学知识，年轻人不要怕犯错误。不犯错误你就不会成长，就是要去行动。实践出真知，这是永恒的真理。年轻人就要去做，就要去闯，错了不要怕，"犯错"了也有本钱可以重新再来。我人生的座右铭是"大事要敢想，小事要一点点做"，做是最根本。为什么很多知识分子下海后没有成功？那就是因为说得多，做得少。我们要做得多，说得少。

敬一丹：大家仍意犹未尽。期待在老友记中，大家能结交更多的好友，请王石说下今天这场老友记的结束语。

王石：我们亚布力论坛在这里已经是第16个年头了，现在不仅是在这里开会，还能互相交流感情，有所收获。人应该有感恩之情，因为亚布力让我们这样温馨、这样谈论，让我们这样往前走，我们也应该为黑龙江的转型做些什么，感谢这片黑土地给我们提供的环境！

任志强&刘晓光：为责任留下

从亚布力的北国冰雪到阿拉善的塞外风沙，两位老友几十载风雨同舟。在2016年亚布力年会上，两位地产业的智者笑谈风云，共话兄弟情谊。在2016年亚布力年会上，中国房地产业协会副会长任志强与首创置业董事长、首创股份董事长刘晓光展开了回望过去、展望未来的谈话，万盟投资管理有限公司董事长王巍主持了该场对话。

王巍： 今天给大家介绍的两位都是老朋友了。他们有很多共同点：都是军人，都当过兵，都把国企做到了相当大的规模；两个人又都是做地产行业的，一个写诗，一个出书；现在两个人又做公益，刘晓光发起了阿拉善，任志强到处卖小米，做了很多关于环保的事情。大家都知道，他们两个是有长期基础的好朋友，所以叫好基友，今天就是老基友。在亚布力圈里他们两个也是认识最早的，所以，我们先来看看他们俩之间的老故事！

任志强： 1984年，刘晓光是第三梯队预备提拔的高级干部，当时已经是处长了。我那年拿着文件跑到北京市政府去找他审批，想成立公司。当时成立公司不是到工商局去办证，而是先要政府出一个审批文件，然后才能到工商局去办证，他就负责盖那个审批文件的章。我进他办公室以后，他抬头看了我一眼说："出去等着。"当时没有会客室，我就在走廊里等，等到12点，该吃饭了，他出来说："怎么还有一人呢？"原来他早把我给忘了，典型的"官僚主义"。冯仑说民营企业要想活下去必须得"官商勾结"，我们那时候是改革初期，如果没有政府盖的公章什么都办不成，不能说"勾结"，起码得去审批。如果政府的审批不通过，你就活不下去。

我跟刘晓光就是这么认识的，我每次都到他那儿盖章，他都让我在外面等，但是有一个好处，等的时间长了他就觉得理亏，就会给我盖章。所以，有时候我们说倒逼机制，就是逼着体制最后支持改革，让社会进步。

王巍：你第一次见刘晓光的感觉是官僚主义，晓光第一次见任志强是什么感觉？

刘晓光：别听他瞎说。毛主席说世界上没有无缘无故的爱，也没有无缘无故的恨，我们两个人爱是一样的，恨也是一样的。我想回顾一下，我跟老任在一起34年左右，我们两个可能有一致的地方，我是解放军，他也是解放军，我会打高尔夫，他开始不会但后来也学会了。我们两个自己开车探道，后来我们两个人斗诗，具体的就不详细说了。

最早要从华远公司的开始说起，当时要成立华远经济建设开发总公司，但当时全民所有制企业要先报到纪委拿指标。我记得他当时是做旅游公司的，有段时间经常穿着一双解放鞋，戴着一顶帽子，见到我们很客气，不是像现在这样。后来做了一系列的工程，包括金融街，金融街的项目我要感谢任志强，但是任志强也得感谢我，为什么？1993年的时候，国家不审批所谓的写字楼项目，那时候上面相信我会正确处理这些事情，我就批了，如果不批，现在就没有金融街。

王巍：刚才刘晓光说的是任志强在开发北京西城区金融街这方面发挥的作用。其实刘晓光是当时北京市最年轻的纪委副主任，大家注意到他现在的身体状况，实际上是长期劳累所致的帕金森症，而且曾经在有一段时间被"控制调查"，那个期间也没有得到很好的治疗，他为国企做了重大的贡献，同时对亚布力也做了重大的贡献。感谢晓光。

我们知道，老任也被调查过，不过在今天看来这不算什么，老任说一下你当时的经济问题，因为什么进去的？

任志强：我比刘晓光要幸运，我是在改革初期"严厉打击经济犯罪"时进看守所的。当时的警察也很奇怪，不知道什么叫经济犯罪，因为在中国的刑法里没有经济犯罪这一说，当时警察都说"这人没准出去还能当官，我们得小心点"。所以，我跟一般的罪犯有点差别，至少他们不会用严刑拷打这种方法。1984~1985年，我国打击了一大批经济犯罪分子，现在看来有很多问题需要纠正，而且还留有后遗症，在经济犯罪的问题上，中国是有历史教训的。

从中国的改革来说，很重要的一个人就是年广久，当时政策规定雇用劳动工人不能超过7个，超过7个就变成资本家了。当时年广久雇了100多个人炒瓜子，叫"傻子瓜子"，于是被一级级上报，但是并没有把年广久当成经济罪犯抓起来，这成了中国改革历史上的一个重要事件。

当我们遇到问题以后，很多时候界限并不清楚。1984年，我分得了1.6万元奖金。他们说你肯定是贪污，先抓起来再说，于是就被抓起来了。等他们调查完，检察院审问我的时候，公司已经出了证明，证明钱是合法的，是总公司奖给我的，我再把它送给员工，而且拿到1.6万元的人不只我一个，有好几个人，他们没办法，就把我放了。

王巍： 那时候人比较单纯，现在生活作风问题就出来了。

任志强： 那时候没有生活作风。

刘晓光： 他得感谢他爸。

任志强： 这和我爸没关系，当时最高检察院检察长和最高法院院长都是我爸的部下，如果是因为我爸，就不会把我关一年多，最后给了我一个投机倒把的罪名，而是早就把我放出来了。什么是投机倒把？如果营业执照上写着可以卖百货，就不能卖纺织品，如果既卖百货又卖纺织品，那就是投机倒把，营业执照上写一项就只能干一项，不能干第二项。

出来以后我开始上诉，检察院说既然没有投机倒把，那就给你撤诉

吧。撤诉的时候检察员到我们公司里跟我说，有两件事得解决才能给你撤诉：第一，不能告检察院；第二，检察员的老婆得安排在你们公司里监督你们。我说，第一件事我可以答应，第二件事我不能答应。我们总经理想了个办法，把检察员的老婆安排到华远下面的一个公司了，于是我就被无罪释放了。前几天他们来找我，问我怎么老在微博上发一些关于冤假错案的帖子，我说因为我有经历，我知道什么叫冤假错案，我也知道你们会出现冤假错案的事，所以看到以后我会支持，我希望你们能把冤假错案的事情解决好。

你们可能不知道，刘晓光既是一个诗人，也是一个画家，他出了一本诗集，上面还有我两首诗，我们两个一共写了20多首诗。

刘晓光：一般我写的诗比你写得好一点。

王巍：老任出了一本书——《野心优雅》，非常畅销，大家可以在网上查一下。刘晓光同样是经历了很多委屈，你有没有可能把那一段经历也写出来，或者你今天是否能说一些我们不知道的故事？

刘晓光：有可能。我经历的事情比较多，一定会把它写出来，但是要等好时机。据我对任志强的观察，结论有三点：第一，过去我们不信他，虽然他学历低，但是他靠自己的学习做到了今天的地步，这是我佩服的；第二，他是革命后代，人非常正派；第三，他有点自负。

王巍：刘晓光刚才总结了任志强的几大优点——自负、各色、脾气大，而且没什么学历，但是比较好学。你一般喜欢读什么书？

任志强：以前一直读哈耶克，因为哈耶克得了诺贝尔奖，但是很多人不知道哈耶克的很多东西来源于米塞斯。最近大家争论比较多的可能就是关于中国改革的问题，以及社会主义道路怎么走的问题。为了响应党中央的号召——学习什么是社会主义，我就看了看米塞斯和哈耶克关于社会主义的一些研究。上海社科院出了这样一套书，很长时间没有得到社会的重视，中国政府使用较多的还是凯恩斯主义。现在政府提出的供给侧改革，大多依赖的还是哈耶克和米塞斯奥地利经济学派的一些想法。过去这类书基本上不翻译，都是德文的。最近有了翻译本以后，我就开始补课，我想研究明白到底哈耶克那些东西对中国的经济发展、对供给侧改革来说有哪些有用的内容。

刘晓光是一个国有企业的领导干部，我曾经也是，但是有一条，我们永远当不了资本家，这是什么意思？以中石油为例，现在油价下跌，中石油能不能把它的资金转移到比石油更赚钱的行业中去？不能。因为它不是资本家，它必须按照国资委的要求继续把中石油的事干好。

刘晓光：任志强有没有钱？他有点钱，但不太多。第一，他曾经连续3年拿过华润700万元的年薪；第二，他有幸福实业上市公司7%的股份。然而如果当时华远、华润不分家，任志强可能比他现在要牛多了。所以，我觉得中国给他的机会太少了。

王巍：你们两位现在不知不觉就把国家的事当成了自己的事，很多领导退休以后养花养草，你们俩哪来那么多精力整天琢磨米塞斯，替国家操心？

任志强：以前北京有很多沙尘暴，2004年刘晓光找到我们30多个企业家，把我们关在他们大厦，摆了三桌饭。他关上门说要成立一个基金会，到内蒙古阿拉善治沙，说如果我们不给钱就别想出这门。于是，我们都给了钱，成立了阿拉善生态协会，专门治理沙漠化的问题。

我们都已经退休了，还能活几年？为什么要关注生态环境？因为我们希望我们的后代能在一个良好的生态环境下生活。

做公益如此，研究社会发展问题也是如此。我们这一代人是在改革过程中走过来的，我们应该去反思历史中出现的一些问题。比如，王巍曾推荐一本书，叫《罗马人的故事》，罗马时代他们就在研究如何解决贫富差距问题，那么我们如何用公有或共产主义或社会主义的思路去解决财富的再分配问题？这也值得我们思考。

刘晓光：当时让你来参加公益活动，你也并没有很高兴。

任志强：对，当时我们也很不理解。

刘晓光：后来我跟任志强说，你如果不来，以后就别理我了。

任志强：他当时在纪委当主任，如果不给钱支持他的公益事业，万一他以后不给我盖章怎么办？没办法，我就只能给钱。当然，钱不是进他自己的口袋，都是用来为社会做事情。

刘晓光：2015年，任志强在阿拉善待了300多天。任志强真是一个好干部，他有无数个缺点，也有无数个优点。

任志强：我倒没觉得我有那么伟大，只是觉得人活到现在，如果只为自己活着可以什么都不干，赚的钱也够我活好几辈子了；但如果想要让后代有更好的生活条件或者生活环境，就要更多地参与到社会活动中。有很多的社会公益需要我们支持，比如我们的读书会，一年差不多得付出二三百万。

人活在世上，不能只从自己的角度去考虑问题，而要考虑在未来的发展中，你能为社会留下什么。人活着的时候，别人对你有什么样的评价不重要，重要的是死了以后，别人对你有什么样的评价。

王巍：我最近在跟年轻人聊天，他们对我们有不同的评价，说我们这一代人经过了"文化大革命"的"培训"，使命感很强，做事情组织手段也很强，也能忽悠，有感召力；但是，我们这一代人最擅长的是"人整人"的事情，总体来说内心比较阴暗，不够阳光，缺乏信任，善于破坏一个体制，不善于建立一个新的市场。你们两个怎么看待这样的评价？

刘晓光：我们两个肯定反对。

王巍：为什么？

刘晓光：第一，我们是20世纪50年代出生的人，对我们的过去不后悔。第二，我们不是雷锋或者是像我爸和他爸那样的老革命。以前那些老干部上街闹事，我就把我的钱拿出来给老革命报销，现在轮到我了，药费我自己出，到现在还欠着人家120万，但是我有技术，有渠道，不依靠别人。

任志强：马克思最伟大的理论就是阶级斗争，但是对现实社会来说，最好的状态就是没有阶级斗争。比如现在的朝鲜问题，韩国、朝鲜到底是打还是不打又被一帮人炒起来了，为什么不能用和平的方式去解决？这是各国所共同面临的问题。

王巍：说到朝鲜，你和金日成好像有点关系，把这一段说一下。

任志强：金日成的老师和我母亲的老师是同一个人。

王巍：我还是第一次知道，按照东北老话来讲，你现在是金正恩的大爷。

王巍：晓光，你觉得像老任这样的人，怎么最后就变成了"社会任志强"这样一种现象？你怎么评价他？

刘晓光：第一，他非常自信；第二，他的气魄和责任感，一般人没有；第三，他有公益感、民族责任心；第四，他有犀利的眼光、认真的态度；第五，任志强应该是50后、60后的一面旗帜，但是又不能完全向他学习。都向他学习的话，也没人会找你，因为任志强有自己的战略、策略和技术。

王巍：有一次我跟任志强去苏州，一帮女粉丝冲过来，车窗一打开就砸过来一个东西，是女粉丝送给他的一支派克笔。任志强为什么这么受女性喜欢？

任志强：第一，诚实，老婆需要知道老公每天什么时候做什么事情，白天晚上都得特别清楚。第二，"行就行，不行就不行"，对人对事要透明，别磨磨唧唧、朝三暮四、不清不楚，要干脆点。第三，也是女孩最喜欢的，工资卡要交到老婆手上，男人的男子气概也就体现在可以将钱任由老婆指挥，她指挥钱了，就不指挥人了，男人需要一点气魄。另外，就是不要让女孩子认为跟你在一起的时候老是低人一等。男子汉应该顶天立地，要去承担责任，这就需要我们具有独立的思考能力，这也是当代年轻人所缺乏的。

提问：两位老总退休之前都是体制内的企业家，在体制内会受到很多束缚，比如做不了资本家，所以，很多人选择走出去，像"84派""92派"。两位为什么没有选择走出去？

任志强：我特想走，当时从监狱里出来，我就说如果你们开除我的党籍，我就干个体。那时候我们公司党员不多，只有30多个，我们总经理第一个举手表示反对，所以大家都反对。为什么我留下了？因为我妈有一句话："你只能干公家的事，不能干私人的事。"在国有企业干，挣再多的钱都是为国家挣钱，即使我拿几百万年薪，这都是小头，大头在国家那里。

刘晓光：1996年我就想走了，有领导到我们家说，你要是不上班，生意怎么做？谁养活我们？当时我要养活2500万人，每天要挣6000多万元，光利息一天就接近2000万。任志强说我们不愿意走，他没有认识到我们的这种责任感。

任志强：我不是不愿意走，我们早就想走了，这种责任感让我们没法走。有人说为什么你们没发展起来，因为国有企业得按照政府的想法去做，政府让你干这个就得干这个，我们无法决定自己的资源配置。

国有企业的管理者确实有很多力不从心的事，你想干的事是干不成的，你不想干的事必须让你干。华远跟华润分手以后，损失了好几个亿，因为这个事，西城区政府开了好几个会，纪委书记、法院、检察院都在。你们不要以为这种事只是在西城区存在，即使在国资委层面，也同样存在。因为体制问题解决不好的话，国有企业改革的问题就没办法解决。而国有企业的改革问题如果不用社会办法去解决，就是解决不了的。别的国家有没有国有企业？也有，但是他们是用社会办法解决的。比如新加坡，他们国有企业的老板或者总经理是通过社会聘用，用社会工资的办法去解决，英国、美国也是如此。而中国不是，中国是由政府来决定的。

王巍：他们两位替国企"打工"几十年，在特殊时期内给社会做了重大贡献。从他们的交流中，可以看到这一代人的性格和他们的使命感。

田溯宁&丁健&吴鹰：
中国互联网的昨天、今天和明天

中国互联网是如何发展起来的？过去20年和当前有什么不同？中国互联网的发展与美国之间的差距是什么？互联网行业的当前机会和未来趋势是什么？

宽带资本董事长田溯宁、金沙江创投董事总经理丁健、中泽嘉盟投资基金董事长吴鹰与联和运通控股有限公司董事长张树新，这四位老友也是中国最早的互联网从业者，齐聚2016年亚布力年会，上演"老友记"，讲述了中国互联网的昨天、今天和明天。

张树新：老友记，就是老朋友聊天，我们几个确实是老朋友。在场有很多年轻朋友，人人拿着手机，每个人永远在线。如果感到无聊，就可以开始看自己的手机了。

我们几位都经历过互联网在中国最早的那一刻。互联网当初怎么来中国的？你们如何跟这件事有关的？如何回国的？咱们从这些开始谈。马云和刘强东也都来这次亚布力年会了，江山代有才人出。互联网这个当初跟中国国情不相符的东西，为什么在中国走到了今天？先请丁健说说。

丁健：我可以先说，也应该先说。我1988年接触互联网，真正想把因特网带进中国的时间更早，大概是1991年、1992年时。为什么比一般人都早？我第一次跟主管国际连接Internet的人来往的时候，跟他说我们怎么能把因特网引进中国，他说你们不可能接进去，因为你们在国会的黑名单上。我问有什么办法，我给他讲了很多大道理，怎么对中国发展有好处。我们还发动一些朋友给国会打电话，那时中国学生对这个事好像还挺懂的。当时技术上我很明白，虽然溯宁在技术上没有钻这么深，但他对互联网的敏感度比我更高，他认为这东西太好了。

张树新： 田溯宁当时讲互联网比蒸汽机的发明还伟大。

丁健： 对，那时我看到互联网对中国如此大的影响了吗？我当时真没有看到。我知道这东西好，但没想到那么好，但溯宁真能把它推到一个高度，这东西需要不同的人考虑不同的问题，我就讲这么多，剩下的让有高度的人去讲。

张树新： 溯宁当时讲互联网比蒸汽机的发明还伟大。亚信当初在美国招留学生，说只要把TCP/IP（Transmission Control Protocol/Internet Protocol，网络通信协议）拼齐了，就能来亚信，有这事吗？

田溯宁： 是TCP/IP这个词，这是真的。我见到树新、丁健、吴鹰，在这冰天雪地感觉很温暖，感觉时间静止了，回到了过去。不知道是不是人老了，我总回忆起过去的一些画面、片刻。一说到互联网，我想起第一次跟丁健见面，是在一次会上，那时我在学生态学，利用互联网做科学研究。我在海外也成立了一个生态学俱乐部，我就跟丁健说，我们有生态学的非营利组织，你们能不能捐款？一般人说可以，过一段时间再说。而丁健当时就写了支票给我，实际上他那时候也没钱，我到他家时发现，冰箱里就两个鸡蛋和一杯橙汁。这个人很热情。

我最早在科研领域用互联网，但互联网对我真正影响特别深的是，在国外下载文章时，我看到丁健参与的一个杂志——《华夏文摘》把中文显示出来了，我非常激动。我们有一种使命感，想把@带回中国，在网络上显示中文这样古老的文字。这里有一种很深的感情因素，它比对商业永动机——赚取利润的感情还要深。

张树新： 接下来是下一位老朋友。大家有多少人不知道小灵通？都知道。因为我回中国科技大学开了一门课，讲互联网发展史，我问很多学生，他们竟然不知道BB机。所以，我特别想问吴鹰，你当年在贝尔实验室工作，为什么没有做互联网，反而做了小灵通？

吴鹰： 这有一个过程，很有意思的是，丁健说他接触互联网是1988年，我是1987年年底进的贝尔实验室，我接的第一个项目就是电话线的接入，always on，永远联通，互联网很重要的就是always on，我写的就是TCP/IP的最底层的编码。

张树新：你原来是写程序的？

吴鹰：我原来是写程序的，是学硬件的，但我搞的是智能通讯。我做的就是用电话线去连接，当时没有光纤到户和其他的方法，这也是为什么我后来要做小灵通，因为没有这些硬件基础设施，其他都无从谈起。当时我们写编码时，就写了TCP/IP的应用。互联网TCP/IP如何互相传东西？我是做最底层的编码，这个丁健知道。贝尔实验室很好，我进去时很震撼，里面有7个诺贝尔奖获得者，它又有无穷的钱，给你一个项目，你只要想一些有意思的事就可以去做。当时我觉得电子邮件（e-mail）非常好，但如果能传视频邮件（video mail）就更好了。

张树新：1988年你就想到video mail了？

吴鹰：我还把它做出来了，我在我同事的房间遥控他的摄像头，我发了一个video mail给我们老板，很好玩。我就想这些在发展，我就从技术的角度来做一些东西，溯宁是想对人的生活改变做一些事情。我有跟他们比较类似的是，我1992年回国，比他们晚一年左右。中国怎么发展这些？那时，很多东西都没有。

张树新：你那时候为什么要回国？

吴鹰：很简单，我们家领导先回来一趟，说中国现在跟以前完全不一样了，像你这种不安分的人应该回去看看。我就给几个同学打电话，问怎么不一样了，说大家很想赚钱，用正当手段挣钱非常好。

张树新：所以，你是"92派"？

吴鹰：对，我是"92派"。其实贝尔实验室福利非常好，但我还是决定回国。当时中国的电话普及率是1.7%，美国那时差不多是60%以上，很高。如果中国只做到50%的普及率，那就是6亿，是当时美国1.5亿部电话的4倍，这样看，美国市场算什么啊？我们家老爷子等了一年多，花了1500块钱初装费才装上了电话。所以，我是从硬件角度去推动互联网，而且我们是最早把这些接入网的设备跟房地产公司结合的，后来还赚钱了，盖房子时把接入网做进去，我们当股东，就很好了。

后来，除了硬件之外，我又跟溯宁、丁健所做的有点竞争了，就是做系统集成商。某次，一个部门前方在打架，后面我们俩还在吃面条。

田溯宁：我那时第一次见他，他开着一辆奔驰车，还去吃一碗几块钱的面条。

吴鹰：为什么想到做小灵通？因为一开始都是有线接入，固定电话运营商没有移动牌照，牌照都给中国移动了。比如，杭州的电话普及率几乎是百分之百了，固定电话已没有市场，那就一定要做无线的。所以，我们就从无线接入网的角度做成社区电话，用64K的小盒子把全网连起来，都是固定号码，小灵通就是这么做起来的。

互联网发展到今天，只是中国一个市场，就产生了全球最大市值排名前7位的互联网公司——百度、腾讯。

张树新：互联网是中国最大的人口红利。

吴鹰：做起来不得了。当然，腾讯社交还容易做一些，百度难一点，但绝不能小看百度，其技术积累会让其后发力量非常强，尤其在智能化方面。云计算、大数据之后带来的互联网结果，我认为至少是传统互联网的20倍。

张树新：其实中国互联网至今也就是20年的历史，再看后面的20年，2045的奇点临近，到底会发生什么？回到1995年，中国互联网技术架构的时候，我们都参与其中。当时大家都怀着什么样的理想做这件事？我2015年在中国科技大学开始讲互联网发展史，我讲资本驱动、技术创新驱动、制度驱动。那么中国的创新驱动是什么？跟美国的硅谷有什么差别？丁健最有发言权。

丁健：很重要的一点就是，我们看到了互联网对社会产生的巨大影响。1993年，在"国际Internet第二届年会"上，我和斯坦福教授一起，发表过一篇论文，题目是《中国Internet学术网络研究》。其中讲到，互联网对中国学术界、思想界的冲击和影响将是巨大的，特别是对大学生。那时，甲骨文刚刚提出信息高速公路，所以，我们主要是讲，让所有高校融入进去将产生巨大的思想学术方面的影响，这是很大的动力，也是我们当时花了很大的力气去做的。

幸运的是，后来看到互联网商业起来了，我们看到了希望。我们曾经在夏威夷的"国际Internet第三届年会"上，展开了到底该由电信还是教育网来做未来中国互联网的讨论。他们的观点是，美国是从学术网发展起来的，所以，中国也应该从学术网去发展互联网。

我当时有一个非常强烈的感受，坦率地说，中国电信当时没人懂因特网。那次会议非常重要，我站在电信的角度来讲，中国教育经费本身低到不能再低了，要靠教育经费去发展中国互联网是不可能的，至少等5~10年发展起来就算不错了。美国是有技术才要发展的，它已经商业化了，我们为什么不能一步到位地商业化？电信最有钱，就应该投资做这个事。

中国电信当时花了很大力气，最后惊动到总理批示，让电信主导建网。所以，虽然互联网是从电信这个庞大的企业做起来的，其中也会有很多商业利益，但我们当时没有考虑太多商业利益。我们完全就是想，必须国家先进行投资，才能把互联网做起来。

张树新：我稍微补充一点：回想1995年的中国，那时叫邮电部。中国电信从邮政分出来是1997年，成立了国务院信息管理委员会，可见，所有改革都是和互联网密切相关。

汪潮涌：我讲一下资本推动互联网的历史。1994年，我在中国香港，受当时邮电部部长的邀请，去组织第一届中国电信投资大会，那时请到了美国电信的主席、德国电信的主席。会后定下调子，邮电增加投资，国务院拍板，按照业务板块划分，1995年决定把浙江和广东电信的数据业务拿出来组建中国移动，1997年在香港上市。这两条路是平行的，如果没有中国移动的香港上市，也没钱做后面的数据业务。

张树新：对于技术驱动、资本驱动，一直是电信改革技术驱动，这里溯宁最有发言权，我特别希望你讲讲网通对中国电信改革的历史贡献。

田溯宁：现在还不太适合讲这个，我从另一个角度讲。一场变革的推动因素有方方面面，刚才所谈的画面，我印象很深。过去，有一种激动人心的口号力量。我印象特别深，那时，在中关村有个特别有名的口号，是"中国离信息高速公路有多远？向前100米"，这是张树新做的，我每次看到都心潮澎湃。

张树新：所有口号都充满理想主义色彩。

田溯宁：未来，互联网更加开放。虽然我们发明了这么多东西，没有赚什么钱，但我们乐于看到伟大出现。那时中国对互联网的理解恍如隔世。我在一个省讲什么是信息高速公路，课后说让我写报告，写出信息高速公路对稍微落后的省份的意义有多么重要，报告交给一个副省长，副省长批示：信息高速公路很重要，请公路局办理。大家想想，整个世界变化有多大？距离现在只有20多年。

有一个同事问我：在资本低潮时，对外界有没有信心？我觉得，相比于过去20年，我对技术的创新非常有信心。因为经历了这个过程之后，无论当时社会对新事物的看法有多么可笑，甚至很多人认为中国的社会制度很难容忍互联网，但我依然相信技术创新的力量，这个东西只要便宜，能解决人们根本的痛点，同时有理想主义的东西在里面，就可以成为不可阻挡的力量，就能改变社会，改变我们的生活。

张树新：1996年，我经历过很多事情，包括国信办的秘密会议，包括讨论中国的路由器是不是放在一个大院子里管起来，当时讨论了很多东西，也见了很多高级领导。他们问我互联网到底是什么东西，我讲了很久，比如技术无罪；核能如何造福人类；如果白宫可以上互联网，为什么中南海不能上；等等。那时，我真不懂资本，关于资本的常识，还是溯宁提醒我要融资时才开始有的。那时，所有人满怀理想，我们把中国带到另外一个层面，我们希望让中国走入下一个现代化，这是很重要的一点精神气质。

当时社会大众对互联网的认知是怎样的？1996年，我在北京报做全版广告说"今天不用护照可以出国"，结果我被邮电部电信管理局行业管理司的人叫过去训了一通：你认为你是管理局，还可以发护照？其实，我是想说，互联网是另外一扇门，通过这扇门可以走向全世界。

张树新： 当时在座的老友都在做互联网的基础设施，吴鹰在做通信基础设施的最后一公里，那会儿有没有想过介入更多的互联网业务？

吴鹰： 我们是2000年上市的，比亚信早2个小时。我的理解是：我们是第一家，他们是第二家，都是同一天。上市公司有很大的局限性，实际上制约了公司的发展。

今天为什么激动人心？最近有两件大事。第一件事是引力波。今天能探测到13亿年前两个黑洞的碰撞，这么小的人类可以做到这样的极致，非常了不起。这东西将来怎么用现在说不清楚，但我相信很可能地球可以享受到能量转换。第二件事是欧洲围棋大师被人工智能打败，人工智能本身的发展又是很重要的标志。

整个IT行业和其他行业没法比，是因为有一个摩尔定律，假设现在大家预测5~8年移动互联网发展到头了，就算是5年到头，还可以翻64倍。现在的手机功能比三四年前联想最高功能的PC机还要高7～10倍，技术在不断发展，正如丁健刚才讲的，极限在不断前进。人类把智能的东西做起来后，可想象的空间太大了。基于今天的技术，移动互联网能做的，在座的年轻人都有机会。我们三个今天都做投资，都与移动互联网、智能、云计算相关。我坚定认为自己是对的，不用20年，有可能是10年，移动互联网带来的机会将使中国取代美国，成为世界上移动互联网技术的领先者。

张树新： 到现在为止，有多少底层原创技术源自中国？

吴鹰： 问得非常好，我们基础课题的研究与美国有相当大的差距，这就是为什么我和丁健等人共同设立了100万美金的未来科学大奖，因为一定要鼓励科学技术，中国对科学家的重视程度不够，我们确实还有差距。另外，应用科学离不开人的应用，再牛的技术没有人用，没有大量的人去试错，也不行。中国人多的最大好处是什么？那就是对错误的容忍度非常高。

刚才提到小灵通，刚开始传的照片是8K，照出来跟鬼影一样。不同层次的人接受的程度不同，可以不断地发展，可以做得更好，所以大量的数据很重要。比如，丁健为什么要做百度的董事？因为其有大量的数据做基础，很多基础的东西比谷歌还先进。

丁健： 这是我引用的吴恩达在百度董事会上的原话，这是他加入百度的很重要的原因，就是看中了数字的数量。他有一个很好的比喻：人工智能有两个，就像火箭一样。一个要靠刚才讲的摩尔定律的计算能力，另一个要靠它的"燃料"——数据，二者缺一不可。中国在数据领域有非常大的优势，所以他要加入进来。余凯是把吴恩达挖过来的功臣，余凯现在自己创业了，做自己的人工智能企业。

从这个角度来讲，我特别同意吴鹰的说法。如果说当年我们启动互联网的时候，是比较快地追上了与美国的差距，那么在移动互联网时代，我们与美国几乎是平起平坐的。在O2O领域，再到应用，到下一代的人工智能领域，我认为中国在很多地方都会有很多进步。

张树新：就是需求和用户驱动。

丁健：对，人工智能，尤其是深度学习，是需要学习的，要有足够大的数据量，而且很多时候要有足够大的人工帮助它在早期把数据筛选这些东西做起来。因此，中国由于有巨大的人口数量和巨大的数据量，在这方面会帮助到我们。

张树新：我们跟硅谷的差距在哪儿？

丁健：的确，我们对很多前沿的科技认知不够，在人工智能领域，不

光是对计算机的能力，还有对脑科学能力的要求。如何把人脑不同层面的研究反映到深度学习中，这种非常原创性的思路很重要。实际上，深度学习是在脑科学很多突破的基础上来模拟和学习，去做不同的事情。一个脑科学家写了一本书，关于很多思维方式的，这对人工智能的影响很大。我们没办法在这些基础上突破，但我们可以踩在他们的肩膀上。

张树新：他们拥有人类共同的知识资产。

丁健：对，大家在共享。其实中国互联网早期用的都是美国软件，比

如分配IP地址，现在这是一件多么重要的事情啊！这是美国研究了很长时间才让全世界免费用的。从来没有人说，这么重要的东西，我应该去收多少钱。其实中国用了很多美国以及其他国家的科学家、科研工作者研究出来的成果。

我们做科学大奖的目的，也是希望中国能够从跟随者变为引领者，至少我们要有这样一个志向。硅谷有很多人都回国了，很多中国人也在那边做了很大贡献，两边的差距也越来越小了。

张树新：大家原本是实业创业出身，现在都做投资了。特别想问溯宁，做实业和做投资最大的差异是什么？感慨是什么？

田溯宁：感慨是蛮多的，用最简单的一句话来说：做实业的时候，是希望自己做的这个事情能够长期拥有；做投资的时候要有时间的尺度，要选择时机退出。看似简单的事情，但对你的观念、心态、决策都是非常大的挑战。

现在我除了实业投资以外，还有亚信，丁健和我把亚信私有化了，我们在思考亚信如何重新赶上互联网热潮。

从投资角度来讲，这些年对于我们几位来说，很重要的特点就是能保持一个很好的好奇心。比如做投资，必须跟最强的大脑、最新的技术相连。我跟丁健经常聊，对我们来讲，过去很幸运，经历了创业，公司也上市了；我们又跟上了这个时代的发展，应该是最容易满足或理应最惰性的群体。然而我们要跟不好奇作战，跟年龄作战。保持好奇心是不容易的事情。因此，投资是最好的动力，可以跟最强的大脑在一起，永远有青春的感觉，至少你要思考，要保持学生时代的状态。这是我这些年做投资，对我的人生，或是对保持学习和工作状态的非常好的回报。不知道你俩是否有这种体会？

吴鹰：我也挺同意的，做投资是逼着你自己去学习。如果看到很多年轻人讲的事情你不太知道，那就要去学习了。你的心态也会因此变年轻。

我们今天讲的话，如果对大家有一点启发作用，那就没白侃。移动互联网带来的机会是什么？其实它可以消除很多贫富差距。你看中国某一项应用很赚钱，你就找个犄角旮旯的小语种国家，把语言变一变，服务器还在中国，你到那儿就赚钱了。腾讯、百度、阿里这些大公司没法这样做，某一个应用没有10亿级，他是不会做的。

曾强力挺乐视，他说以后互联网行业要看TABLE的，就是BAT加上乐视（LE）。其实中国也有一个新的机会，大家想想如何做得更大，就是中国是否可能做出能战胜苹果的手机。有很多人说不可能，你看看，现在都是各自为政。如果我在腾讯商城增加一些东西，做淘宝，做京东，跳出各自为营的格局，在手机里如果有这么大的智能，弄好后把底层的东西打通，是否就可以超越苹果了？苹果在自己的生态圈里也要发展，要有企业的利益。中国的企业能否想得更大一点？我们如果做这个东西，就是真的智能手机做出来了，Smart Phone只是聪明手机，Intelligent Phone才是智能手机。

比如亚信，他帮助电信公司做了一个非常方便的东西，比如流量。有的软件可以做到，你的流量用完了，他有200兆不用，就可以用最短的时间、最简单的方式马上给到你，这是从运营商侧来操作的。其实，还有很多有意义的事情可以做。

张树新：丁健投过滴滴，对共享经济深有感触。我2015年给学生留了一个作业，假设我们都开始分享，那是不是全中国的房子和全世界过去的房子已经够了，这个行业是不是走到头了？

丁健：其实共享经济一直是这样的，比如租车，我们不是去到每个城市都要买一辆车，只不过移动互联网通过技术把效率、成本降到了值得去做分享的程度。关于共享经济是否能适用在每一领域，我认为并不一定。为什么包括滴滴、饿了么，我们加起来投了七八个O2O，成功了两三个百亿美金市值的？这就说明，大家不要被一个简单的名词忽悠，就像当年被.com忽悠一样。比如现在的美甲O2O、按摩O2O等，O2O进入每个行业、每个领域、每个企业，就像当年.com进入每个企业一样。

我们要冷静地去看待O2O，不用太紧张。传统经济确实遭遇了很大的门槛，但是，中国移动互联网所呈现的上升态势是前所未有的机会。

2016年1月的CES（国际消费类电子产品展览会，International Consumer Electronics Show），大家开玩笑说是China Electronics Show，过去最不起眼的角落摆的才是中国企业的展位，现在最显眼的展位都是中国企业，最意想不到的是海尔也出现在了中国的电子产业行列。制造业电子产品已经是第一代了，下一代可能要拼CR（Cinematic Reality，影像现实）、VR，只要我们的技术跟上，在这个领域我们是有很强优势的，包括互联网、移动互联网、下一代的IOT（Internet Of Things，物联网）及人工智能基础上的芯片。

张树新：很多人都在骂马云，其实不是骂马云本身，而是骂互联网行业造成了实体经济的下滑。你怎么看待这个问题？

丁健：我特别不同意这个说法。这就像当年有篇文章，说电商让很多实体店关门了。而现在被关门的百货店，当年让多少裁缝铺、鞋厂关掉了？这是时代的车轮，不要对抗。即使"马云"不做，"张云""李云"也会做。与时代对抗没有意义，只不过从国家、产业以及投资人来说，要让这个过程不那么血腥，不是明天一倒闭就让很多人饿死。

张树新：100年前，因为电话的发明，摩天大楼才能真正使用。过去摩天大楼传递消息是请传递消息的小弟，后来因为电话的发明，摩天大楼越盖越多。电话的发明、打字机的发明使女性开始工作，因为女性可以在办公室做白领，因为女性开始工作，于是开始有了职业服装行业……工业时代就是这样开始的。

田溯宁：信息革命对人类的技术贡献还是非常多的。工业革命时，人类生命也延长了，出现了抗生素，发现了免疫系统。我的观点是，未来20~30年，信息革命最激动人心的时候才刚刚开始。在每个人出生时，生理数据都有可能被记录下来，大部分疾病都可以预测。

张树新：基因可以编辑修改。

田溯宁：未来教育也将非常个性化，今天的教育是工业化，都是应试教育。当步入个性化教育时，会出现更多像爱因斯坦这样的人。未来30年，信息化、物联网、大数据等对人的改变将逐步开始，30年后的挑战将更大。IOT时代数据、操作系统等今天所有的东西都会发生根本的变化。未来20~30年，我们这一代人能够见证和参与怎样用信息技术让人类文明更好地进步，让生命质量更好地提高，让教育成本不断下降，让知识更好地被普及。每次想到这里，我还是充满激情，而且感觉整个未来才刚刚开始。

张树新： 丁健如何看前一个20年和下一个20年？

丁健： 我还没有从刚才"对实体行业冲击"的问题中脱离出来。当我们还在担心实体企业受到冲击的时候，你看美国在担心什么？比尔·盖茨、特斯拉创始人马斯克，以及著名的物理学家霍金，他们在担心人工智能是否会毁灭人类。科技的发展速度超过了我们的想象，很多人在说，20年前科幻世界中的很多东西还没有实现，没关系，很多东西都可以想象。然而事物真正往前发展的时候，会以加速度发展，比如人工智能。人工智能等新一代产品对既有的产业及企业来说具有"核武器"的功力，对于这些方面的发展，我们要高度重视，因为这对每个企业的冲击都会非常大。

张树新： 有一本书说，在中国这样没有神的国家，AI（人工智能）的进展可能更快，中国会超过美国。对此，你怎么看？

丁健： 我觉得不一定，因为有技术壁垒，不是简单的模拟问题。中国在往前发展，仍受到这方面的约束。我也看到很多科学家在呼吁，在这些领域要小心。从我们本身来看，人工智能以及物理学的发展使得哲学都在面临前所未有的挑战，神学、宗教等也不能幸免。有一段话我百分之百同意，是说神学、宗教、科学殊途同归的地方，就是"当科学家登上一座高山后，却发现神学家早就坐在那里了"。现代科技的突破不仅是生活的变化，人脑进化和人工智能的进化有很多殊途同归的地方。

未来20年，我们对宇宙和自身的了解与之前不同，就好像发现不是地球围着太阳转，而是太阳围着地球转一样。

吴鹰： 未来20年，要跳出互联网和我们从事的信息产业来看，更大的革命性变化在跨界，科学的发展是在各个领域都有突破性的发展。

张树新： 知识之间没有壁垒，可以用现代的工具和技术重构这个世界。

吴鹰： 就像刚才讲的引力波的神奇，它让人类能够测到13亿年前的波动；再看生物科学，溯宁刚才讲今后20~30年会看到一些激动人心的变化。

张树新： 我听过一个生命科学家讲，20年内人会永生，记忆可以上传，还有真正的可穿戴。如果记忆上传，你可以切换记忆。

吴鹰： 这些想象真有可能实现。比如，把人分解，传到纽约重塑一下，他还是他。这些想象不是那么遥不可及，中间需要的相关技术都在继续发展，但就引来了刚才说的，"人工智能的发展是否会毁掉人类的文明"。我个人认为不会，人类在历史发展中遇到过很多挑战，但都战胜了它们。

张树新： 前两天看一个学生写的科幻小说，说要重新定义人类，就是今天说的人类和未来的人类是不是同一种人类。

吴鹰： 现在有科学实验室提出，人的所有记忆是否都在大脑里，到底存在哪里？他们也做过很多实验，现在并没有确切的答案。我的结论是，不要想那么多。你作为现实社会中的人，现在要做的事情是明天如何让身边的人更美好，在中国更美好之后，如何让世界更美好。地球是否是宇宙中唯一有生命的地方？以前说肯定会有其他的生命星球。银河系在整个宇宙中很小，宇宙中有很多比银河系更大的星系，大家想了很多答案，最后用神论结果。

我们很欣慰生在这样的时代，有这样的环境基础。有件事特别有意思，4~5年前给领导送的有关互联网的报告中，10个中有7个会说互联网带来的威胁远远大于它所带来的社会发展，但2016年习大大参加了乌镇互联网大会，这说明我们对互联网发展的态度已经发生了巨大的变化。互联网发展到最高阶段才是最安全的，不能说为了安全就不发展，像俄罗斯一样没有互联网。

丁健： 技术永远在那儿。一方面，我同意你所讲的，真正要发展的话，还是要逐步把"墙"去掉。另外，每个国家有不同的情况，可能需要一些时间慢慢打开。当年要是家里有传真机，需要到公安局登记；当年要想申请拨号上网，必须到公安局登记备案。经过了这么长时间，国家真是开放了很多，而且现在国家领导已经很明白了，未来互联网是国力的竞争，所以我觉得，现在采取一些措施很正常。

张树新：现在有几个狂人，扎克伯格和埃隆·马斯克都想发送低轨道卫星和气球。下一代互联网的连接方式是什么？假设每个人的手机都是GPS卫星电话，那么今天庞大的互联网怎么办？难道要造一个天罩吗？

丁健：回到刚才的问题，我认为卫星网的可能性不太大，因为有带宽、时延等问题。所以，中国现有的网络在这个基础上发展是没有问题的，但是也会遇到如何更新到5G、速度如何更快的问题，只能逐步更新；而不太可能突然有个技术，让目前所有的网都没用了。

吴鹰：我是学无线电的，在贝尔实验室混了半天，不回答你这个问题我很难受。卫星是很高的，覆盖面很大，从单一效率来讲，66颗卫星可以覆盖整个地球。然而同样的做法，没办法解决带宽。卫星的作用在于：一是我随时都要用的时候；二是比如我去度假，到鸟不生蛋的地方，想要找到我，就用卫星定位。当初小灵通100米一个机站，当时觉得很不可思议。资源是有限的，从带宽上来讲才是无限的，无线也是有限的，要多种使用方式来结合。当地面网达到5G之后，如果我们将传统的微微蜂窝方法与一些新产生的技术结合起来使用，带宽会是现在的200倍。到那时，若你带上360度的VR相机去马尔代夫，即使你老公在家里也能看到那边美丽的画面，但现在的系统还无法实现这个。

张树新：下一代系统和今天的系统之间怎么衔接？

吴鹰：这个问题已经解决了，从2G、3G到4G，现在有60个国家要升级为4.5G了，实际上4.5G也是人为设定的，带宽、速率是现在的150%以上，就可以定义为5G。这种发展也是通过应用的不断驱动来实现的，做到那一天的时候生活会更美好。你没钱去马尔代夫，但是花100块钱人民币用VR设备，就可以身临其境。

张树新：那时候就不用滑雪了，所有的极限体验都可以分享给大家。我前两天见了一个生命科学家，他说真正的大数据还没有开始，因为最大的数据是人体数据，包括人体所有生理数据的实时监测、编辑、统计，对应到基因组织的检测报告。今天所有互联网上的云，其实还没有支持这样的计算，对此，溯宁怎么看？

田溯宁： 2015年，我家有老人身体不好住院了，我就很长时间在医院里，我的体会非常深。今天医院的数据能力与我们想象的差距很大，基本的CT、核磁共振等都是静态的，没有数据的比较、储存、处理，如果能够把医疗诊断的数据做量化比较，我认为在疾病的精准预防方面，大数据有巨大的潜力。现在才刚刚开始，到底数据量有多大，目前来看，我们很难想象未来。

前一段时间，我看了PC的历史，最早的时候特别有意思。当时64K，他们认为人们的存储永远不够，但今天已经是G和TB了。人们对速度的追求无止境，对存储和数据的追求也是无止境。当有大量数据的时候，传统的计算工具能否对数据进行有效的存储、分析、处理，这是当前面临的重大挑战，也是创业、创新的很大机会。

张树新： 人类拍的第一张照片，是1936年法国科学家用小孔成像原理做的模糊影像，他说这是另外一种绘画。到今天，人类每天拍的照片超过过去到1936年的总和，这就是呈指数增长。过去所有的信息数据和连接都是信息连接，还没有到真的数据，真的数据阶段可能包括生理、心理，甚至大脑思维等多维数据。到那时，真正的互联网才开始。下面，大家进行互动提问。

徐曙： 在座的四位是中国互联网的先锋前辈，我来自康得新复合材料公司，我们是做高分子功能膜材料的。原来跟张总有交集，我最早是在科学院的一家公司，很早就见过张总，去过你的办公室。

各位过去是在实业领域非常成功的企业家，现在都在做投资。是什么原因促使优秀的企业家转行做了投资？刚才说的亚信当年也是非常耀眼的明星企业，刚才也提到"如何让亚信产生更大的能量"的问题，这是否与田总、丁总不再做亚信一线有关？

田溯宁： 你的问题很好，我如实回答。2年前我们找到机会，丁健和我把亚信私有化，现在重新制定亚信的战略，我们希望把这些年投资的经验和亚信现有的客户群结合起来，至于能否做到亚信2.0，我认为这时候应该保持信心，努力去做。未来2~3年内，看看亚信能否再创未来，走出2.0时代，为中国产业和中国互联网的发展做出贡献，这是一个很大的挑战。

张树新： 乔布斯当年回到苹果，苹果才有了今天。

田溯宁： 这个不能比较。

吴鹰： 我是2007年跟董事会产生了分歧，我们的发展战略不一样。我就想从最小的公司创业，从私有公司到国际公司，再到上市公司，那时规模也不错。我认为，做投资可以把以前的积累都用上，相比于做咨询和财务管理人，做过实业的人去做投资有很多不同的优势，因为他理解管理者的想法。

丁健： 这与个性有关系，我更喜欢做技术。我进入商业就算是被拐了弯，从商业改做CEO和管理，更是进一步离我当初想做的事情越来越远。我更喜欢思考和学习新的技术，本来我1999年就准备做投资人了，结果一直等到后来才开始。

汪潮涌： 为什么很多实业家做投资？因为实业有周期，包括行业周期、市场周期、技术周期。巴菲特说，在美国很少有50年的技术公司，唯一的技术公司就是IBM，超过50年，其他高科技公司都不超过50年。我们认为，如果想做长青的企业家，那就做投资，只有做投资可以超过50年。

张树新： 我记得很多年前读过一本书，格鲁夫讲信息行业是10倍速，你们是3年已经超过30倍，这个行业是快速迭代。

提问1： 我是来自新浪的记者，请问丁老师，刚才提到，技术的发展涉及伦理的问题。在中国目前的互联网发展中，可能有些问题还没有解决，比如之前百度贴吧的事情、快播的事情，您怎么看？

丁健： 我更想先谈谈我们四个（张树新、田溯宁、丁健、吴鹰）为什么坐在一起，我们在很多论坛、公益组织都有交集。很重要的原因是，回到我们四人讲过去历史的时候，都谈到一个问题，就是理想主义色彩非常浓。我们几个人创业的时候什么都不懂，连商业都不懂，就是想能做一点事情。

后来我知道，像惠普等很多伟大企业，他们的企业文化里都有这样一句话，就是要做事情不要去想如何赚钱，而是首先要想能为这个社会做些什么，在你创造了很大价值的时候，利润是它的附产品。一个企业要想真正走得长远、做得伟大，一定要坚持不懈地在企业中做这种宣传。所以，任何企业如果在这方面出现问题，一定要在这个层面上反省自己。百度也好，快播也好，任何一个企业都要反省，你是不是把钱的问题想得太多了，你是不是把下一个季度的指标、股价想得太多了？你应该首先想的是，把为社会创造价值放在第一位。

张树新：你跟李彦宏说过这个吗？

丁健：当然说了。在这方面我们是有共识的，只不过内部管理有很多细节的问题需要探讨。

吴鹰：李彦宏也就是多挣了几万块钱，这个我要帮他说句话。

丁健：BAT都经历过类似的问题，他们能走到今天，他们的思维方式我比较了解，都超过了我所说的价值层面。像当年淘宝假货对马云的冲击、3Q大战对马化腾的冲击，以及这次对李彦宏的冲击，我相信他们在处理这些问题的过程中都会学到很多，在未来的运营、决策里也会更加重视这个问题。而在对企业价值的理解及共识上，我相信大家是一致的。

后记：越艰难，越坚强

亚布力论坛最新的调查表明，2015年下半年中国企业家发展信心指数为50.27分，接近荣枯分界线（50分）；与上半年相比，下降7.8%；和2014年同期相比降幅更大，约为12%。由论坛主办的这一调查已开展了6年，这一数据近似6年来的最低值，并且2016年的下行压力依然巨大。

亚布力企业家发展信心指数曲线与央行企业家信心指数高度一致。后者2015年的数值是53.50分（荣枯分界线是60分），也处于5年来的最低值。2011~2015年央行企业家信心指数分别为：72.68、64.33、65.13、64.13、53.50。

企业家理应是人群中最乐观的，否则他们不会拿自己的身家搏未来。因为所谓的企业家"冒险精神"，说到底是一种乐观预期，没有对未来的乐见，便没有当前的"冒险"。测量企业家的发展信心是测量一个经济体景气与否的最可靠方式之一，这样的调查数据表明，中国经济正处于新一轮的低谷中。

2016年年初，中国经济整体弥漫在下行压力和悲观预期中，亚布力2016年年会正是在这样的氛围中举行的，这也是我们把2016年年会主题确定为"企业家：信心与动力"的原因，低谷中的中国经济尤其需要上扬的力量。

为期3天、近100小时大大小小的讨论会，与其说是在总结悲观的原因，不如说是在展望前行的动力。

正如本届轮值主席杨元庆所言，中国经济秀肌肉、展现外在功夫的阶段结束了，但这并不说明我们已经"内力耗尽""武功尽失"。过去30多年，中国一直依靠低成本的生产制造和出口实现了高速增长，但是现在我们的"左邻右舍"纷纷亮出了劳动力成本的低价王牌，所以，靠出口推动经济增长这条路已经走到了尽头。这促使我们深刻反思，另谋出路。杨元庆认为，我们别无选择，道路只有一条，就是充分利用国内庞大的市场来释放内需。

论坛理事长陈东升希望所有的企业家建立一个共识，就是中国正处于从工业化走向后工业化的过程，也就是从第一、第二产业迈向第三产业的过程。中国经济已经进入工业化的中后期、城市化的巅峰期、服务业的起步期。所谓新常态，就是从工业化向后工业化迈进，这是非走不可的一步，是决定中华民族伟大复兴、中国经济未来持续发展的一次伟大的革命性转型。陈东升建议企业家们要有耐心，抓住转型的时机，因为转型的时间已经不多了。

激活内需和推进转型是未来必然的道理，但还需要一系列的改革，才能让这条道路通畅。当我们整理、编辑这些录音文稿时，我们依然能够听到企业家们思想火花碰撞的声音，依然能够感受到企业家们对改革与前行道路的思辨和信心。论坛结合6年来的第一线调查，汇聚和分享了企业家们进一步的观察和展望。

论坛6年的调查表明，税负和人力成本是企业负担过重的两大核心原因。论坛支持以减税为主要特征的供给侧改革，同时呼吁，修订劳动合同法、社会保障法等法规，增加劳动力市场的弹性。我们欣喜地看到，"两会"以后，各地方政府对"五险一金"的改革已渐次展开。

论坛的调查表明，2016年经济下行的压力依然巨大。从20世纪90年代初期开始，中国经济经历了四次以5~6年为周期的规律性波动，目前处于新一轮的低速期。在下行压力中，我们发现既有结构性因素，也有周期性因素；在周期性因素中，既有外部周期性因素，也有内部周期性因素，需要区别对待。

在最近两年的4次调查中，"当前经济政策认同度"的得分都是二级指标中最高的，这说明，商事制度改革、人口与户籍制度改革、混合所有制改革、"一带一路"、亚投行和"自贸区"等措施提升了企业家的发展信心。30多年的经验同样表明，每一次的低速期都孕育着一次新的改革。

中国的改革是由危机推动的，危机使我们清醒、警觉、未雨绸缪；不仅如此，大量的转型研究表明，正是危机提升了整个社会的忧患意识，而整个社会的忧患意识是改革得以持续深入的根本动力。

正如郭广昌在发言中提到的，哪怕有一丝的光亮，信心都不会动摇。马云在演讲中也提到了他这些年如履薄冰的心路历程，企业做得越大，压力就会越大；企业做得越大，受到的挑战、非议和风险也会越大。在亚布力2016年年会上，中国企业家展示了特有的坚韧与毅力。

亚布力论坛把洞察力、冒险精神和韧劲理解成企业家精神的核心。在经济下行期，尤其需要企业家的韧劲，尤其需要企业家们凝聚信心、点燃动力。

当然，这一目标的成功实现离不开企业家们的抱团取暖和万众一心，也离不开一些品牌理念与亚布力论坛相契合的企业的支持。比如芙蓉王文化，在公众眼中，芙蓉王一直是一个低调、不事张扬的品牌。但就在这种低调中，多年的潜心运作让芙蓉王顺利成为烟草行业中式卷烟的代表品牌。用心聆听、厚积薄发，这或许就是企业乃至个人成功的关键。"传递价值，成就你我"，芙蓉王的品牌理念强调价值的传递与成就的共享，这与亚布力论坛的宗旨"让企业有思想，让思想能流传"不谋而合，也与企业家们发扬与传承企业家精神的希望和努力相契合。在此，感谢芙蓉王文化愿意与我们一起，成为中国企业家精神的传递者。